A música na corte de D. João VI
1808-1821

André Cardoso

A música na corte de d. João vi

1808-1821

© 2008 Martins Editora Livraria Ltda., São Paulo, para a presente edição.

Capa e projeto gráfico
Renata Miyabe Ueda

Produção editorial
Eliane de Abreu Santoro

Preparação
Adriane Gozzo

Revisão
Huendel Viana
Simone Zaccarias
Eliane de Abreu Santoro
Dinarte Zorzanelli da Silva

Produção gráfica
Demétrio Zanin

Dados Internacionais de Catalogação na Publicação (CIP)
(Câmara Brasileira do Livro, SP, Brasil)

Cardoso, André
A música na Corte de d. João VI, 1808-1821 / André Cardoso ; coordenador Paulo Roberto Pereira. – São Paulo : Martins, 2008.

ISBN 978-85-99102-80-0

1. Brasil – História – d. João VI, 1808-1821 2. Música – Brasil – História I. Pereira, Paulo Roberto. II. Título.

07-10399   CDD-780.981033

Índice para catálogo sistemático:
1. Brasil : Música na Corte de d. João VI : 1808-1821 : História   780.981033

Todos os direitos desta edição no Brasil reservados à
Martins Editora Livraria Ltda.
R. Prof. Laerte Ramos de Carvalho, 163
01325-030 São Paulo SP Brasil
Tel.: (11) 3116.0000 Fax: (11) 3115.1072
info@martinseditora.com.br
www.martinseditora.com.br

Sumário

Apresentação 7

Introdução 13

1. Um mundo em transformação: a música e os
   músicos na época de d. João de Bragança 21
   *A prática profissional na Europa, no final do século XVIII e
   início do XIX* 21
   *A condição social do músico no Brasil: profissionalismo
   e amadorismo* 35

2. D. João na Bahia: a música na cidade
   de Salvador 47

3. A música na corte do Rio de Janeiro 65
   O repertório da primeira missa 65

Padre José Maurício Nunes Garcia 70
A música na Capela Real 79
Os cantores castrados 90
A chegada de Marcos Portugal 94
A Real Câmara 107
Os conjuntos da Real Fazenda de Santa Cruz 113
O ensino musical 124
A música militar 128
A música das ruas e nos salões 138
A ópera 168
A Ópera Nova e o Teatro Régio 174
O teatro São João: os primeiros anos 184
As solenes exéquias de dona Maria I 191
A presença de Sigismund Neukomm 201
O teatro São João entre 1817 e 1821 220
D. Pedro: o príncipe compositor 226

4. O RETORNO DE D. JOÃO VI PARA PORTUGAL E SEU
LEGADO AO BRASIL 237

REFERÊNCIAS BIBLIOGRÁFICAS 251

DISCOGRAFIA 267

AGRADECIMENTOS 281

Apresentação

O admirável trabalho que André Cardoso empreende neste livro sobre a música no Brasil na época joanina consegue atingir dois objetivos altamente desejáveis: fixar o conhecimento e entreter o leitor, realizando o que o autor propõe – através da música, conhecer a história do Brasil. Cardoso orquestra seus sólidos conhecimentos musicais e de pesquisa (basta ver a meticulosa discografia e as rigorosas referências bibliográficas que enriquecem este volume) com a descrição dos acontecimentos e da anedótica, aqui e na Europa, de um período que vai do fim do século XVIII a meados do século XIX.

Desse modo passamos a conhecer a província do Rio de Janeiro (em 1808, com pouco mais de 60 mil habitantes), alvoroçada com a chegada, em 7 de março, do príncipe regente d. João e de seu enorme comboio escoltado por navios ingleses (d. João e sua comitiva embarcaram antes que as tropas do exército de Junot, general de Napoleão, entrassem em Lisboa). No entanto, apenas alguns navios portugueses atracaram, pois uma violenta tempestade os dispersara na Ilha da Madeira – mais de um mês depois, chega a notícia de que o restante dos navios aportara felizmente em Salvador da Bahia de Todos os Santos, da qual é dada uma descrição pitoresca e onde d. João decreta a abertura dos portos ao livre-comércio.

Só em 8 de março os navios reais fundeados na baía do Rio de Janeiro e obsequiados pelas autoridades em seus escaleres se avizinham da barra. A vasta comitiva desembarca e se dirige diretamente para a Igreja do Rosário, a Catedral, que está à espera de entoar o *Te Deum* em sua homenagem.

É o momento de se introduzir, sobre o pano de fundo do panorama da música da Europa (de Portugal em particular) e a subseqüente situação sociopolítica, as características dos músicos no Brasil, tais como eram e tais como passaram a ser após a vinda da Família Real. D. João, por sinal, pouco tinha daquela figura simplória que aqui se cristalizou – conforme sua política nacional e internacional irá mostrar a seguir –, e era um grande apreciador da música (qualidade herdada por seu filho, d. Pedro de Alcântara, que chegou a compor algumas obras), que logo implementa (conforme as *Memórias* do "Padre Perereca", Luis Gonçalves dos Santos, e os depoimentos de uma série de ilustres viajantes) em três instâncias principais.

Na Capela Real – que perduraria até 1889 como Capela Imperial – era tocada a música sacra, regida e muitas vezes composta por três grandes mestres-de-capela e seus discípulos que se alternaram na função: o padre Maurício Nunes Garcia, do Rio de Janeiro, hoje gozando de prestígio cada vez maior, à medida que vão sendo conhecidas suas partituras; Marcos Antônio Portugal, mestre-de-capela português, compositor e musicista exímio, embora de caráter difícil, que aqui se fixou; e o austríaco Sigismund Neukomm, mestre-de-capela do teatro de São Petersburgo, enviado à corte brasileira por Talleyrand. Neukomm, após uma permanência extremamente bem-sucedida (é dele o primeiro livro de música publicado no Brasil – sobre Joseph Haydn, de quem fora aluno –, sem contar o grande número de composições de música sacra), regressou a Paris em 1821, deixando a seus alunos (a Família Real) obras didáticas de grande mérito.

O Teatro de Ópera, patrocinado pelo Estado, foi várias vezes reconstruído ou reformado devido a freqüentes incêndios (Ópera Nova, Teatro Régio, Teatro São João), e nele cantaram famosos *castrati* (como Giovanni Francesco Fasciotti) e tocaram os mais renomados músicos europeus, como o violinista Ansaldi, que aqui permaneceu e fez escola.

Havia ainda a Real Fazenda de Santa Cruz – antiga propriedade dos jesuítas, que lá mantinham uma espécie de Conservatório de Música para mulatos, negros e crioulos –, onde fora constituída a Real Câmara, com dois professores e cinqüenta músicos que realizavam execuções musicais para a corte, e o Paço da Quinta da Boa Vista, residência de d. João. No Paço se realizavam audições de música profana, vocal e instrumental, e pequenos espetáculos líricos.

Nas grandes solenidades, como os aniversários reais, a aclamação de d. João VI em 1818, o casamento de d. Pedro com dona Leopoldina (que chegara ao Brasil em navios portugueses com mil e trezentos homens e o conjunto musical de Erdmann Neuparth), havia espetáculos musicais longamente ensaiados e entusiasticamente aplaudidos pela população.

Mas não só no Rio de Janeiro a vida musical apresentava considerável desenvolvimento. Na Bahia, por exemplo, o comerciante inglês Thomas Lindley (preso por contrabandear pau-brasil), apreciador das grandes cerimônias, concertos e freqüentes procissões da Salvador do começo do século, em sua *Narrativa de uma viagem ao Brasil* já descrevia os brasileiros como músicos natos e nos diz a respeito da "atraente dança" que seguia a cantoria ao som do violão e do violino, nos banquetes:

> Consiste em bailarem os pares ao dedilhar insípido do instrumento, sempre no mesmo ritmo, quase sem moverem as pernas, mas com toda a ondulação licenciosa dos corpos, juntando-se uma pessoa à outra, durante a dança, em contato de modo estranhamente imodesto. Os espectadores colaboram com a música, num coro improvisado, e batem palmas, apreciando o espetáculo com indescritível entusiasmo.

O interessante comentário de Lindley – diz-nos o autor – mostra o início de um processo de transformação e amalgamento de manifestações culturais, música e dança, de origem européia e africana que possivelmente vieram a gerar o que conhecemos hoje como samba.

Após a volta, em 1821, de d. João VI a Portugal, as atividades musicais continuaram se desenvolvendo, contando inclusive com a atuação dos dois mais importantes compositores diretamente ligados a d. João VI – o padre José Maurício Nunes Garcia e Marcos Portugal, que sobreviveram alguns poucos anos ao monarca. Declarada a Independência, ambos continuaram compondo, ensinando e servindo a d. Pedro I como mestres de sua Capela Imperial.

Conclui André Cardoso:

> As iniciativas de d. João VI no campo da música no Brasil deixaram marcas profundas. [...] Esse foi o legado de um homem que, contra sua vontade, se transformou em soberano de um reino extenso, d'aquém e d'além-mar. Mesmo que o objetivo fosse apenas a melhoria das condições materiais que permitisse a si próprio, aos demais membros da Família Real e aos nobres portugueses um maior conforto durante o período de permanência no Rio de Janeiro, suas iniciativas lançaram as bases de um processo civilizatório que culminou em nossa independência política em 1822. A transferência da corte portuguesa para o Brasil representou o mais extraordinário evento histórico dos pouco mais de trezentos anos do período em que estivemos subordinados a Portugal e foi determinante para a superação do estágio de simples colônia, preparando e estimulando nossa caminhada rumo à condição de Nação.

Introdução

Em 1808, o Rio de Janeiro era uma cidade de aproximadamente 60 mil habitantes, boa parte deles constituída de negros escravos. Capital do vice-reino desde 1763, sua área urbana se estendia por uma faixa de terra de cerca de três quilômetros, entre a baía da Guanabara e os morros mais próximos. O centro da cidade, onde se localizavam o porto e a residência do vice-rei, não possuía mais que cinqüenta ruas, muitas delas desalinhadas, estreitas e sem calçamento. Em uma caminhada, era possível chegar aos limites da cidade, onde trilhas terminavam em mata fechada ou em brejos.

As residências eram, na maioria, acanhadas e pouco arejadas. Nos bairros vizinhos ao centro, como Botafogo, Catete ou São Cristóvão, predominavam as chácaras em que residiam aristocratas, altos funcionários da administração ou mesmo alguns estrangeiros. Arrabaldes mais distantes, como Copacabana, eram praticamente desabitados.

Nas ruas do centro se concentrava o comércio. Pelo porto chegavam os manufaturados e saíam o ouro e os diamantes extraídos das Minas Gerais. A população se misturava aos animais, e, no espaço urbano, as imundícies se acumulavam, muitas vezes atiradas pelas janelas das casas ou depositadas nos mangues. O calor e a umidade tornavam a cidade abafada e malcheirosa.

O barulho das ruas chamava a atenção dos estrangeiros que lá chegavam, impressionados com a gritaria do comércio ambulante, as legiões de negros seminus entoando cantilenas ao carregarem todo tipo de mercadoria, as carroças rangendo os eixos, o repique dos sinos das igrejas anunciando nascimentos, batizados e falecimentos e os tiros de canhão nas fortalezas alertando para a entrada de alguma embarcação na baía da Guanabara.

O veleiro *Voador* foi uma das naus que cruzaram a entrada da baía em 14 de janeiro de 1808. O comandante, Francisco Maximiliano de Souza, tinha como missão avisar ao vice-rei, d. Marcos de Noronha e Brito, conde dos Arcos, que a Família Real estava a caminho, para ali se instalar provisoriamente. As tropas de Napoleão Bonaparte haviam invadido Portugal, e o príncipe regente, d. João, tomou a decisão de abandonar o país antes que tropas do exército francês, comandadas pelo general Junot, entrassem em Lisboa. A notícia trazida pelo comandante do *Voador* era preocupante, pois não só a Família Real estava a caminho, mas boa parte da corte lisboeta.

Um enorme comboio de diferentes embarcações, escoltado por navios ingleses, deixara a capital portuguesa na manhã de 29 de novembro de 1807. Três gerações da dinastia dos Bragança viajavam acompanhadas de um imenso séqüito, no qual estavam incluídos os funcionários da casa real e do governo e membros distintos da sociedade lusitana. Cozinheiros, cocheiros, damas de companhia, mordomos e pajens se misturavam a médicos, juízes, padres, conselheiros de Estado e assessores militares. Muitos acompanhados das respectivas famílias. Os porões dos navios da grande esquadra vinham abarrotados com papéis da administração pública, prataria, carruagens, mobiliário, objetos religiosos, pertences pessoais e víveres para mais de dois meses de viagem.

O conde dos Arcos não tinha tempo a perder. Providências urgentes, algumas delas bem impopulares, teriam que ser tomadas para abrigar de forma adequada a Família Real e a corte. Assim, o vice-rei determinou o imediato despejo de todos os edifícios da quadra do largo do Paço, incluindo o palácio de sua residência, que fora mandado mobiliar e ornar com a pompa digna

Embarque de d. João e da Família Real para o Brasil, no Porto de Belém, às 11 horas da manhã de 27 de novembro de 1807. Gravura de Francisco Bartolozzi (1725-1815) a partir de óleo de Nicolas Delariva. Acervo do Museu Histórico Nacional.

de receber o príncipe regente. Ordenou também aos proprietários e inquilinos das melhores casas da cidade que as desocupassem e lhe entregassem as chaves. Enviou mensagens urgentes aos governadores de Minas Gerais e São Paulo solicitando que mandassem para a capital os víveres suficientes para alimentar a grande quantidade de novos habitantes. Despachou embarcações velozes ao encontro da esquadra real, com mantimentos frescos e água potável. A igreja do Carmo, a mais próxima do porto, onde deveria desembarcar o príncipe regente e sua família, foi preparada para um solene *Te Deum*.

Em 17 de janeiro, ao amanhecer, a esquadra foi avistada. Um alvoroço tomou conta da cidade. Tropas foram perfiladas, autoridades se encaminharam apressadamente para o porto, e uma banda de música se preparou para tocar. O povo todo correu para recepcionar a Família Real. Contudo, não se tratava do príncipe regente, mas de apenas algumas poucas naus que haviam se separado do restante da esquadra em função de uma terrível tempestade à altura da Ilha da Madeira. A bordo do *Rainha de Portugal* estavam as infantas dona Maria Francisca e dona Isabel Maria, sereníssimas filhas do príncipe regente, acompanhadas pelas tias-avós, dona Maria Francisca Benedita e dona Mariana, irmãs da rainha dona Maria I. Após a tempestade, sem se avistarem, as embarcações tomaram rumos diferentes. Não havia notícia sobre o paradeiro do restante da esquadra. Preces solenes foram realizadas durante três dias, rogando ao Altíssimo pela segurança e feliz chegada de d. João e de sua augusta família.

Mais de um mês se passou sem notícias. Entretanto, em 19 de fevereiro, uma embarcação vinda da Bahia trouxe a boa-nova que aliviou a todos, com a certeza de que suas preces foram ouvidas. D. João chegara ao Brasil em segurança, atracando em 21 de janeiro no porto da cidade de Salvador, na baía de Todos os Santos. Na antiga capital do vice-reino, d. João assinou a carta régia de 28 de janeiro, decretando a abertura dos portos brasileiros ao livre-comércio, colocando fim ao monopólio luso e alterando definitivamente a política colonial portuguesa.

Por mais de um mês se estendeu a permanência de d. João em Salvador. Finalmente, em 26 de fevereiro, a nau *Príncipe Real* fez vela e zarpou rumo ao Rio de Janeiro, trazendo a bordo o príncipe regente d. João, sua sereníssima mãe, rainha dona Maria I, o príncipe da Beira, d. Pedro de Alcântara, seu irmão, o infante d. Miguel, e um sobrinho de d. João, d. Pedro Carlos. Viajando separadamente vinham dona Carlota Joaquina, a bordo da nau *Afonso de Albuquerque*, e as demais filhas.

Pouco mais de uma semana durou a viagem. Em 6 de março, a esquadra avistou Cabo Frio e à noite já estava preparada para entrar na baía da Guanabara. Pela manhã do faustíssimo 7 de março, foram feitos os sinais que anunciavam a chegada do príncipe regente ao Rio de Janeiro. As salvas das fortalezas e dos navios fundeados na baía não deixavam dúvidas de que d. João e a Família Real finalmente haviam chegado.

A esquadra real foi se aproximando lentamente da barra, e a notícia já se espalhara. Uma comitiva liderada pelo vice-rei, com magistrados e membros do Cabido e do corpo militar, tomou assento nos escaleres disponíveis e foi ao encontro de Sua Alteza real para beijar sua augusta mão.

A cidade estava pronta para receber os ilustres visitantes. Todavia, d. João decidiu desembarcar apenas no dia seguinte, quando iria em procissão solene com a família até a sé da cidade render graças ao Altíssimo pelo fim de sua longa jornada. A decisão surpreendeu a todos, tendo em vista que a igreja que se encontrava preparada para a missa de ação de graças era a dos religiosos do Carmo, a poucos passos de distância do local de desembarque. Mas d. João fazia questão de ir à catedral, e sua vontade real não poderia ser contrariada. Todos os que trabalharam na decoração da igreja do Carmo foram convocados às pressas. Com grande urgência, tudo teria que ser desmontado e levado para a igreja do Rosário, então sé e catedral da cidade.

Após longa noite de trabalho, a catedral estava pronta para receber a Família Real. Na manhã do tão esperado 8 de março, as salvas dos canhões anunciaram o desembarque. Uma enorme multidão se formara no porto. Gente de todos os cantos da cidade, até dos mais remotos, tomava a direção do largo do Paço para presenciar o momento histórico no qual, pela primeira vez, a Colônia abrigaria o seu soberano. Praticamente já não havia mais espaço na praça. Até mesmo o chafariz de mestre Valentim foi ocupado por aqueles que queriam ver a Família Real.

No meio da multidão, um homem em vestes sacerdotais tudo via e anotava. A baixa estatura, o físico franzino e os olhos grandes e pronunciados lhe valeram o apelido de Padre Perereca. Na realidade, tratava-se de Luis Gonçalves dos Santos, um dos brasileiros mais ilustrados de seu tempo, que viria a ser o principal narrador dos eventos extraordinários que marcariam indelevelmente a história de seu país no memorável ano de 1808. Em suas *Memórias para servir à história do reino do Brasil*, o Padre Perereca relata o momento do desembarque:

> Logo que o Príncipe Regente Nosso Senhor pôs o pé em terra: Ah! Como poderei descrever o que tive a fortuna de testemunhar neste ditoso momento? Centenas de fogos subiram ao mesmo tempo ao ar: rompeu imediatamente um clamor de vivas sobre vivas; os alegres repiques dos sinos, e os sons dos tambores, e dos instrumentos músicos, misturados com o estrondo das salvas, estrépito dos foguetes, e aplauso do povo, faziam uma estrondosa confusão tão magnífica, majestosa, e arrebatadora, que parecia coisa sobrenatural, e maravilhosa.[1]

Ao ouvir os primeiros acordes da banda que o recepcionou no desembarque, provavelmente d. João foi assaltado por dúvidas quanto à qualidade da música em sua colônia. Seu mestre-de-capela, Marcos Portugal, permanecera em Lisboa, e seria necessário organizar uma nova capela com os músicos locais.

---

1. Luis Gonçalves dos Santos (Padre Perereca), *Memórias para servir à história do Reino do Brasil* (Belo Horizonte/São Paulo, Itatiaia/Edusp, 1981), v. I, p. 177.

Ao mesmo tempo, a corte que o acompanhara estava acostumada a divertimentos que dificilmente seriam encontrados no Rio de Janeiro. Seria preciso erguer um teatro de ópera, onde o repertório italiano pudesse ser dignamente representado.

Desde o desembarque, a música acompanharia todos os momentos importantes da vida de d. João e da Família Real no Brasil. Seria possível escrever a história de nosso país através das obras criadas em razão dos eventos políticos e socioculturais que marcaram os treze anos de permanência da corte portuguesa no Rio de Janeiro. Esses eventos mudaram nosso destino e também a nossa música. Pela música, vamos conhecer um pouco de nossa própria história.

I
Um mundo em transformação: a música e os músicos na época de d. João de Bragança

A prática profissional na Europa, no final do século XVIII e início do XIX

Uma das mais famosas sinfonias do compositor Joseph Haydn (1732-1809) é a de nº 45, intitulada *A despedida*. No último movimento dessa obra bastante original, Haydn prevê que os músicos se retirem pouco a pouco do palco, apagando a luz de vela de suas estantes, restando ao final apenas dois violinistas. Escrita por volta de 1770, essa sinfonia foi a maneira criativa que Haydn encontrou de insinuar ao seu patrão, o conde de Esterhazy, que este deveria dar férias aos músicos e retornar à cidade após longo período em sua residência de campo, no interior da Hungria, para a qual levava sua orquestra particular e seu compositor. Após ouvir a sinfonia e entender a mensagem implícita no ato dos músicos de se retirarem do palco, o conde determinou o retorno a Eisenstadt.

A história supracitada, que "certamente deve permanecer como a peça de negociação mais impressionante e esteticamente compensadora da história, em nome dos direitos dos trabalhadores"[1], ilustra bem o que era, no século XVIII, a condição social dos músicos. Na grande maioria, os músicos eram oriundos das classes mais baixas e ocupavam posições não muito relevantes na hierarquia social. Sobreviver com uma carreira independente era bastante raro, e para ganhar a vida esses profissionais se empregavam como serviçais de algum nobre ou em igrejas. Recebiam salário insignificante e eram colocados à mesa de acordo com sua posição funcional, ou seja, abaixo dos criados e acima apenas dos cozinheiros[2].

No primeiro caso, isto é, como empregado de algum nobre, além das funções tradicionais de compor, reger e tocar, o músico era obrigado a exercer outras atividades completamente diversas para as quais poderia estar capacitado. Em um anúncio publicado no *Wiener Zeitung*, de 23 de junho de 1789, pode-se ler:

> Precisa-se de um *valet-de-chambre* [criado de quarto] músico. Precisa-se de um músico que toque bem piano, saiba cantar e seja capaz de lecionar ambas as matérias. Este mú-

---

1. Nicholas Marston, "Mecenato e posição do artista na sociedade", em *Beethoven: um compêndio* (Rio de Janeiro, Jorge Zahar, 1996), p. 77.
2. Ibidem.

sico deverá também exercer as funções de *valet-de-chambre*. Aos que desejarem aceitar esta função pedir informações no primeiro andar da pequena casa Colloredo nº 982 em Weihburggasse.[3]

Haydn, em seus anos de serviço junto ao conde de Esterhazy, era obrigado a usar uniforme e, no emprego anterior, *Kapellmeister* do conde Morzin, era, por contrato, proibido de se casar. Além disso, não podia aceitar encomendas de obras feitas por terceiros, sendo-lhe permitido apenas compor com exclusividade para o príncipe que pagava seu salário. Segundo Henry Raynor, Haydn

> Devia cuidar em que os instrumentos fossem adequadamente mantidos e conservados [...] e que a musicoteca, partituras e partes instrumentais fossem mantidas em boa ordem. Devia apresentar-se ao seu patrão em horas determinadas e receber suas ordens, sempre uniformizado e emperucado. Tudo o que escrevesse era propriedade do patrão e não podia ser publicado ou distribuído a ninguém sem o consentimento dele. Não podia, portanto, aceitar encomenda de ninguém mais a não ser que o patrão o permitisse.[4]

---

3. H. D. Robins Landon, *1791, o último ano de Mozart – o esplendor da vida cultural da Europa ao final do século XVIII* (Rio de Janeiro, Nova Fronteira, 1990), p. 27.
4. Henry Raynor, *História social da música: da Idade Média a Beethoven* (Rio de Janeiro, Zahar, 1981), p. 337.

Mozart, por sua vez, era empregado do arcebispo Colloredo, e são famosos os trechos das cartas do compositor a seu pai reclamando da relação pouco amistosa com um patrão que o tratava como mais um entre seus empregados. Contrariando os conselhos do pai, Mozart abandonou o emprego e foi tentar a sorte em Viena. Por algum tempo, o sucesso de suas obras proporcionou, ao compositor, relativo conforto material. Depois que sua música deixou de ser novidade na sociedade vienense, sua sorte mudou, sendo já bastante conhecida a penúria de seus últimos anos de vida. Segundo Norbert Elias, o fracasso da tentativa de Mozart de se estabelecer como músico autônomo era inevitável, pois sua decisão "ocorreu numa época em que a estrutura social ainda não oferecia tal lugar para músicos ilustres"[5]. De fato, o mercado de música não ultrapassava o nível local, e as edições circulavam de forma restrita, em uma época em que não surgira ainda o conceito de direito autoral.

Todos esses exemplos mostram a difícil situação enfrentada pelos músicos no final do século XVIII. A se tomar os exemplos de Mozart e Haydn, podemos imaginar que outros músicos, de talento e prestígio inferior a dois dos mais importantes compositores do chamado Classicismo, enfrentavam situações talvez mais constrangedoras. Em uma época em que os concertos públicos pagos mediante venda de ingressos ainda eram muito ra-

---

5. Norbert Elias, *Mozart, sociologia de um gênio* (Rio de Janeiro, Jorge Zahar, 1995), p. 32.

ros, o emprego junto a um grande mecenas, fosse um príncipe, fosse um arcebispo, "era a única oportunidade deixada aos músicos para manter uma situação estável, que lhes permitisse um pagamento regular e a possibilidade de compor, sem sofrer os imprevistos do sucesso ou insucesso material[6].

Na segunda metade do século XVIII, várias mudanças de ordem social e econômica que culminaram com a Revolução Francesa em 1789 foram paulatinamente transformando as relações dos músicos com o restante da sociedade. A mais importante dessas mudanças foi o surgimento de uma classe média com enorme interesse por música e disposta a pagar para assistir a um concerto ou a um espetáculo de ópera. Por outro lado, com a diminuição da importância da Igreja e da nobreza como empregadores e mecenas dos artistas, os músicos tiveram que buscar um novo posicionamento na relação com a sociedade. A ascensão de uma nova classe social, a burguesia, foi fator determinante para a mudança da posição social do músico, que de "artesão" passou à categoria de "artista". De papel de simples empregado, com um patrão determinando o que deveria compor e tocar, o músico passou a uma categoria que hoje poderíamos chamar de profissional autônomo, que vende sua produção musical ao público pagante.

Enfim, a música passou de posição secundária como entretenimento na vida da elite social e parte do culto divino à

---

6. Marcel Brion, *Viena no tempo de Mozart e de Schubert* (São Paulo, Companhia das Letras, 1991), p. 84.

categoria de bem de consumo e importante elemento da vida cultural. O declínio do mecenato aristocrático foi acompanhado da criação de um novo mercado de trabalho e de toda uma série de novas atividades profissionais. Os compositores deixaram de ter apenas na dedicatória de uma obra a possibilidade de obtenção de recursos da parte de um mecenas. O destino do músico e de sua obra passou a ser decidido nos concertos públicos, na rotina de uma vida musical cada vez mais comercializada e organizada para uma audiência de classe média que viu nascer, ainda no século XVIII, a figura do crítico musical.

Um bom exemplo dessa nova relação do músico com o público consumidor está na atividade do compositor Joseph Haydn, em seus últimos anos de vida. Durante quase toda a carreira, Haydn trabalhou como empregado do conde de Esterhazy, mais precisamente entre 1761 e 1790. Após a morte do patrão, ocorrida em 1790, Haydn aceitou o convite feito por um empresário de Londres para apresentar uma série de novas sinfonias na capital inglesa[7]. Note-se que o convite feito por Johann Peter Salomon (1745-1815), violinista e empresário nascido na Alemanha e radicado em Londres, já fora feito anos antes, mas não pudera ser aceito

---

7. Haydn empreendeu duas viagens a Londres. A primeira, entre 1791 e 1792, viu nascer as sinfonias 93 a 98. Para a segunda estada na capital inglesa, Haydn compôs suas últimas obras do gênero, as sinfonias 99 a 104. Os dois ciclos de "sinfonias Londres" representam o apogeu da escrita sinfônica do compositor.

por Haydn em decorrência das obrigações que devia à corte de Esterhazy. A morte do patrão, que em testamento deixou ao compositor uma pensão vitalícia, representou para Haydn verdadeira alforria. De acordo com o musicólogo H. D. Robbins Landon:

> Haydn deve ter ficado fascinado com as coisas que aconteciam na vida musical da Londres *fin de siècle*. Por exemplo, era a primeira vez que ele escrevia música diretamente para um público pagante, de forma que era a aprovação ou desaprovação deste – e não de um Príncipe Esterhazy – que determinava o sucesso ou falência de um trabalho qualquer; também havia uma grande imprensa publicando diariamente críticas musicais, algo inexistente no Continente. [...] A excitação e as largas somas em dinheiro que Haydn logo começou a ganhar, além do que estava previsto em seu contrato com Salomon, não demoraram a persuadi-lo a permanecer para uma segunda temporada.[8]

Quase quinze anos mais jovem que Mozart, Beethoven enfrentou, não sem dificuldades, uma realidade bastante diferente. As estruturas sociais se modificaram de forma tão extraordinária nos dez anos que se seguiram à morte de Mozart, que permitiram ao compositor viver de modo autônomo, sem a de-

---

8. H. D. Robbins Landon, "Haydn: sinfonias", *Guias musicais BBC* (Rio de Janeiro, Zahar, 1984), pp. 72-3.

pendência do patronato e sem ser tutelado pelo gosto musical do público. Uma carta de Beethoven ao amigo Wegeler, escrita em 1801, ilustra de maneira exemplar a nova realidade:

> Minhas composições me rendem bastante; e posso dizer que recebo mais encomendas do que me é possível satisfazer. Além disso, para todas as composições posso contar com seis ou sete editores, ou até mais, se quiser; as pessoas não vêm mais me propondo acertos, eu defino o preço e elas pagam. De modo que você pode ver que me encontro numa boa situação.[9]

Embora afirmando cada vez mais ao longo da carreira sua posição de músico independente, e apesar das divergências políticas, Beethoven gozou da amizade e da proteção de membros da nobreza, bem como recorreu ao expediente da dedicatória. Nomes hoje conhecidos como o do conde Razumovsky, dos príncipes Ferdinand Lobkowitz e Karl Lischnovsky e do arquiduque Rodolfo talvez estivessem apagados da história não fosse o fato de terem sido dedicatários de algumas das mais importantes obras de Beethoven.

O período das guerras napoleônicas, quando o patrocínio aristocrático entrou em franco declínio, foi determinante para o surgimento, anos mais tarde, das orquestras controladas pelos próprios músicos e das sociedades de concertos financia-

---

9. Norbert Elias, op. cit., p. 43.

das por concertos públicos[10]. Com o fim das guerras, após a derrota de Napoleão em Waterloo, com a conseqüente pacificação e redivisão territorial da Europa acontecida durante o Congresso de Viena, a vida musical de diversos países caminhou para a livre iniciativa. Em Paris, o regente François Habeneck fundou a Société des Concerts du Conservatoire. Na Áustria, os músicos da Orquestra da Corte de Habsburgo, sob a liderança de Otto Nicolai, organizaram a Orquestra Filarmônica de Viena, de caráter autônomo, para tocar nos dias livres[11]. Tais iniciativas levaram à crescente profissionalização dos concertos públicos.

Enfim, na trilha aberta pelos músicos e compositores do final do século XVIII, que tiveram que se adaptar a uma nova realidade profissional que se impunha – que tem como paradigma a atuação autônoma de Mozart em Viena –, os músicos

---

10. Em conseqüência das guerras napoleônicas, a história da música viu nascer algumas obras importantíssimas. A mais notória é a sinfonia nº 3 em mi bemol, *Heróica*, op. 55, de Beethoven, cuja dedicatória a Napoleão Bonaparte foi raspada do manuscrito pelo compositor após o general francês ter se autocoroado imperador da França. Haydn escreveu a missa *In tempore belli* [Missa para tempo de guerra] em 1796 em razão da ameaça de Napoleão invadir a Áustria. Já a missa *In angustiis* [Missa para tempo de angústia], escrita em 1798, ficou conhecida tempos depois como misssa *Lord Nelson*, pois foi tocada em honra do almirante Honoratio Nelson por ocasião de uma visita ao príncipe Esterhazy após sua vitória em Alboukir. Em 1813, a vitória do general Arthur Wellesley, duque de Wellington, sobre o exército de Napoleão, comandando tropas de soldados ingleses e portugueses na Espanha, foi representada em música pela obra *A vitória de Wellington*, op. 91, de Beethoven.

11. Essa organização dos músicos vienenses permanece até os dias de hoje. A orquestra da corte transformou-se na Orquestra da Ópera de Viena. A Filarmônica, cujo quadro de músicos é quase o mesmo da Ópera, representa o trabalho autônomo.

e compositores do século XIX estabeleceram a base daquilo que consideramos até hoje a atuação de um músico profissional.

Mudando o cenário dos acontecimentos da Europa Central para Portugal, podemos notar diferenças consideráveis na prática profissional. Antes de mais nada, é importante ressaltar que Portugal foi um dos primeiros países unificados da Europa que mantinha uma das mais antigas monarquias absolutistas do continente. Se, por um lado, sua posição geográfica facilitou a expansão colonial, por outro, manteve o país relativamente isolado do centro das decisões políticas, chegando a ser governado por reis espanhóis no período conhecido como filipino, entre 1580 e 1640.

Um fator importante para o desenvolvimento das atividades musicais e artísticas em geral, em Portugal, no século XVIII, foi a prosperidade econômica proporcionada pela entrada do ouro extraído do Brasil. No século XVIII, a vida musical portuguesa era dominada pela música religiosa e pela ópera, ambas de influência italiana e financiadas pelo Estado.

Foi no reinado de d. João V (1707-1750) que a música italiana passou a ser o modelo seguido por quase todos os compositores portugueses. Essa influência se concretizou pela contratação de músicos italianos para o coro e a orquestra da Capela Real e pelo financiamento para músicos portugueses estudarem na Itália.

Motivações antes de tudo religiosas – ou seja, as intenções do rei de Portugal de seguir fielmente a liturgia papal – foram as responsáveis pela verdadeira invasão de músicos italianos em Portugal durante o século XVIII. Copistas foram enviados a Roma com a tarefa de copiar os livros com o repertório praticado no Vaticano. Músicos italianos foram contratados para a Capela Real portuguesa, entre eles Domenico Scarlatti (1685-1757), um dos maiores representantes da Escola Romana. Segundo Manuel Carlos de Brito, eram encontrados na Capela Real de Lisboa, em 1730, um total de 26 cantores italianos[12].

Ao mesmo tempo que contratou músicos do porte de Domenico Scarlatti, d. João V financiou os estudos de diversos compositores portugueses na Itália, entre eles Antônio Teixeira (1707-1759), Joaquim do Vale Mexelim, João Rodrigues Esteves (c. 1700-1751) e Francisco Antônio de Almeida (1702-1755)[13]. Para o desenvolvimento do ensino musical, d. João V criou em 1713 o Seminário Patriarcal, principal escola de música portuguesa no século XVIII. Muitos dos compositores enviados à Itália foram posteriormente contratados como professores.

O reinado de d. João V foi a porta de entrada da música italiana em Portugal, em especial a música sacra. Essa abertura não deixou de ter, portanto, seu aspecto conservador. A religiosidade exacerbada de d. João V foi responsável pela manutenção,

---

12. Manuel Carlos de Brito, "As relações musicais entre Portugal e Itália no século XVIII", *Portugal e o mundo: o encontro de culturas na música*, VI Colóquio do Conselho Internacional de Música Tradicional (Lisboa, Publicações Don Quixote, 1997), p. 116.
13. Ibidem, p. 117.

na música portuguesa, de características da escrita polifônica que já tinham desaparecido em outros países da Europa.

Ao final do reinado de d. João v, os setores mais conservadores da Igreja ganharam cada vez mais espaço. A saúde debilitada do rei e seu crescente misticismo o levaram a proibir, em 1742, toda atividade musical e teatral profana, ao que se seguiu, em 1746, a proibição aos bailes públicos ou privados.

Foi no reinado de d. José I (1750-1777) que o quadro mudou radicalmente, tendo na figura do Marquês de Pombal o grande responsável pela reforma nos métodos e na ideologia de governo. O reinado de d. José I se caracterizou pela completa centralização e pelo predomínio do Estado sobre todas as instituições, incluindo a Igreja. O obscurantismo religioso e a ortodoxia católica foram combatidos de forma implacável, culminando com a expulsão da Ordem Jesuíta do Brasil em 1759.

O novo governo abraçou os ideais "esclarecidos" e racionalistas, consolidando a ópera como uma das principais atividades artísticas da aristocracia portuguesa. O reinado de d. José I marcou ainda a preponderância política da nova burguesia mercantil, a qual assumiu o controle da atividade operística.

D. José também procurou na Itália os artistas necessários ao incremento da vida musical portuguesa. O compositor napolitano David Perez (1711-1779) foi contratado em 1752 para desempenhar as funções de diretor musical da corte. A Niccolò Jommelli (1714-1774), outro napolitano, foi oferecido um contrato em que tinha a obrigação de compor para Lisboa uma ópera séria e uma cômica por ano, além de música sem acompanhamento para a Capela Real[14].

Em 1755, d. José inaugurou a Ópera do Tejo, que, poucos meses depois, seria destruída pelo terremoto de Lisboa. Para a orquestra do novo teatro, d. José mandou contratar na Itália diversos músicos.

Essa invasão de italianos em Portugal refletiu-se de maneira direta no trabalho cotidiano da Capela Real. Os músicos que tocavam na capela eram os mesmos que tocavam na ópera. O repertório alterou-se; afinal, aqueles que freqüentavam a igreja queriam ouvir o mesmo tipo de música ouvida no teatro. A Escola Napolitana suplantou o modelo do barroco eclesiástico romano cultivado nos anos de reinado de d. João v.

Os compositores portugueses mandados à Itália para estudos seguiam para Nápoles, não mais para Roma. João de Souza Carvalho (1745-1798) foi um dos bolsistas que, após retornar a Portugal, tornou-se professor do Seminário Patriarcal, consolidando as práticas pedagógicas italianas e formando toda uma geração de compositores ao estilo napolitano. Antônio Leal Moreira (1758-1819), João Domingos Bomtempo (1775-1842) e Marcos Portugal (1762-1830) foram alguns dos alunos de Souza Carvalho no Seminário Patriarcal.

A compreensão das transformações estilísticas na música portuguesa durante o século XVIII é fundamental para entender-

---

14. Manuel Carlos de Brito, "Breve panorâmica da ópera em Portugal no século XVIII", *Anais do I Encontro de Musicologia Histórica* (Juiz de Fora, Centro Cultural Pró-Música, 1994), p. 103.

mos o que ocorreu com a música brasileira no mesmo período. As principais características da música italiana de estilo napolitano podem ser encontradas nas obras dos compositores brasileiros da segunda metade do século XVIII e início do século XIX.

Após a morte de d. José I, o pombalismo foi combatido por dona Maria I (1777-1792), sua filha e sucessora. O ouro brasileiro, que sustentou Portugal durante os dois reinados anteriores, já não chegava no mesmo volume. O financiamento das atividades musicais, principalmente os espetáculos de ópera, ocorreu em ritmo bem mais modesto, apesar de o teatro São Carlos ter sido inaugurado em 1793, a partir da iniciativa de um grupo de empresários que levantou os fundos necessários para sua construção[15].

O período compreendido entre o final do século XVIII e o início do XIX é marcado, em Portugal, por profundas alterações na ordem social, provocadas pela crise econômica, e, no campo político, pelo embate de ideologias liberais e conservadoras. Como reflexo dessa situação de crise, em 1789 houve a tentativa frustrada de independência do Brasil por meio da Inconfidência Mineira e, como agravante, o delicado estado de saúde mental de dona Maria I, a qual, em 1792, foi considerada impossibilitada de comandar o governo, sendo substituída pelo príncipe herdeiro d. João.

Na Capela Real, o mesmo período foi marcado pela ascensão dos alunos de Souza Carvalho no Seminário Patriar-

---

15. Ibidem, p. 107.

cal. Em 1787, Leal Moreira foi nomeado mestre-de-capela, bem como Marcos Portugal, em 1800, após regresso da Itália. Do ponto de vista musical, isso representou a total subordinação estilística da música sacra aos cânones daquela para o teatro. Note-se que Marcos Portugal, ao mesmo tempo que foi nomeado mestre da Capela Real, também o foi para exercer as funções de diretor do teatro São Carlos.

No panorama internacional, a situação de Portugal complicou-se com o inesperado apoio de Carlos IV, rei da Espanha e pai de dona Carlota Joaquina, portanto sogro de d. João, à França de Napoleão Bonaparte. A vida musical da corte de Lisboa foi abalada profundamente em 1807, com a saída da Família Real para o Brasil. As principais instituições musicais portuguesas foram desfalcadas com a retirada de diversos músicos, alguns retornando a seus países de origem, outros se transferindo para o Brasil após 1810.

A condição social do músico no Brasil: profissionalismo e amadorismo

A princípio, para uma compreensão mais adequada da realidade brasileira no período mencionado anteriormente, no que diz respeito à vida musical, sobretudo em relação àquilo que tem de específico e que a distingue da realidade das metrópoles européias, vamos estabelecer o que era a atuação profissional dos músicos brasileiros durante o século XVIII e quais foram as mudanças mais importantes ocorridas que levaram a um novo posicionamento profissional durante o século XIX.

Em comparação ao que era feito na Europa no mesmo período, não só quanto ao repertório, mas quanto a quase toda prática profissional, a vida musical no Brasil do século XVIII e do início do século XIX possui algumas particularidades. Não é o caso de historiar desde os momentos iniciais da colonização a origem e o desenvolvimento da atividade dos primeiros músicos brasileiros.

Para compreendermos o grande movimento musical nas principais cidades brasileiras do período, em especial Recife, Salvador, Rio de Janeiro e as cidades históricas de Minas Gerais, é importante entendermos que isso foi a conseqüência de um longo processo cultural que se desenvolveu a partir dos grandes ciclos econômicos.

Em um primeiro momento, a atividade musical foi de responsabilidade quase exclusiva dos padres, onde a figura do mestre-de-capela se impunha como autoridade máxima. O desenvolvimento material proporcionado pelas atividades econômicas ligadas ao açúcar fez surgir, com destaque na Bahia e em Pernambuco, aquilo que podemos identificar como os primeiros sinais de vida musical organizada no Brasil colonial. Já em Minas Gerais, a atividade musical começou a partir da descoberta das primeiras jazidas minerais, em fins do século XVII.

Com a criação de um sem-número de ordens terceiras e irmandades, as quais congregavam principalmente os representantes de uma espécie de classe média liberal, que se serviam de músicos, mulatos livres, na maioria, para as diversas festas religiosas que sempre exigiam música nova composta pelos compositores locais, o profissionalismo suplantou em definitivo a atividade musical dos padres. Os exemplos isolados – padre José Maurício Nunes Garcia (1767-1830), no Rio de Janeiro, padre João de Deus Castro Lobo (1797-1832) e padre José Maria Xavier (1819-1887), em Minas Gerais – são exceções que confirmam a regra.

Esse profissionalismo reflete-se de maneira bastante clara na criação, em Vila Rica, em 1749, da Irmandade de Santa Cecília, órgão classista de músicos que regulava a prática da atividade musical, tendo em vista que só podia exercer a profissão quem a ela pertencesse. Segundo Curt Lange:

> O agrupamento profissional não foi um invento dos músicos mineiros, nem dos que anteriormente ao descobrimento das Minas atuaram no Nordeste brasileiro. Tampouco foi português. Esta tradição nasceu na Itália – referimo-nos à Igreja Católica –, criando-se em 1585 sob a proteção do Papa Sixto V a Congregatione Musicorum Urbis Sub Invocatione S. Ceciliae, expandindo-se de Roma para Espanha e Portugal ao findar do século XVI ou começo do XVII. E da Península Ibérica passou para o solo americano, para continuar aplicando-se o princípio da livre associação dos interesses artístico-musicais.[16]

---

16. Francisco Curt Lange, *História da música nas Irmandades de Vila Rica*; Freguesia de Nossa Senhora do Pilar do Ouro Preto (Belo Horizonte, Arquivo Público Mineiro, 1979), v. I, p. 37.

Em confronto com a prática profissional dos músicos europeus do mesmo período, podemos ressaltar algumas diferenças. Primeiro a quase-total inexistência no Brasil da figura do grande mecenas – seja a Igreja ou o nobre abastado que tem vários músicos, uma orquestra inteira, muitas vezes, no quadro funcional de suas mansões. Os já conhecidos exemplos de grupos musicais mantidos por latifundiários, relatados por alguns viajantes europeus, não podem servir de comparação, uma vez que eram bandas formadas por escravos, sem nenhuma relação profissional ou econômica.

> Podemos afirmar que o profissionalismo musical, com músicos atuando de forma autônoma e concorrendo livremente nas "arrematações", espécie de concorrência pública em que os grupos musicais eram contratados para atuar nas festas e solenidades promovidas pelo Senado da Câmara, era uma realidade diversa daquela apresentada nas grandes capitais européias. No Brasil, [...] predominou o fato profissional cooperativo, que teve nas corporações dos professores da arte de música o seu protótipo, o seu molde original, baseado sempre na iniciativa privada, mas jamais na clerical nem oficial.[17]

Quando Curt Lange afirma que a atividade musical não era baseada na iniciativa clerical ou oficial, quer dizer que não era a Igreja, com seus arcebispados e suas catedrais, que contratava

---

17. Ibidem, p. 36.

a maioria dos músicos, mas as irmandades, que eram congregações de leigos, profissionais liberais que se reuniam em torno de determinada devoção e construíam, muitas vezes, sua própria igreja. No caso da iniciativa oficial, ou seja, aquela incentivada pelo Poder Público, quer dizer que este, de maneira distinta da que ocorria em Portugal, não mantinha orquestras pagas regulares, isto é, não existiam músicos funcionários públicos.

A atividade musical funcionava, em grande parte, no âmbito das funções religiosas, como comprova a imensa quantidade de peças sacras conservadas nos arquivos das irmandades, das centenárias orquestras mineiras e em algumas bibliotecas. Além disso, exigia sempre a participação de vozes, fossem de solistas ou coristas.

A prática da música profana é comprovada por meio de um considerável número de cópias de música instrumental européia, com ênfase nos quartetos de Pleyel, Haydn, Bocherini e Mozart, bem como de partes instrumentais avulsas de diversas óperas, destacadamente as de compositores italianos. Alguns poucos exemplos de música profana local chegaram até nós, como a sonata *Sabará* para cravo, de autor anônimo[18], os *Duetos concertantes* para violinos, de Gabriel Fernandes da Trindade (c. 1800-1854), e algumas aberturas orquestrais de compositores como o carioca padre José Maurício Nunes Garcia, o mineiro padre João de Deus Castro Lobo e o baia-

---

18. Atualmente, não se pode dizer com certeza que essa sonata seja de autor brasileiro. Pode se tratar de uma obra do imenso repertório tecladístico da Península Ibérica do século XVIII, em cópia manuscrita.

no José Joaquim de Souza Negrão, quase todas obras escritas já no século XIX.

Encontra-se aqui uma das principais peculiaridades da música brasileira do século XVIII em confronto ao que era praticado na Europa, no mesmo período: o repertório. A música do classicismo musical brasileiro foi essencialmente sacra e vocal, em um período da história da música dominado pela música profana e instrumental, fundamental no estabelecimento dos gêneros sinfônico e de câmara.

Como dito antes, os músicos profissionais em atividade, em praticamente todo o Brasil, eram mulatos livres, frutos da miscigenação, em geral filhos de pai português e de mãe negra ou mulata. Dentro da hierarquia social, esses mulatos formavam uma classe que se colocava apenas acima dos escravos, e sua dedicação às artes representava uma tentativa de aceitação e afirmação em uma sociedade completamente dominada pelo elemento branco, português ou já brasileiro. É importante afirmar que esses mulatos se dedicavam não só à música, mas também às artes plásticas e à arquitetura, cujos principais representantes foram os escultores Valentim da Fonseca e Silva (c. 1744-1813), o mestre Valentim, e Antônio Francisco Lisboa (1738-1814), o Aleijadinho.

Essa tentativa de afirmação social fazia com que esses mulatos valorizassem as características de sua ascendência portuguesa. O fato de muitos deles terem possuído escravos mostra claramente as intenções de aceitação em uma sociedade dominada pelo colonizador português e a falta de compromisso com as origens negras. Estão nesse caso alguns músicos do período colonial brasileiro, como José Joaquim Emerico Lobo de Mesquita (c. 1746-1805), Jerônimo de Souza Lobo[19] e Salvador José de Almeida Faria, que tinha sete escravos[20]. Outra importante conclusão que se tira é que, pelo menos em determinado período de suas vidas, esses artistas gozaram de boa situação financeira, a ponto de terem escravos, mesmo que uma "peça" de baixo valor.

A valorização da origem branca também refletirá na música criada por esses compositores. Poucos são os indícios nas obras já estudadas e analisadas que caracterizam algum elemento musical de origem negra ou popular. Quando esses elementos são insinuados, normalmente o são em algum trecho mais *seresteiro* ou de caráter *modinheiro*.

Quase toda música composta no Brasil no período colonial está talhada nos moldes das principais escolas européias, principalmente a napolitana. Era isso, afinal, que o homem branco, português ou brasileiro, e que pagava pela música, queria ouvir.

Ao final do século XVIII, muitas cidades mineiras já não desfrutavam do esplendor econômico do período áureo da mineração, e as crescentes dificuldades financeiras levaram

---

19. André Cardoso, *8ª lição para as matinas de Quarta-Feira Santa: uma atribuição de autoria entre José Joaquim Emerico Lobo de Mesquita e Jerônimo de Souza Lobo e edição crítica*, dissertação de mestrado (Rio de Janeiro, Unirio, 1996), pp. 26 e 37.

20. Nireu Cavalcanti, *O Rio de Janeiro setecentista: a vida e a construção da cidade da invasão francesa até a chegada da corte* (Rio de Janeiro, Jorge Zahar, 2004), p. 185.

muitos artistas a procurar outros centros. A diminuição da riqueza circulante, com a conseqüente retração das oportunidades de trabalho profissional remunerado, provocou aumento na atuação dos músicos amadores. Esse fato fica muito bem retratado na carta do músico José Marcos de Castilho, da cidade de São João Del Rei, ao colega de profissão João Nunes Maurício Lisboa, de Vila Rica. Nesse curioso documento, escrito em 1815, o remetente se queixa da desordem na prática da música e da desprofissionalização crescente, afirmando que

> Nessa comarca [São João Del Rey] e em todas as vilas, arraiais e capelas, se acham uns curiosos e alguns músicos que decoram algumas missas e com esse nome empenham-se com as festeiras [para] fazerem as suas funções por qualquer coisa que lhes dêem; e ainda tão-somente pela comida: servem as mesas e não querem cama nem casa para morar, ridicularizando a arte na sua última consternação [...].[21]

Mais à frente no documento, o músico solicita ao colega o "compromisso e a provisão" da confraria de Santa Cecília de Vila Rica para encontrar "alguns capítulos que faça vedar essa enchorrada de curiosos"[22].

---

21. Maurício Monteiro, "A confraria de Santa Cecília no século XIX", *Anais do II Encontro de Musicologia Histórica* (Juiz de Fora, Centro Cultural Pró-Música, 1996), p. 38.
22. Ibidem.

A irreversível amadorização da prática musical nas cidades mineiras foi conseqüência não só da retração econômica, mas também da mudança do eixo das decisões políticas e econômicas com a crescente importância do Rio de Janeiro, capital da Colônia desde 1763. O marco principal dessa mudança foi a chegada, em 1808, da Família Real portuguesa, instalando-se no Rio de Janeiro e permanecendo no Brasil até 1821[23].

A chegada da corte portuguesa com centenas de pessoas da nobreza acostumadas a uma vida social relativamente intensa para os padrões da Colônia ampliou sobremaneira as atividades musicais na cidade. Os músicos passaram a ter, além das igrejas, um novo e promissor local de trabalho: o teatro de ópera.

Com o aumento da atividade musical profana, representada sobretudo pela ópera, outro importante fator de incremento para a atuação profissional dos músicos foi a entrada definitiva do Estado como patrocinador e empregador.

Uma das primeiras atitudes de d. João no Brasil foi a criação da Capela Real, organismo que abrigava um coral e uma

---

23. A atividade musical dos músicos amadores em Minas Gerais foi determinante para a sobrevivência de boa parte do repertório hoje existente. As centenárias orquestras de São João Del Rei, Lira Sanjoanense e Orquestra Ribeiro Bastos guardam em seus arquivos obras que praticamente nunca saíram do repertório. A substituição dos músicos profissionais pelos amadores, responsável pela continuidade da atividade musical no interior das igrejas, foi fenômeno social importante que garantiu a perpetuação da prática musical setecentista.

orquestra de músicos profissionais que tinham a função de produzir a música adequada às mais diversas solenidades religiosas realizadas na catedral do Rio de Janeiro.

Todavia, d. João ainda mantinha outros grupos. Em sua Real Fazenda de Santa Cruz, havia também coro e orquestra que atendiam ao príncipe regente em suas longas estadas de veraneio. A Real Câmara, por sua vez, atuava junto ao Paço da Quinta da Boa Vista e era responsável pelo entretenimento particular da Família Real e pela música para as festas e solenidades oficiais. Os músicos da Real Câmara executavam música profana, instrumental e vocal, e até mesmo pequenos espetáculos líricos.

A presença do Estado como empregador alterou substancialmente as relações profissionais dos músicos brasileiros. Primeiro porque, de uma atividade autônoma, onde se não se trabalhasse de maneira efetiva não havia possibilidade de rendimentos, o músico profissional passou a ter garantido seu salário ao final do mês ou do trimestre, como era comum naquela época. Todas as mazelas do serviço público foram introduzidas na atividade musical, com sério comprometimento da qualidade artística do trabalho.

Outro ponto relevante a ser abordado em relação à prática profissional dos músicos brasileiros durante o século XIX foi o estabelecimento da atividade empresarial, principalmente àquela ligada aos espetáculos de ópera e concertos sinfônicos. Muitas vezes, essa atividade colocou em lados diferentes os interesses dos músicos, cantores e instrumentistas aos dos empresários, responsáveis pela produção dos espetáculos e pelo pagamento dos salários ou cachês. Esse tipo de relação foi responsável pela introdução na vida musical brasileira de novos instrumentos para as negociações salariais entre patrões e empregados ou contratantes e contratados.

Para os músicos profissionais do Rio de Janeiro no século XIX, incluindo aqueles empregados na orquestra e no coro da Capela Real, a principal fonte de renda estava nas igrejas da cidade, cujas irmandades contratavam músicos para solenidades específicas ligadas ao calendário litúrgico, e nos teatros. Neste último, pode ser incluída não só a ópera, mas também toda espécie de espetáculo cênico em voga no Rio de Janeiro do século XIX, que exigia músicas como entremezes, operetas, burletas, mágicas e uma série de outras.

2
D. João na Bahia:
a música na cidade de Salvador

Durante muitos anos, a Bahia foi o estado em que se podiam encontrar as mais antigas informações sobre atividade musical no Brasil. Data de 1553 a nomeação de Francisco de Vaccas para a função de chantre da sé de Salvador e de 1559 a nomeação de Bartolomeu Pires como mestre-de-capela[1].

Ao mesmo tempo, foi em Salvador que apareceram aquelas consideradas até 1984 as mais antigas folhas de música de nossa história. Trata-se do manuscrito do recitativo e ária *Herói, egrégio, douto peregrino*, escrito em 1759 por autor anônimo em homenagem ao fundador e presidente da Academia Brazilica dos Renascidos, d. José Mascarenhas Pacheco Pereira Coelho de Mello. Essa obra foi suplantada em antiguidade pelos manuscritos de Mogi das Cruzes (SP), datados da segunda década do

---

1. Régis Duprat, *Garimpo musical* (São Paulo, Novas Metas, 1985), p. 22.

século XVIII, com diversas obras atribuídas a Faustino do Prado Xavier (1708-1800)[2]. Salvador foi ainda o berço de Caetano de Melo Jesus, mestre-de-capela da sé da cidade e autor da impressionante obra teórica *Escola de canto de órgão*, escrita entre 1759 e 1760. Com esses importantes antecedentes, a vida musical de Salvador no início do século XIX apresentava considerável desenvolvimento e diversidade.

Podemos ter uma idéia das atividades musicais em Salvador, nos primeiros anos do século XIX, pelo relato do comerciante inglês Thomas Lindley, preso por contrabandear pau-brasil. Por meio das informações em *Narrative of a voyage to Brazil*, ficamos sabendo de uma série de fatos da vida musical de Salvador em 1803.

Os eventos religiosos encontravam-se entre os principais da cidade realizados com "grandes cerimônias, concertos e freqüentes procissões"[3].

No teatro cômico, "sob a direção de um italiano", Lindley criticou os atores e cenários, os quais considerava "mesquinhos", mas elogiou a música, dizendo ser o "único aspecto tolerável da representação"[4]. Alguns anos mais tarde, os cien-

---

2. Jaelson Trindade e Paulo Castagna, "Música pré-barroca luso-americana: o grupo de Mogi das Cruzes", *Revista Eletrônica de Musicologia* (Curitiba, v. 1, 2 de dezembro de 1996). Cf. também Rosemeire Talamone, "Mais luzes sobre o barroco brasileiro", *Jornal da USP* (São Paulo, ano XVIII, n. 623, 25 de novembro a 1º de dezembro de 2002).
3. Thomas Lindley, *Narrativa de uma viagem ao Brasil* (tradução de Thomaz Newlands Neto, notas e revisão de Américo Jacobina Lacombe, São Paulo, Companhia Editora Nacional, 1969), p. 179.
4. Ibidem.

tistas alemães Johann Baptist von Spix e Karl Friedrich von Martius confirmariam as impressões de Lindley, dizendo que "a orquestra do teatro é bem exercitada, e toca com maestria aberturas de Pleyel, Girowetz, Boieldieu e Rossini; pois os brasileiros são todos músicos natos"[5].

Os saraus também eram freqüentes, e os comentários de Lindley mostram a mistura de instrumentos e gêneros eruditos e populares de origem européia e africana. Durante os banquetes, a cantoria ao som do violão e do violino era seguida pela "atraente dança dos negros", que Lindley identificava como "misto de dança da África e fandango da Espanha e Portugal". O viajante inglês descreveu a dança, dizendo que

> Consiste em bailarem os pares ao dedilhar insípido do instrumento, sempre no mesmo ritmo, quase sem moverem as pernas, mas com toda a ondulação licenciosa dos corpos, juntando-se uma pessoa à outra, durante a dança, em contato de modo estranhamente imodesto. Os espectadores colaboram com a música, num coro improvisado, e batem palmas, apreciando o espetáculo com indescritível entusiasmo.[6]

Lindley reconheceu essa dança como nacional e praticada por gente de todas as classes, quando o formalismo e a decên-

---

5. Johann Baptist von Spix e Karl Friedrich Philipp von Martius, *Viagem pelo Brasil 1817-1820* (São Paulo/Brasília, Melhoramentos/INL/MEC, 1976), 3. ed., v. II, pp. 135-6.
6. Thomas Lindley, op. cit., pp. 179-80.

cia eram postos de lado, todos se entregando "ao interesse e ao enlevo que ela excita". O viajante inglês ficou, de certa forma, escandalizado, afirmando que tal divertimento, apesar de inofensivo, derrubava as "barreiras do decoro" e abria "caminho para a depravação e o vício".

O interessante comentário de Lindley mostra o início de um processo de transformação e amalgamento de manifestações culturais, música e dança de origem européia e africana, que possivelmente vieram a gerar o que conhecemos hoje como samba. Aquilo descrito como contato pouco casto entre os dançarinos pode ser entendido como a já famosa *umbigada*, que, aliada ao *sapateado* e aos requebros licenciosos, revela a dança do lundu, origem da coreografia do samba.

Anos mais tarde, o mesmo ambiente foi freqüentado por Spix e Martius, que relataram que "nesses jantares aparece no fim um grupo de músicos, cujos acordes, às vezes desafinados, convidam ao lundu, que as senhoras costumam dançar com muita graça"[7].

As informações sobre os dias passados por d. João em Salvador são diminutas e genéricas. O Padre Perereca dedica algumas poucas linhas ao assunto, dizendo que foram realizadas "repetidas festas de ação de graças nos magníficos templos de S. Salvador, às quais S. A. R. se dignou de assistir"[8]. Luis Norton quase repete a informação, dizendo que Salvador "viveu horas apoteóticas no meio de constantes solenidades re-

---

7. Johann Baptist von Spix e Karl Friedrich Philipp von Martius, op. cit., v. II, p. 136.
8. Luis Gonçalves dos Santos (Padre Perereca), op. cit., v. I, p. 171.

ligiosas, procissões, beija-mão e Te-Deum, com todo o povo alucinado na adoração do seu rei"[9].

Especificamente sobre a música apresentada a d. João, nada se sabe até o presente momento. Não há notícias das obras executadas, de quais compositores, músicos e conjuntos atuaram nas solenidades programadas em honra do príncipe regente. Informação trazida por Mello Moraes revela que a Família Real desembarcou "na tarde do dia 23 por volta das 4 para as 5 horas e que seguiram para a sé de Salvador em cujo templo, dando louvores a Deos, se cantou um solemne Te Deum Laudamus, em o qual tocarão todos os músicos da cidade da Bahia"[10].

Um músico que pode ter sido o responsável pela música nas cerimônias organizadas em honra de d. João foi Teodoro Cyro de Souza, nomeado mestre-de-capela em 1781. Esse compositor, praticamente ignorado na história da música, nasceu em Portugal, na cidade de Caldas da Rainha, em 1766. Seu aprendizado musical foi feito no Seminário Patriarcal de Lisboa, o qual deixou ainda muito jovem para assumir o posto em Salvador.

As composições de Teodoro Cyro de Souza que sobreviveram, em pequena quantidade, encontram-se guardadas no arquivo da sé de Lisboa[11]. Por intermédio de Cleofe Person de

---

9. Luis Norton, *A corte de Portugal no Brasil* (São Paulo, Companhia Editora Nacional/INL/MEC, 1979), 2. ed., p. 22.
10. Alexandre José de Mello Moraes, *História da trasladação da corte portugueza para o Brasil em 1807-1808* (Rio de Janeiro, E. Dupont, 1872), p. 67.
11. Harry Crowl, "A música no Brasil colonial anterior à chegada da corte de d. João VI", *Textos do Brasil*, n. 12, Música erudita brasileira (Brasília, Departamento Cultural do Ministério das Relações Exteriores, 2006), p. 26.

Mattos, ficamos sabendo da execução de uma obra do compositor no Rio de Janeiro[12]. Em 6 de julho de 1820, foi realizada na Capela Real uma cerimônia mandada celebrar pelo cônsul-geral da França, em razão da morte do príncipe Carlos Fernando de Bourbon (1778-1820), duque de Berry, filho de Carlos x (1757-1836), cuja "música do Officio era da composição de Theodoro Cyro e a da Missa do Padre José Maurício, Mestre da Capella Real"[13].

Há ainda referências sobre obras de Teodoro Cyro de Souza no inventário *post-mortem* de José Batista Brasileiro, músico que atuou no Rio de Janeiro nas primeiras décadas do século XIX e que faleceu em 1848. Nos assentamentos musicais do referido inventário, estão relacionadas umas *Matinas de defuntos*, que podem ter sido a obra executada na Capela Real noticiada pela *Gazeta do Rio de Janeiro*. Outra obra sua relacionada no inventário de José Batista Brasileiro é um *Te Deum*[14].

Seus *Motetos para os passos da procissão do Senhor* foram revelados contemporaneamente durante o VII Festival Internacional de Música Colonial Brasileira e Música Antiga de Juiz de Fora (MG), em 1996, sendo a única obra do compositor en-

---

12. Cleofe Person de Mattos, *José Mauricio Nunes Garcia – biografia* (Rio de Janeiro, Biblioteca Nacional, 1997), p. 146.
13. *Gazeta do Rio de Janeiro*, n. 55, 8 de julho de 1820.
14. Marcelo Campos Hazan, "Música e morte, diferença e poder no Rio de Janeiro oitocentista: o inventário *post-mortem* de José Batista Brasileiro", *Anais do VI Encontro de Musicologia Histórica*, Juiz de Fora, 22 a 25 de julho de 2004 (organização de Paulo Castagna, Juiz de Fora, Centro Cultural Pró-Música, 2006), pp. 186 e 188.

contrada no Brasil e atualmente disponível[15]. Não se conhece a data de seu falecimento, que deve ter ocorrido nas primeiras décadas do século XIX. Foi sucedido no mestrado da catedral de Salvador pelo padre Alexandre Gonçalves da Fonseca[16].

Entre os músicos baianos atuantes em Salvador por ocasião da chegada da Família Real destacam-se os compositores José Joaquim de Souza Negrão e Damião Barbosa de Araújo.

Uma das referências hoje conhecidas sobre a atividade de Souza Negrão em Salvador é uma carta régia datada de 30 de março de 1818, enviada por d. João VI ao conde de Palma, governador da Bahia, criando uma "cadeira de música" e indicando o compositor para ocupar o posto.

> Ao Conde de Palma, Governador e Capitão General da Capitania da Bahia. Amigo. Eu Rei vos envio muito saudar, como aquele ano. Sendo me presente por parte do Conde dos Arcos, vosso antecessor no Governo dessa capitania, o estado de decadência, a que tem ali chegado a arte da música tão cultivada pelos povos civilizados, em todas as idades e tão necessária para o decoro e hei por bem criar nessa cidade uma Cadeira de Música com o ordenado de 40.000 pago pe-

---

15. Os *Motetos para os passos da procissão do Senhor* foram revelados pelo musicólogo Antônio Alexandre Bispo, a partir de uma cópia manuscrita do final do século XIX, proveniente da cidade de Alagoinhas (Bahia), localizada em uma coleção de obras para a Semana Santa na cidade de Própria (Sergipe). Cf. discografia.

16. Jaime Cavalcanti Diniz, *Mestres de Capela da Misericórdia da Bahia (1647-1810)* (Salvador, Centro Editorial e Didático da UFBA, 1993), p. 99.

lo rendimento do subsídio literário. E atendendo à inteligência e mais partes que concorrem na pessoa de José Joaquim de Souza Negrão, hei outro sim por bem fazer-lhes partes mercê de o nomear para professor da referida cadeira.[17]

Em suas pesquisas sobre os organistas da Bahia nos séculos XVIII e XIX, o musicólogo Jaime Diniz localizou o músico Leopoldino José de Souza Negrão, afirmando poder haver "uma relação de parentesco entre o organista e o distinto professor", supondo ser Leopoldino filho de José Joaquim[18].

Em seu livro *A Bahia de outrora*, o escritor Manuel Querino nos assegura a presença de José Joaquim de Souza Negrão, em 1830, na mesa da irmandade de Santa Cecília, confraria que reunia os músicos baianos[19]. Ao que tudo indica, o compositor faleceu em 1832[20].

De Souza Negrão são conhecidas apenas duas obras, as cantatas *A estrella do Brazil* e *Último cântico de Davi*. A primei-

---

17. Maria Luiza Queiroz Santos, *Origem e evolução da música em Portugal e sua influência no Brasil* (Rio de Janeiro, Imprensa Nacional, 1942), p. 253. Sobre o assunto, cf. também: Antonietta d'Aguiar Nunes, "A educação na Bahia durante os governos de d. Maria I e de d. João, seu filho (1777-1821)", *Revista do Mestrado em Educação* (Alagoas, Universidade Federal de Sergipe, v. 7, jul./dez. 2003), p. 46.
18. Jaime Cavalcanti Diniz, *Organistas da Bahia, 1750-1850* (Rio de Janeiro/Salvador, Tempo Brasileiro/Fundação Cultural do Estado da Bahia, 1986), p. 131.
19. Manuel Querino, *A Bahia de outrora* (Salvador, Progresso, 1955), p. 105, apud Jaime Cavalcanti Diniz, *Damião Barbosa de Araújo. Memento baiano para coro e orquestra* (Salvador, UFBA, 1970), p. 11.
20. Maria Luiza Queiroz Santos, op. cit., p. 253.

ra foi escrita "sob o auspício" do conde dos Arcos para o dia 12 de outubro de 1816 e dedicada ao "Sereníssimo Príncipe da Beira". Consta de uma abertura e mais seis diferentes números entre recitativos, árias, duetos e coros. A instrumentação comporta duas flautas, uma clarineta, um fagote, duas trompas, dois trompetes e cordas sem as violas. O texto, de autor desconhecido, é uma laudatória ao príncipe d. Pedro[21].

O *Último cântico de Davi* é uma obra sacra escrita em 1817, também para o aniversário de d. Pedro. A dedicatória é "Ao Sereníssimo Príncipe Real do Reino Unido de Portugal, do Brasil e dos Algarves". O texto é de José Eloi Ottoni[22]. É ainda dividida em números, começando por um recitativo. Possui a mesma instrumentação de *A estrella do Brazil* e provavelmente está desfalcada da abertura, pois seria improvável que o autor optasse por iniciar a obra com um recitativo[23].

---

21. Mercedes Reis Pequeno, "A música no Nordeste até os oitocentos", em Clarivaldo do Prado Valadares, *Nordeste histórico e monumental* (Salvador, Construtora Odebrecht, 1982), v. II, p. 22.

22. José Eloi Ottoni, poeta sacro, nasceu na cidade do Serro (MG) em 1764. Publicou paráfrases do livro de Jó e dos provérbios de Salomão. Viveu na Bahia na época do conde dos Arcos, onde conheceu Souza Negrão e para quem escreveu o texto de *Último cântico de Davi*. Faleceu em 1851. Cf. Aires da Mata Machado Filho, *O enigma do Aleijadinho e outros estudos mineiros* (Rio de Janeiro, José Olympio, 1975), pp. 22-3.

23. Até 1990, as duas obras eram praticamente desconhecidas, tendo sido citadas em trabalhos de Jaime Diniz e Mercedes Reis Pequeno. O maestro Ernani Aguiar teve acesso à partitura da cantata *Último cântico de Davi*, pertencente à Divisão de Música e Arquivo Sonoro da Biblioteca Nacional do Rio de Janeiro. No mesmo acervo, o maestro conheceu *A estrella do Brazil*, a partir de uma fotocópia do original pertencente ao Museu Histórico Nacional. Nos dois manuscritos não constam as aberturas. Após a restauração das obras, a cantata *Último cântico de Davi* foi apresentada em 28 de julho de

A composição das duas obras com dedicatória a d. Pedro pode ter ajudado Souza Negrão na nomeação, em 1818, para o posto de professor.

Damião Barbosa de Araújo é considerado o mais importante músico baiano de seu tempo. Nasceu na ilha de Itaparica em 27 de setembro de 1778. Antigas referências informam que seu pai, Francisco Barbosa[24], foi "hábil sapateiro e amante da música", e que, por intermédio dele, começou seus estudos musicais[25]. Damião foi violinista de talento, tendo se exibido no antigo teatro do Guadelupe, conhecido como Ópera Velha, tocando na orquestra em comédias de autoria do comediógrafo brasileiro Antônio José da Silva, o Judeu, como *Labirinto de*

1990 na cidade de São João Del Rei, durante o concerto de encerramento do VI Curso de Inverno Scala, com coro e orquestra regidos por Ernani Aguiar. *A estrella do Brazil*, por sua vez, foi apresentada em concerto no Cine Arte UFF, no dia 30 de agosto de 1992, com o Coral Municipal de Petrópolis, Coral Contraponto e Orquestra Sinfônica Nacional da UFF, sob regência de Ernani Aguiar. Alguns anos mais tarde, no dia 5 de março de 1996, o maestro encontrou a abertura da cantata *A estrella do Brazil* no acervo da Biblioteca Alberto Nepomuceno da Escola de Música da UFRJ. O manuscrito da abertura estava misturado com outra obra de mesmo nome, de autoria do compositor Henrique Alves de Mesquita. A abertura foi apresentada pela primeira vez em concerto no Salão Leopoldo Miguez, pela Orquestra Sinfônica da Escola de Música da UFRJ, no dia 10 de maio de 1996, sob a regência de Ernani Aguiar. A descoberta da abertura para a cantata *A estrella do Brazil* faz crer que o compositor tenha escrito também uma abertura para *Último cântico de Davi*, atualmente desaparecida (cf. discografia).

24. Pablo Sotuyo Blanco, "Damião Barbosa de Araújo: de músico militar a mestre-de-capela", *Anais do XV Congresso da Anppom* (Rio de Janeiro, Escola de Música da UFRJ, 2005), p. 271.

25. Manuel Querino, *Artistas bahianos* (Salvador, 1907), p. 167, apud Jaime Cavalcanti Diniz, op. cit., 1970, p. 8.

Creta, Guerras do Alecrim e Manjerona e *Encantos de Medéia*[26]. Em 20 de julho de 1797, aos 18 anos, ingressou no I Regimento de Linha de Guarnição de Salvador, tornando-se "soldado músico". Serviu na tropa por mais de dez anos[27].

A pesquisadora Hebe Machado Brasil afirmou que, "quando Dom João VI passou pela Bahia, teve oportunidade de ouvir o nosso grande músico, que se distinguiu dos demais de sua época"[28]. Tal fato é confirmado pelo próprio compositor, que declarou ter tocado "por várias vezes na soberana presença do Príncipe Regente"[29].

As maiores dúvidas sobre os fatos da vida do compositor estavam concentradas na data de transferência de Damião para o Rio de Janeiro. Dois grupos de pesquisadores divergiam sobre o assunto. As referências mais antigas foram provavelmente baseadas em informações de Sacramento Blake, em seu *Diccionário bibliographico brazileiro*, onde afirmou ter Damião deixado Salvador em 1808, após ser incorporado à banda da Brigada Real da Marinha[30]. A mesma informação foi repetida nos livros de história pioneiros da música no Brasil, de auto-

---

26. Affonso Ruy, *História do teatro na Bahia* (Salvador, Progresso, 1959), p. 85.
27. Pablo Sotuyo Blanco, op. cit., 2005, pp. 270-1.
28. Hebe Machado Brasil, *A música na cidade do Salvador 1549-1900. Complemento da história das artes na cidade do Salvador* (Salvador, Prefeitura Municipal, 1969), p. 66.
29. Pablo Sotuyo Blanco, op. cit., 2005, p. 270.
30. Augusto Vitorino Alves Sacramento Blake, *Dicionário bibliográfico brasileiro* (Rio de Janeiro, Typographia Nacional, 1883), v. II, p. 159.

ria de Guilherme de Melo, em 1907[31], de Vincenzo Cernicchiaro, em 1926[32], e de Renato Almeida, em 1942[33]. Em 1969, Hebe Machado Brasil reiterou a informação em seu livro *A música na cidade do Salvador*[34].

Outra opinião foi formulada por Manuel Querino em 1911, levantando dúvidas sobre a transferência de Damião naquela data e afirmando que tal fato só se deu em 8 de junho de 1813. A informação de Querino foi adotada por Silio Boccanera[35], Luiz Heitor Correa de Azevedo,[36] Ayres de Andrade[37] e Jaime Diniz.

Na realidade, tanto Blake quanto Querino formularam suas versões sem apresentar a origem da informação ou o documento que a continha, gerando as contradições apontadas. Documentos recém-divulgados desfizeram as dúvidas e confirmaram a presença de Damião no Rio de Janeiro já em 1808, tendo viajado "adido ao Corpo da Brigada Real da Marinha". Em 7 de junho 1821, o compositor enviou um pedido para sua admissão na Guarda

---

31. Guilherme de Melo, *A música do Brasil* (Rio de Janeiro, Imprensa Nacional, 1947), 2. ed., p. 240.
32. Vincenzo Cernichiaro, *Storia della musica nel Brasile – dai tempi coloniali sino ai nostri giorni* (Milão, Fratelli Riccioni, 1926), p. 151.
33. Renato Almeida, *História da música brasileira* (Rio de Janeiro, Brighiet, 1942), 2. ed., p. 314.
34. Hebe Machado Brasil, op. cit.
35. Silio Boccanera, *O theatro na Bahia, da Colônia à República (1800-1923)* (Salvador, Imprensa Oficial do Estado, 1924), p. 115.
36. Luiz Heitor Correa de Azevedo, *150 anos de música no Brasil* (Rio de Janeiro, José Olympio, 1956), p. 24.
37. Ayres de Andrade, *Francisco Manoel da Silva e seu tempo (1808-1865) – uma fase do passado musical do Rio de Janeiro à luz de novos documentos* (Rio de Janeiro, Tempo Brasileiro, 1967), v. II, p. 136.

da Alfândega da Bahia, onde declara que "teve a felicidade de ser nomeado para acompanhar a V. M.ᵉ dali para esta Corte"[38].

No Rio de Janeiro, Damião prestou serviço como músico na Capela e Câmara Real e teve uma missa de sua autoria executada na Quinta da Boa Vista, conforme informações prestadas em 5 de dezembro de 1817, em um documento encaminhado a d. João, onde pede a outorga de uma pensão junto à Real Fazenda da Bahia. Por esse documento, é possível constatar que o compositor passava por alguma necessidade, uma vez que o despacho autorizou o pagamento para "livrar o Supplicante da indigência e disgraça em que vive e para assistir sua pobre família"[39].

Ainda no Rio de Janeiro, Damião ingressou na irmandade de Santa Cecília, como comprova sua assinatura em uma petição encaminhada a d. João VI em 1819[40]. A data de seu retorno para a Bahia é ignorada. No referido documento de 1821, o compositor diz que "se vê na necessidade de voltar p.ª a sua Pátria". Em 1828, porém, já se encontrava em Salvador, segundo informação autógrafa encontrada no manuscrito de um *Te Deum* de sua autoria[41].

De volta à terra natal, Damião se reintegrou ao meio musical baiano, assumindo o posto de mestre-de-capela da sé, sucedendo seu professor, padre Alexandre Gonçalves da Fon-

---

38. Pablo Sotuyo Blanco, op. cit.
39. Ibidem, p. 272.
40. Ayres de Andrade, op. cit., v. I, p. 97, e v. II, p. 136.
41. Jaime Cavalcanti Diniz, op. cit., 1970, pp. 10-1.

seca[42]. Em 1833 e 1835, aparece atuando nas festas de Santa Isabel promovidas pela Ordem 3ª de São Francisco[43].

Do compositor, são conhecidas pouco mais de vinte obras, a maioria delas sacra. A presença de autógrafos e cópias manuscritas em arquivos musicais em diversas cidades da Bahia, Minas Gerais e Rio de Janeiro indica a relativa popularidade de que a música de Damião Barbosa de Araújo gozou durante o século XIX no Brasil.

De sua produção sacra depositada no Arquivo Municipal de Salvador, podemos destacar: *Missa de Requiem* para quatro vozes e orquestra; *Missa e credo* para solistas, coro e orquestra (1835); *4ª Missa* a quatro vozes e orquestra (1849); *Te Deum* para quatro vozes e órgão; e *Te Deum* para coro e orquestra.

No arquivo da Orquestra Lira Sanjoanense, na cidade de São João Del Rei, encontra-se o *Memento baiano* para coro e orquestra, sua obra mais conhecida e executada graças ao trabalho de Jaime Diniz, que a publicou pela Universidade Federal da Bahia em 1970[44].

No Rio de Janeiro, no arquivo do Cabido Metropolitano, encontra-se um *Te Deum* em si bemol "composto para grande orchestra e offerecido a Sua Majestade Imperial o Senhor d. Pedro 2º em 1848 por seo humilde súbdito professor de muzica na cidade da Bahia Damião Barboza de

---

42. Pablo Sotuyo Blanco, op. cit., 2005, p. 273.
43. Jaime Cavalcanti Diniz, op. cit., 1970, p. 13.
44. Cf. discografia.

Araújo"[45]. Na Biblioteca Nacional, encontra-se o autógrafo da "Ária Russa Arranjada de piano p^a orquestra", que pertenceu à coleção da Imperatriz Teresa Cristina Maria, esposa de d. Pedro II[46]. Encontramos ainda referências de obras de Damião no Rio de Janeiro, no inventário *post-mortem* de José Batista Brasileiro, onde estão citados um "*Te Deum* alternado e partes do ordinário da missa, dois *Kyries* e um *Solo de Domine Deus*"[47].

Após a volta de Damião para Salvador, sua obra continuou a ser executada no Rio de Janeiro. Uma notícia em jornal da cidade no ano de 1838 informa sobre um concerto realizado no teatro São Pedro de Alcântara, onde foi ouvida "uma nova sinfonia do hábil professor Damião, bem conhecido nesta capital por suas admiráveis composições"[48]. A sinfonia a que se refere o periódico carioca foi, provavelmente, uma das aberturas sinfônicas escritas pelo compositor. No Arquivo Municipal de Salvador estão guardados os manuscritos autógrafos das duas únicas aberturas que chegaram aos dias de hoje, as de número 6 e 7, e que constam como compostas nos anos de 1842 e 1843. Aquela executada no teatro São Pedro foi, portanto, uma das cinco outras cujo paradeiro hoje se ignora[49].

---

45. André Cardoso, "O arquivo musical e o repertório da Capela Real e Imperial do Rio de Janeiro: 1808-1889", *Anais do V Encontro de Musicologia Histórica*, Juiz de Fora, 19 a 21 de julho de 2002 (Juiz de Fora, Centro Cultural Pró-Música, 2004), p. 45.
46. Mercedes Reis Pequeno, op. cit., p. 20.
47. Marcelo Campos Hazan, op. cit., 2006, pp. 184-5 e 188.
48. Ayres de Andrade, op. cit., v. II, p. 136.
49. Jaime Cavalcanti Diniz, op. cit., 1970, p. 15.

Damião Barbosa de Araújo compôs outras obras puramente instrumentais, algumas de caráter popular, como uma valsa intitulada *Sempre viva*, um *Minueto* nº 4 e uma *Quadrilha* em cinco partes, escrita para um baile promovido em Salvador pelo cônsul da França[50]. Ainda no terreno da música popular, sobreviveu uma única modinha composta por Damião, intitulada *Tristes saudades*, considerada por Guilherme de Melo, autor de nossa primeira história da música, "um verdadeiro primor, tanto na arte poética como na musical"[51].

Nos últimos anos, foram encontradas obras até então desconhecidas de Damião Barbosa de Araújo. Na Biblioteca Pública do Estado da Bahia foi localizada no Acervo de Manoel Tranquillino Bastos a *Novena para o Snr. Bom Jezuz dos Navegantes*[52]. Na Sociedade Lítero-Musical Minerva Cachoeirana, na cidade de Cachoeira (BA), foram localizadas três partes instrumentais manuscritas de 2ª clarineta, 1ª trompa e violoncelo de uma *Missa rival*, atribuída pelo copista ao compositor[53].

---

50. Ibidem, pp. 23-4.
51. Guilherme de Melo, op. cit., p. 240.
52. Pablo Sotuyo Blanco, "'Novena para o Snr. Bom Jezuz dos Navegantes': mais uma obra de Barbosa de Araújo", *Revista Eletrônica de Musicologia*, v. VII, dezembro de 2002, Departamento de Artes da Universidade Federal do Paraná (http://www.rem.ufpr.br).
53. Pablo Sotuyo Blanco, "A 'Missa Rival' de Damião Barbosa de Araújo", *Ictus* (Salvador, Programa de Pós-Graduação em Música da UFBA, v. 4, dezembro de 2002), pp. 57-68.

Damião Barbosa de Araújo foi casado com Silvéria Maria da Conceição, com quem teve vários filhos[54]. Para Tertuliano Barbosa de Araújo, dedicou um *Tantum ergo* para quatro vozes e órgão, e para Francisco Barbosa de Araújo dedicou uma obra intitulada *Conselhos*, da qual também foi autor da letra. Damião faleceu longevo para a expectativa de vida da época, com 78 anos, no dia 20 de abril de 1856[55]. Nas palavras do musicólogo Jaime Diniz, o compositor foi "sem dúvida uma das figuras mais completas da história musical da Bahia"[56].

É possível citar o nome de alguns outros músicos e compositores baianos que atuavam em Salvador por ocasião da chegada de d. João. Do compositor José dos Santos Barreto (1764-1848), são conhecidos dois hinos. O primeiro, um *Hymno Brazileiro*, foi composto em 1823 e dedicado à primeira filha de d. Pedro I, dona Maria da Glória. O segundo, o *Hino a 2 de julho*, foi composto por Barreto em 1828, o qual, segundo Renato Almeida, ainda era cantado em 1942 por "todas as bocas baianas"[57].

Outro músico de relativo destaque em Salvador foi José Pereira Rebouças (1789-1843), mestre de música do II Regimento de Milícias da Bahia. Consta que Rebouças partiu para a Europa em 1828, onde estudou na França, tendo sido aluno de violino de Charles Beriot no Conservatório de Paris,

---

54. Pablo Sotuyo Blanco, "Situação da pesquisa biográfica de Damião Barbosa de Araújo", *Anais do XIV Congresso da Anppom* (Porto Alegre, UFRGS, 2003).
55. Jaime Cavalcanti Diniz, op. cit., 1970, pp. 17-20.
56. Idem, p. 13.
57. Renato Almeida, op. cit., p. 314.

e na Itália, onde foi aluno do Liceu Filarmônico de Bolonha durante três anos[58]. De volta ao Brasil em 1833, tornou-se regente da orquestra do teatro São João de Salvador. Após o regresso à Bahia, Rebouças foi nomeado pelo arcebispo da cidade mestre de música do Seminário Episcopal. Em 1841, o compositor recebeu o título de músico honorário da Câmara Imperial, por haver composto um hino para a coroação de d. Pedro II[59]. De acordo com Manuel Querino, o *Magnificat* composto por Rebouças em 1834 para a festa de Santa Cecília é uma obra "de alto valor artístico"[60].

---

58. Maria Alice Volpe, "Compositores românticos brasileiros: estudos na Europa", *Revista Brasileira de Música* (Rio de Janeiro, Escola de Música da UFRJ, 1994/1995), v. 21, p. 51.
59. Cf. transcrição da nomeação de José Pereira Rebouças para a Câmara Imperial em Maria Luiza Queiroz Santos, op. cit., p. 320.
60. Ibidem, p. 272.

3
A MÚSICA NA CORTE DO RIO DE JANEIRO

O repertório da primeira missa

Ao desembarcar no Rio de Janeiro em 8 de março de 1808, d. João seguiu imediatamente em procissão até a igreja do Rosário. Após atravessar o largo do Paço e descer a rua Direita, seguiu pela rua do Rosário até a catedral. De acordo com o Padre Perereca, em todo o trajeto a população saudava o soberano. As casas estavam decoradas, e os moradores nas portas e janelas agitavam as mãos e lenços na esperança de receberem a atenção de d. João. Já na rua do Rosário, uma cena inusitada: um vassalo mais entusiasmado construiu um coreto, "onde em melodiosas vozes, tanto instrumentais, como vocais, cantavam os músicos hinos de júbilo em louvor de S.A.R."[1].

---

1. Luis Gonçalves dos Santos (Padre Perereca), op. cit., v. I, p. 179.

Na porta da igreja foram ouvidos os sinos da catedral e das igrejas mais próximas, São Francisco de Paula e do Senhor Bom Jesus. O Padre Perereca nos deixou uma descrição da cerimônia:

> uma grande orquestra rompeu em melodiosos cânticos, logo que entrou S.A.R. com sua augusta família; e ao som dos instrumentos, e vozes, que ressoavam pelo santuário, caminhou o Príncipe Regente Nosso Senhor com muito vagar, e custo, por causa do imenso concurso, que dentro da igreja se achava, até ao altar do Santíssimo Sacramento, e ali, saindo debaixo do pálio juntamente com as mais pessoas reais, se prostrou com a real consorte, e os augustos filhos, e filhas, ante o trono da Majestade Divina; entretanto cantavam os músicos o hino *Te Deum Laudamus*, e concluído o verso *Te Ergo*, etc., se levantou Sua Alteza com a real família, e se dirigiu para o altar-mor igualmente debaixo do pálio, onde pondo-se Suas Altezas outra vez de joelhos sobre almofadas, que também naquele lugar estavam colocadas, renderam as suas homenagens à Santíssima Virgem Nossa Senhora, e ao glorioso mártir São Sebastião, padroeiro da cidade. Concluído o hino de graças e cantadas as antífonas *Sub tuum praesidium, O beate Sebastiane,* entoou o revmo. Chantre o verso *Domine, salvum fac Principiem*, etc., e cantou as orações respectivas a este ato, como prescreve o cerimonial. Concluída esta sagrada cerimônia, levantaram-se Suas Altezas, e benignamente deram a mão a beijar a todos quantos se aproximavam às suas reais pessoas, sem preferência, nem exclusão de ninguém.[2]

---

2. Luís Gonçalves dos Santos (Padre Perereca), op. cit., v. I, p. 180.

Infelizmente, Padre Perereca não diz quem foi o compositor das obras e responsável pela música na primeira cerimônia religiosa assistida por d. João no Rio de Janeiro, mas com certeza foi o mestre-de-capela da catedral, que, desde 1798, era padre José Maurício Nunes Garcia.

Podemos extrair do texto de Padre Perereca algumas pistas que apontam para as obras executadas. Partindo do princípio de que o mestre-de-capela não era apenas o organizador das atividades musicais da catedral, mas também, e principalmente, o compositor das obras para os diversos momentos da liturgia, é possível afirmar que as obras executadas para d. João eram de autoria de José Maurício Nunes Garcia. Segundo relato de Padre Perereca, foram executadas pelo menos três obras: um *Te Deum* e as antífonas *Sub tuum praesidium* e *O beate Sebastiane*. O verso *Domine, salvum fac principiem* foi cantado pelo chantre, o que significa que se tratava de canto gregoriano, assim como "as orações respectivas [...] como prescreve o cerimonial".[3]

Em relação ao *Te Deum*, uma consulta ao catálogo temático das obras do padre José Maurício Nunes Garcia nos revela a presença de sete diferentes obras. Entre aqueles com data de composição comprovada, dois são posteriores a 1808: *Te Deum* das Matinas de São Pedro CPM 92, de 1809, e *Te Deum* CPM 93, de 1811. No manuscrito autógrafo do *Te Deum* das Matinas da Conceição CPM 95 não há indicação da data da

---

3. Idem, ibidem.

composição. Entretanto, o título na parte de órgão indica que foi *composto pelo P^e Joze Mauricio Nunes Garcia para a Capella Real*, o que comprova a composição em data posterior a 15 de junho de 1808, data da criação da Capela Real.

O Padre Perereca descreve a música tendo sido executada por *uma grande orquestra*, o que descarta a possibilidade tanto do *Te Deum* quanto das demais obras terem sido executadas apenas com órgão. Somente três obras entre aquelas com data anterior a 1808 ou sem datação foram escritas para orquestra: o *Te Deum* Alternado CPM 94, o *Te Deum* em ré CPM 96 e o *Te Deum* em lá menor CPM 97.

Assim como o CPM 94, o *Te Deum* em lá menor também é alternado, ou seja, com trechos cantados em gregoriano. O *Te Deum* em ré não possui trechos em gregoriano e, em uma das cópias, a obra é referida como *Te Deum Seguido*. Em nenhum dos três aparece a data de composição. Para o *Te Deum* em ré, Cleofe Person de Mattos sugere a data de 1799, em função de um registro em antigo catálogo da catedral, no qual é mencionado um *Te Deum Seguido*, "composto no ano de 1799"[4].

Na descrição da música na celebração pela chegada de d. João, Padre Perereca não menciona o fato de o *Te Deum* executado ser alternado. Todavia, descrevendo outra cerimônia realizada poucos dias depois, em 15 de março de 1808, o padre fala explicitamente que o *Te Deum* que concluiu a cerimônia foi

---

4. Cleofe Person de Mattos, *Catálogo temático de obras do Padre José Maurício Nunes Garcia* (Rio de Janeiro, Conselho Federal de Cultura/MEC, 1970), p. 139.

cantado pelos músicos a dois coros, ou seja, alternadamente entre o coro de baixo, formado pelos capelães cantores responsáveis pela parte da celebração em gregoriano, e o coro de cima, formado pelos músicos leigos responsáveis pela parte "polifônica".

O fato de Padre Perereca não mencionar que o *Te Deum* de 8 de março foi executado alternadamente aponta a possibilidade de ser o *Te Deum* em ré CPM 96 aquele executado para d. João em sua primeira cerimônia religiosa no Rio de Janeiro. Reforça essa hipótese o fato de a obra possuir várias cópias manuscritas produzidas ao longo do século XIX por copistas tradicionais da obra mauriciana, como João dos Reis Pereira, Bento das Mercês e Leopoldo Miguez, além de estar presente em arquivos de cidades como Campinas e São João Del Rei, ou seja, uma das obras mais difundidas e populares do compositor entre as do gênero.

As hipóteses formuladas não são, entretanto, conclusivas. A obra executada pode ter sido até mesmo perdida entre as tantas obras do compositor destruídas nos primeiros anos do século XX[5]. Jamais se saberá ao certo qual obra foi realmente executada, sem que surja uma prova documental que a aponte com clareza.

As outras obras executadas na mesma cerimônia são de mais fácil identificação, embora também de forma não conclusiva. O padre José Maurício possui uma única antífona de Nossa Senhora, *Sub tuum praesidium*, composta em 1795, cujas partes autógrafas se encontram guardadas na Biblioteca Alberto Nepomuceno da Escola de Música da UFRJ. A or-

---

5. André Cardoso, op. cit., 2004, pp. 40-54.

questração, tipicamente mauriciana, prevê um par de flautas e outro de trompas, e a seção de cordas sem o naipe das violas, além do coro a quatro vozes e solo de soprano[6].

Já a obra mencionada como antífona, *O beate Sebastiane*, pode ter sido, na realidade, o gradual para São Sebastião *Justus cum ceciderit* CPM 143, composto por José Maurício em 1799. As partes autógrafas e cópias de época, pertencentes também ao acervo da Biblioteca Alberto Nepomuceno, revelam a mesma orquestração da antífona *Sub tuum praesidium*, com a diferença de não possuir uma parte de soprano solo[7].

Em outra cerimônia importante ocorrida na catedral – a missa em ação de graças pelo aniversário de d. João, ocorrida em 13 de maio de 1808, quando o príncipe regente completou 41 anos –, Padre Perereca informa que "cantou a música o hino *Te Deum* e que ao final da cerimônia cantou-se a antífona de Nossa Senhora e a de S. Sebastião"[8], ou seja, o mesmo repertório tocado para d. João por ocasião de sua chegada dois meses antes. Essa coincidência de repertório nos faz crer que as obras executadas tenham sido as supracitadas de autoria de padre José Maurício.

Padre José Maurício Nunes Garcia

José Maurício Nunes Garcia, neto de escravas, nasceu no Rio de Janeiro em 22 de setembro de 1767, filho do tenente

---

6. Cleofe Person de Mattos, op. cit., 1970, p. 62.
7. Ibidem, p. 218.
8. Luis Gonçalves dos Santos (Padre Perereca), op. cit., v. I, p. 206.

Apolinário Nunes Garcia e de Victória Maria da Cruz, sendo batizado em 20 de outubro na sé do Rio de Janeiro. Sua mãe era natural da cidade mineira de Cachoeira do Campo e encarregou-se da educação de José Maurício após a morte de Apolinário, ocorrida em 1773.

Cleofe Person de Mattos levanta a possibilidade de José Maurício, ainda menino, ter participado do coro da catedral e sé do Rio de Janeiro, que funcionava na igreja do Rosário, nas vizinhanças de sua casa, na rua da Vala, na Freguesia da Sé[9].

Sua formação musical foi responsabilidade do músico Salvador José de Almeida Faria (c. 1732-1799), também mineiro de Cachoeira do Campo, conterrâneo da mãe de José Maurício. Para a musicóloga Cleofe Person de Mattos, Salvador José, além de professor de José Maurício, foi "músico familiarizado com as tradições musicais no período áureo da criação setecentista em Minas Gerais, cujas bases teóricas e práticas transferiu ao aluno bem-dotado"[10].

Sendo natural de uma cidade vizinha de Vila Rica, Salvador José pode ter convivido com os grandes compositores mineiros do século XVIII, mas é pouco provável que tenha utilizado obras desses autores na formação musical do jovem discípulo. Surpreende o fato de não ser encontrado nenhum nome de compositor mineiro na listagem de obras pertencentes a Salvador José, relacionadas em seu inventário *post-mortem* de 1799. Além de uma série de obras anônimas, onde eventualmente po-

---

9. Cleofe Person de Mattos, op. cit., 1997, p. 32.
10. Ibidem, p. 31.

deriam constar os compositores de Minas Gerais, estão presentes 51 obras de 11 compositores luso-brasileiros, como Antonio Teixeira (1707-1755), João de Souza Carvalho (1745-1793), Luciano Xavier dos Santos (1734-1808) e José Joaquim dos Santos (c. 1747-1801), além de André da Silva Gomes (1752-1844) e Marcos Portugal, ambos portugueses, mas que viveram no Brasil. Os compositores italianos estão presentes com 43 obras, incluídos, entre outros, Baldassare Galuppi (1706-1785), Giovanni Battista Pergolesi (1710-1736), David Perez (1711-1778), Niccolò Jommelli (1714-1774) e Niccolò Piccini (1728-1800). Provavelmente, foi esse repertório que serviu para o estudo e aperfeiçoamento musical de José Maurício, revelando as influências musicais sofridas pelo jovem compositor[11].

O inventário de Salvador José contraria a teoria de que José Maurício teria recebido influências dos compositores mineiros, em especial no período que vai até 1808. Se as obras da musicoteca particular de Salvador José serviram como material didático para os estudos iniciais de José Maurício, é mais provável que as características comuns encontradas entre o compositor carioca e os colegas mineiros sejam em razão da utilização dos mesmos modelos, vindos diretamente dos compositores italianos e portugueses, e não "pela escuta e pelo estudo de obras que vinham das Minas Gerais"[12]. Se essas obras circularam no Rio de Janeiro e José Maurício teve a oportuni-

---

11. Nireu Cavalcanti, op. cit., pp. 415-8.
12. José Maria Neves, "José Maurício e os compositores setecentistas mineiros", *Estudos mauricianos* (Rio de Janeiro, Funarte, 1983), p. 63.

dade de examiná-las, por que teriam desaparecido? A quase-total ausência de obras de compositores mineiros em arquivos cariocas ainda é uma questão a ser elucidada[13].

Além da formação musical com Salvador José, o estudo de humanidades, filosofia, gramática latina e retórica fizeram parte da formação intelectual de José Maurício. Entre seus professores, estavam Agostinho Corrêa da Silva Goulão e o poeta mineiro de São João Del Rei, Manoel Inácio da Silva Alvarenga (1749-1814), ambos formados pela Universidade de Coimbra.

Em 1783, aos dezesseis anos, José Maurício produziu sua primeira obra, a antífona *Tota pulchra*. Trata-se de uma pequena peça escrita para soprano, solo, coro e orquestra de cordas, com

13. São poucas as obras de compositores mineiros em arquivos cariocas. De José Joaquim Emerico Lobo de Mesquita, a única hoje conhecida é a *8ª lição para as matinas de Quarta-Feira Santa*. O compositor viveu os últimos anos de vida e atividade profissional como organista da igreja da Ordem do Carmo, no Rio de Janeiro. A cópia manuscrita da obra, produzida em 1864 por Carlos Gonçalves de Mattos, músico da Capela Imperial, está atualmente depositada no arquivo do Instituto dos Meninos Cantores de Petrópolis. O material era originário do acervo pessoal de frei Pedro Sinzig, que residia no convento de Santo Antônio, no Rio de Janeiro (cf. André Cardoso, op. cit., 1996). Outra obra de compositor atuante em Minas Gerais, presente em arquivo no Rio de Janeiro, é a *Missa e credo a cinco vozes*, de Antônio dos Santos Cunha, depositada no Cabido Metropolitano. As poucas referências biográficas sobre Santos Cunha informam que o compositor atuou na cidade de São João Del Rei entre 1786 e a primeira década do século XIX. Uma citação em livro de pagamento da Ordem Terceira do Carmo menciona o compositor, em 1815, como "auzente pª Lisboa" (cf. José Maria Neves, *Música sacra mineira: catálogo de obras*, Rio de Janeiro, Funarte, 1997, p. 103). Tendo sido dedicada a d. Pedro I, a *Missa e credo a cinco vozes* comprova que Santos Cunha ainda estava ativo em 1822, possivelmente em São João Del Rei ou talvez no Rio de Janeiro.

Padre José Maurício Nunes Garcia.
Pintado por J. M. N. G. Júnior. Acervo da Escola de Música da UFRJ.

uma flauta solo. A essa altura da vida, José Maurício já deveria ter uma atividade profissional consistente, o que o levou a assinar como fundador, em 1784, a ata da criação da irmandade de Santa Cecília, confraria que reunia os *professores da arte da música* da cidade.

O próximo passo de sua vida foi a ordenação sacerdotal. Após passar pelo inevitável processo *de genere*, onde foram avaliados seus bons costumes com base em investigações e depoimentos, e no qual foi dispensado do "defeito de cor", José Maurício foi "promovido a ordens" em 3 de março de 1792[14].

Sua opção pela vida sacerdotal pode ter sido menos por vocação que por afirmação social e profissional. Seria este o único caminho que poderia levá-lo ao posto de mestre-de-capela da catedral. Desde a composição da primeira obra, José Maurício destinou parte de sua produção sacra aos conjuntos musicais da sé, que, desde 1770, eram dirigidos por padre João Lopes Ferreira. É o caso, por exemplo, das *Vésperas de Nossa Senhora* CPM 178 e da *Missa a 4 vozes e órgão para as pontificais da sé do Rio de Janeiro*, ambas de 1797, sendo que a missa se encontra hoje desaparecida.

---

14. Cleofe Person de Mattos, op. cit., 1997, p. 43.

Na produção composicional de José Maurício, do período de sua juventude, essencialmente sacra, destaca-se uma obra puramente instrumental, que vem a ser a mais antiga obra sinfônica do repertório brasileiro: a *Sinfonia fúnebre* CPM 230, de 1790. Trata-se, na verdade, de uma obra de finalidade litúrgica, uma vez que era executada em ponto específico da celebração, no caso, um ofício fúnebre. Possui uma orquestração com pares de flautas, fagotes e trompas e uma seção de cordas em que se destacam as duas partes independentes de violas, procedimento até então inédito na obra de José Maurício.

Sua colaboração com o veterano mestre-de-capela da catedral o habilitou a sucedê-lo, o que ocorreu efetivamente em 2 de julho de 1798, dois dias antes da morte de Lopes Ferreira[15]. Entre suas funções como mestre-de-capela estava compor as obras necessárias aos diversos momentos da liturgia. Desse período, ou seja, dos quase dez anos que antecedem a chegada de d. João ao Rio de Janeiro, além das obras já mencionadas, provavelmente executadas na missa de ação de graças pela chegada da Família Real ao Rio de Janeiro, podemos destacar algumas outras.

As *Matinas de Natal* CPM 170 foram compostas originalmente em 1799, na versão com acompanhamento de órgão. No mesmo ano, o próprio compositor orquestrou a obra para flautas, clarinetas, trompas e cordas. Em 1801, incluiu novos instrumentos na orquestração, acrescentando fagotes e clarins.

---

15. Ibidem, p. 46.

MATINAS DE NATAL

3º RESPONSÓRIO

José Maurício Nunes Garcia
1767-1830

Dicite quidnam vidistis – solo de soprano do 3º responsório das *Matinas de Natal* de José Maurício Nunes Garcia.
Acervo do Cabido Metropolitano do Rio de Janeiro.

Esta é, sem dúvida, uma das obras mais populares e executadas do compositor. No solo de soprano *Dicite quidnam vidistis*, no andante do 3º responsório, Cleofe Person de Mattos identifica uma melodia que "se expande na transposição espiritualizada de uma modinha". Segundo a mesma autora, "a realização desse trecho faz pensar nos limites e nos compromissos entre a formação européia que o compositor assimilou e o sentimento nacionalista que ele vivenciou"[16].

A *Missa* e o *Ofício dos defuntos* de 1799, para coro e acompanhamento de órgão, CPM 182 e 183 respectivamente, são

---

16. Ibidem, p. 48.

obras escritas para homenagear os cônegos da catedral já falecidos, entre eles o antecessor de José Maurício, João Lopes Ferreira. Outra obra importante e atualmente bastante executada do padre José Maurício é o moteto *Te Christe solum novimus* CPM 52, composto em 1800. Trata-se de um solo ao pregador para soprano solista e orquestra constituída por flauta, trompas e cordas sem as violas. Dividida em duas partes, sendo a segunda um rondó, é uma das poucas obras sacras do compositor em que não há participação do coro. De acordo com Cleofe Person de Mattos, "o moteto é a obra estilisticamente mais rococó no panorama da música do padre José Maurício"[17].

A produção de José Maurício não foi, entretanto, unicamente destinada aos conjuntos da catedral. Como membro da irmandade de São Pedro dos Clérigos desde 1791, compôs várias obras para as festas do santo patriarca, hoje quase todas perdidas.

Uma obra ainda a destacar não vinculada à catedral é a abertura *Zemira* CPM 231, de 1803. No final do século XIX, o compositor Leopoldo Miguez (1850-1902) produziu uma cópia da partitura dessa abertura com base em cópias antigas, hoje desaparecidas. A orquestração original, segundo nota de Miguez em sua cópia, era constituída de flautas, fagotes, trompas e *trombe lunghe*, bem como de cordas, conjunto ao qual Miguez agregou dois oboés e duas clarinetas, além de substituir por clarins as *trombe lunghe* originais. O título suge-

---

17. Ibidem, p. 55.

re uma obra composta para algum tipo de espetáculo cênico.

Desde pelo menos o final de 1805, padre José Maurício encontrava-se ligado afetivamente a Severiana Rosa de Castro, jovem 22 anos mais nova que ele, que viria a ser a mãe de seus seis filhos. Da extensa prole de José Maurício com Severiana, sobreviveram cinco crianças.

Os dois mais velhos, Apolinário José e José Maurício Nunes Garcia Júnior, foram músicos. O primeiro foi descrito como "hábil músico e organista", tendo atuado na igreja da irmandade do Sacramento. O segundo foi organista das igrejas de Lampadosa, Sacramento e São Francisco de Paula, compositor de modinhas e música sacra e médico de boa reputação em sua época. Foi aluno de pintura de Jean Baptiste Debret, tendo deixado para a posteridade o retrato de seu pai[18].

José Maurício Júnior informa que suas irmãs Josefina e Panfília viviam em estado de "meia loucura". O irmão mais novo, Antônio José, foi escritor e jornalista, tendo deixado impressas algumas novelas e poesias[19].

Ao iniciar o ano de 1808, o padre José Maurício era um homem de 41 anos, estabelecido profissionalmente e no auge das forças criadoras. Sua produção como compositor constava de cerca de quarenta obras, número já suficiente para lhe garantir posição privilegiada na historiografia musical brasileira. A chegada de d. João e a futura nomeação como mestre da Capela Real abriram o período mais produtivo de sua criação,

---

18. Ibidem, p. 227.
19. Ibidem, p. 228.

além de solidificar sua posição como mais importante compositor brasileiro de seu tempo.

A música na Capela Real

Em 1808, a catedral do Rio de Janeiro era a igreja do Rosário, onde o Cabido estava instalado desde 1737. Uma nova catedral estava em construção no largo de São Francisco, mas as obras encontravam-se paralisadas havia muitos anos. Ao aqui chegar, d. João encontrou um corpo capitular instalado e um grupo de músicos atuantes na catedral, liderados por padre José Maurício.

Para sua maior comodidade, uma vez que a igreja do Rosário ficava a certa distância do Paço em que se instalara a Família Real, d. João transferiu o Cabido para a igreja do Carmo,

Largo do Paço em 1816, onde se vê em primeiro plano o porto onde desembarcou d. João. À esquerda, o Paço onde se instalou a Família Real e, ao fundo, a Capela Real. Jean Baptiste Debret, *Viagem pitoresca e histórica ao Brasil*, 1834 (litografia).

que passou a ser a catedral da cidade. D. João não queria "perder nunca o antiquisimo costume" de manter junto ao seu palácio "uma Capella Real, não só para maior comodidade, e edificação" de sua família, "mas, sobretudo, para maior decência, e esplendor do Culto Divino, e Gloria de Deus"[20].

D. João determinou a transferência do Cabido por meio do alvará de 15 de junho de 1808, elevando a sé da cidade à categoria de Capela Real. Foram transferidos para a igreja dos carmelitas não só "todos os Vasos Sagrados, Paramentos, Alfaias e todos os móveis", como também "todas as pessoas, Cantores, e Ministros"[21].

Antes de ser uma criação de d. João, a Capela Real do Rio de Janeiro foi, na realidade, a transposição para as terras brasileiras de sua congênere lisboeta.

A transferência da sé do Rio de Janeiro foi marcada por uma missa festiva seguida de procissão[22]. Entretanto, a instalação efetiva da Capela e do Cabido não transcorreu de maneira simples e imediata. Muitos problemas de ordem política tiveram que ser contornados, como o receio dos prelados portugueses que acompanharam d. João em sua travessia atlântica, a perda de prestígio da capela particular do rei ao ser instalada junto à Catedral e a pouca disposição dos religiosos

---

20. *Collecção das leis do Brazil de 1808* (Rio de Janeiro, Imprensa Nacional, 1891), p. 55.
21. Ibidem.
22. Luis Gonçalves dos Santos (Padre Perereca), op. cit., v. I, p. 210.

portugueses de se misturarem aos colegas brasileiros, incluindo àqueles com "defeito vizivel"[23].

Um dos que tinham o "defeito vizivel" de ser mulato era exatamente o mestre-de-capela padre José Maurício. Como ele, outros tantos músicos deveriam ser mulatos. O francês Louis Freycinet, segundo Ayres de Andrade, declarou em seu livro de viagens ter ouvido "com admiração a música da Capela Real, onde quase todos os artistas são negros"[24].

O funcionamento da Capela Real foi regulamentado em 1809, por intermédio dos Estatutos da Sancta Igreja Cathedral e Capella do Rio de Janeiro. Dois itens no parágrafo 12 do Título Quarto, que tratava *Dos Beneficiados Capellaens: dos Thesoureiros e dos Muzicos*, regulavam as questões de ordem disciplinar:

§ 12 O Mestre de capela, os organistas, os cantores e os músicos, todos do côro de cima, serão prontos em se apresentarem na igreja nos dias e horas competentes, e executarem tôdas as cantorias que vão declaradas nestes Estatutos e tôdas as mais que forem do costume ou novamente forem determinadas por ordem de Sua Alteza Real. Enquanto não lhes prescrevemos um regimento próprio, se o julgarmos necessário para o futuro, com o beneplácito do mesmo Augusto Senhor, observarão as regras seguintes:

1º Será o Mestre de capela, e nas suas faltas o músico mais antigo ou o organista, obrigado a vigiar sôbre a residência de

---

23. André Cardoso, *A música na Capela Real e Imperial do Rio de Janeiro 1808-1889* (Rio de Janeiro, Academia Brasileira de Música, 2005), p. 53.
24. Ayres de Andrade, op. cit., v. I, p. 36.

todos os outros e a dar parte cada dia ao Apontador das faltas de cada um dêles, para serem apontados segundo os dias e funções a que faltarem, do modo que se acaba de dizer a respeito dos Tesoureiros.

2º Poderão e deverão, além disso, ser multados pelo Mestre da Capela segundo a qualidade do erro que cometerem, não passando a multa, nas primeiras três vezes, da metade da quantia correspondente a um dia do seu ordenado, e devendo passar-se ao dôbro e três dobros desta pena nos casos de reincidência e contumácia, e aplicando-se sempre para a Fábrica da Igreja.[25]

Apenas dois músicos portugueses vieram com d. João de Lisboa: José do Rosário Nunes e padre Francisco de Paula Pereira. O primeiro foi seminarista em Vila Viçosa e aluno de contraponto de Eleutério Leal (c. 1758-c. 1840). Cleofe Person de Mattos questionou as habilidades de José do Rosário ao órgão, dizendo que eram bastante limitadas, recaindo todo o serviço sobre José Maurício, que nada recebia pelo trabalho extra de organista[26]. Já o padre Francisco de Paula Pereira veio para instruir os capelães cantores na arte do cantochão e para dirigir o coro gregoriano. Apenas os dois músicos citados acima embarcaram com a corte para o Brasil. O próprio mestre-de-capela de d. João e mais prestigiado compositor português daquele momento, Marcos Portugal, permaneceu em Lisboa.

---

25. *Estatutos da Santa Igreja Catedral e Capella do Rio de Janeiro* (Rio de Janeiro, Imprensa Régia, 1811), pp. 27-8 (BN II-34, 17, 27).
26. Cleofe Person de Mattos, op. cit., 1997, p. 229.

Durante o ano de 1808, as atividades musicais da Capela Real sustentaram-se com os músicos locais. Apenas em 1809 começaram a chegar os primeiros músicos e cantores, incluindo os primeiros castrados.

Todos os anos, o número de músicos contratados foi aumentando, sendo 32 em 1811[27], 38 em 1816[28], 41 em 1817[29], chegando a ter, em 1824, um total de 64 músicos, divididos entre os diversos naipes do coro e da orquestra[30]. Esse número podia ser bem maior nas grandes solenidades, para as quais eram contratados músicos extras.

Alguns cronistas da época nos dão uma idéia de como eram as celebrações na catedral. O comerciante John Luccock, que viveu no Rio de Janeiro entre 1808 e 1818, assistiu às cerimônias na Capela Real. Em suas *Notas sobre o Rio de Janeiro*, afirmou que a orquestra era "bem constituída e a música admirável"[31]. O já mencionado viajante francês Louis Freycinet,

---

27. "Almanaque da Cidade do Rio de Janeiro para o ano de 1811", *Revista do Instituto Histórico e Geográfico Brasileiro* (Rio de Janeiro, IHGB, 1969), v. 282, p. 132.
28. "Almanaque da Cidade do Rio de Janeiro para o ano de 1816", *Revista do Instituto Histórico e Geográfico Brasileiro* (Rio de Janeiro, IHGB, 1965), v. 268, p. 205.
29. "Almanaque da Cidade do Rio de Janeiro para o ano de 1817", *Revista do Instituto Histórico e Geográfico Brasileiro* (Rio de Janeiro, IHGB, 1966), v. 270, p. 243.
30. "Almanaque da Cidade do Rio de Janeiro para o ano de 1824", *Revista do Instituto Histórico e Geográfico Brasileiro* (Rio de Janeiro, IHGB, 1968), v. 278, p. 249.
31. John Luccock, *Notas sobre o Rio de Janeiro e partes meridionais do Brasil* (tradução de Milton da Silva Rodrigues, Belo Horizonte/São Paulo, Itatiaia/Edusp, 1975), p. 43.

falando da música, diz que a "execução nada deixa a desejar"[32]. Ayres de Andrade cita o viajante Alexandre Coldelaugh, que deixou relatos elogiosos em relação à música da Capela Real:

> Dizia-se geralmente que a Capela Real era organizada de modo a satisfazer plenamente os amadores de música. Era constituída como a antiga capela real de Lisboa e não se havia olhado a despesas. Quatorze ou quinze sopranos misturavam suas vozes características à música de Portugal [Marcos] e dos melhores compositores religiosos, e formavam um conjunto muito admirado, especialmente pelos estrangeiros.[33]

Para a atualização do repertório da Capela Real, d. João mandou trazer de Portugal, em 1810, o arquivo musical do palácio de Queluz, para o qual indicou como arquivista padre José Maurício, que assim passou a acumular as funções de mestre-de-capela, organista e arquivista.

Durante três anos, padre José Maurício atuou absoluto na Capela Real. Nesse período, compôs cerca de setenta obras. Os anos de 1808 e 1809 são férteis em peças com acompanhamento de órgão. Apenas um pequeno grupo acusa a presença de orquestra ou de outros instrumentos além do órgão. A referência *ad libitum*, entretanto, aparece em vários manuscritos, indicando que somente o órgão era fundamental, sendo os demais instrumentos utilizados ou não.

---

32. Ayres de Andrade, op. cit., v. I, p. 36.
33. Ibidem, v. I, p. 28.

As obras com acompanhamento de órgão representam quase um terço do total daquelas hoje conhecidas de José Maurício e são identificadas pelo termo *de capella*, que aparece em muitos de seus manuscritos. Nas obras *de capella*, o órgão não se limita a dobrar as vozes, mas tem papel ativo no acompanhamento do coro e dos solistas. Não é à toa que algumas obras originalmente compostas para essa formação foram orquestradas mais tarde pelo compositor. Por sua vez, as obras referidas como *a capella* são aquelas em que até pode haver a participação do órgão, mas este se limita a dobrar as vozes do coro.

Ao padroeiro da Família Real, São Pedro de Alcântara, José Maurício dedicou duas missas com acompanhamento de órgão, a primeira em 1808, CPM 104, e a segunda em 1809, CPM 105. A missa de 1808 foi "composta e oferecida a S. A. Sereníssima o Príncipe Senhor d. Pedro de Alcântara"[34].

Outras obras datam de 1809. O responsório *Simon Petre* CPM 171 e o *Te Deum das Matinas de São Pedro* CPM 92 podem ter sido partes da mesma obra, cuja partitura está desaparecida. O responsório, cujo autógrafo se encontra na Biblioteca Alberto Nepomuceno da Escola de Música da UFRJ, está estruturado em quatro partes, sendo a última a repetição da segunda.

O *Te Deum* está dividido em cinco partes de diferentes métricas e andamentos, sendo o início da terceira parte uma repetição variada do início da primeira. É uma das obras com instrumentação opcional. No manuscrito autó-

---

34. Cleofe Person de Mattos, op. cit., 1970, p. 150. Cf. discografia.

grafo pertencente ao arquivo do Cabido Metropolitano do Rio de Janeiro, consta ser uma *partitura de Capella e Com Instromental ad Libitum*. Os instrumentos previstos na orquestração são pares de flautas, clarinetas, fagotes e trompetes, além das cordas com *divisi* no naipe das violas[35]. No *Te Deum* encontramos um contraste maior de texturas e uma inventiva mais desenvolvida. Destaca-se o solo de tenor que perpassa toda a obra, muitas vezes acompanhado pelo coro em notas longas ou em acordes que pontuam as frases do solista. Os demais solistas têm participação mais discreta, com pequenos solos ou conjuntos.

O *Stabat Mater* CPM 166, também de 1809, traz na parte manuscrita do órgão a curiosa história de sua criação: "Foi cantado o 1º motivo por S.A.R. e depois arranjado e Composto em 1809 Pelo Pe. Joze Mauricio Nunes Garcia Com Flautas e Fagottes ad Libitum para o Setenário de N. S. na Real Capella"[36]. Infelizmente, a parte de soprano do coro encontra-se desaparecida, o que nos impede de conhecer o tema proposto por d. João, que gerou a composição da obra. Estão desaparecidas ainda as partes de flautas e fagotes *ad libitum* mencionadas no título.

A *Novena de Santa Bárbara* CPM 65 foi escrita em 1810 e é a única entre as novenas compostas por José Maurício que não recebeu acompanhamento orquestral. Apresenta alguns procedimentos composicionais que a diferenciam das congê-

---

35. Ibidem, pp. 130-1.
36. Ibidem, p. 232.

neres, como a alternância de trechos em cantochão e quatro jaculatórias cantadas em trio sem acompanhamento. As jaculatórias, orações de curta duração de caráter invocativo, apresentam o texto em português.

Para coro *a capella*, uma das obras mais importantes de José Maurício é o moteto *Judas mercator pessimus* CPM 199, de 1809. Trata-se de uma obra para a liturgia da Semana Santa, composta *a seis vozes sem organo*, ou seja, sem acompanhamento. Dividida em três partes, a peça começa com um uníssono em todas as vozes e é concluída com um fugato.

A grande concentração de obras com acompanhamento de órgão nos dois primeiros anos da atividade de José Maurício como mestre da Capela Real revela que a orquestra raramente atuava, talvez pela pouca disponibilidade de instrumentistas para o serviço litúrgico; afinal, o mestre-de-capela só poderia contar com os músicos locais. A opção por instrumentos *ad libitum* pode ser explicada também pela funcionalidade que a obra deveria ter para ser utilizada em cerimônias mais importantes, nas quais uma quantidade maior de instrumentos colaborava para dar caráter mais solene. A partir da chegada dos músicos portugueses, muitos dos quais transferidos da orquestra da Capela Real de Lisboa por ordem de d. João, o padre José Maurício passou a contar com um número maior de instrumentistas. A partir desse momento, as obras para orquestra passaram a se fazer mais presentes.

A *Missa pastoril para a noite de Natal* CPM 108, de 1811, possui orquestração única entre as obras de José Maurício, uma vez que a seção das cordas se restringe aos naipes de registros médios e graves, sem a participação dos violinos. Os naipes das violas e dos violoncelos são divididos, e a seção de sopros inclui clarinetas, trompas e trompetes aos pares. A orquestração deve ter sido pensada por José Maurício para ressaltar o caráter pastoral da obra, cujo principal enunciado temático é exposto em diferentes momentos pela clarineta em compasso composto[37]. Ao mesmo tempo, a escrita para a viola revela nas partes concertantes a presença de bons músicos desse instrumento no Rio de Janeiro, possivelmente daqueles recém-chegados de Lisboa.

José Maurício compôs duas missas em mi bemol. A primeira, CPM 107, foi composta em 1811 para coro e órgão. A orquestração existente não é original, tendo sido um trabalho do músico Francisco da Luz Pinto, em 1836. A segunda, CPM 118, foi composta por José Maurício em data ignorada e possui inúmeras cópias manuscritas em diferentes arquivos, em cidades do Rio de Janeiro, Minas Gerais (Diamantina, Mariana, Ouro Preto e São João Del Rei) e São Paulo (Campinas e Taubaté). Foi, portanto, uma das obras mais difundidas do compositor, e a diversidade de materiais e a ausência do manuscrito autógrafo fazem com que ela se apresente com diferentes orquestrações. A mais recorrente é a que apresenta uma flauta, clarinetas e trompas aos pares e seção de cordas sem o naipe das violas[38].

A *Missa de Nossa Senhora da Conceição* CPM 106, de 1810, é uma obra com um dos maiores efetivos vocais e instrumentais

---

37. Cf. discografia.
38. Cf. discografia.

elaborados pelo compositor. A partitura autógrafa, do acervo da Biblioteca Alberto Nepomuceno da Escola de Música da UFRJ, prevê uma orquestra com pares de flautas, clarinetas, fagotes, trompas, trompetes e tímpanos, uma seção de cordas com todos os naipes divididos, à exceção do contrabaixo, e um total de seis solistas, além do coro a quatro vozes. Sobre essa missa, o musicólogo Ricardo Bernardes se manifestou, afirmando ser "a grande obra do período de José Maurício à frente da Real Capela e que é, sem dúvida, a obra mais complexa e grandiloqüente das que havia composto até então, e uma das mais sofisticadas de toda a sua carreira"[39]. Os recursos vocais e instrumentais exigidos pela partitura, assim como a fatura musical da obra, servem de testemunho da quantidade e da qualidade dos instrumentistas e cantores empregados na Capela Real dois anos após a chegada de d. João ao Rio de Janeiro. Para Cleofe Person de Mattos, a missa é um marco, uma vez que, com sua composição, *assumia José Maurício posição definitivamente consagrada na música brasileira*. Ao mesmo tempo, é a obra que aponta para a irreversível mudança estilística processada na maneira de compor do compositor, que, com essa missa, comprovava sua capacidade de se adaptar ao gosto da corte e de escrever segundo os preceitos do bel-canto italiano.

A adesão ao formato da missa-cantata é um dos principais indícios musicais da mudança estilística na obra de Jo-

---

39. Ricardo Bernardes, "Introdução à história da música no Brasil", em *Música no Brasil, séculos XVIII e XIX*, v. II - *Real Capela do Rio de Janeiro 1808-1821 – Obras sacras de José Maurício Nunes Garcia, Sigismund Ritter von Neukomm e Marcos Portugal* (Rio de Janeiro, Funarte, 2002), p. XIV.

sé Maurício. Estruturalmente, a missa passa a ter seu texto fragmentado, em especial o *Glória*, onde a música para as diferentes partes acompanha o sentido dramático do texto, alternando árias, conjuntos e coros em diferentes andamentos. Esse tipo de estrutura permitia momentos para a exibição dos dotes vocais dos cantores, o que levou José Maurício a alterar sua escrita melódica com a inclusão de trechos de grande virtuosidade vocal e ornamentação. Aquilo que Cleofe Person de Mattos chamou de "permeabilidade a elementos de profanização" é mais bem caracterizado pela utilização do *recitativo* como recurso dramático. A musicóloga carioca chama a atenção, entretanto, para o fato de o *accompagnato* ser a forma de recitativo adotada por José Maurício, e "nunca o recitativo seco"[40].

Outros elementos que podem ser apontados como importantes na atualização da linguagem musical de José Maurício são: a utilização mais freqüente da técnica polifônica em trechos *fugattos* e o desenvolvimento sinfônico, pelo aumento do efetivo orquestral e pelo emprego de instrumentos concertantes.

Os cantores castrados

Não era permitida pela igreja a presença de mulheres nos coros eclesiásticos. Os naipes agudos eram formados por meninos ou o repertório era cantado a vozes iguais. A partir do século

---

40. Cleofe Person de Mattos, op. cit., 1997, p. 95.

XVII, com a crescente prática da castração, as vozes infantis foram sendo paulatinamente substituídas pelos *castrati*. Antes da mudança de voz, os meninos eram castrados e depois encaminhados aos conservatórios de música, onde eram preparados para servir nos coros das igrejas. Nápoles e Roma foram as cidades que mais receberam meninos enviados de várias regiões da Itália para serem preparados para o canto litúrgico. Compositores como Nicola Antonio Porpora (1686-1768) e Francesco Durante (1684-1755) obtiveram grande reputação como mestres de canto especializados na preparação de cantores castrados[41].

Atuando também nos palcos de ópera, os castrados ganharam fama por toda a Europa. O mais célebre de todos foi Carlo Broschi (1705-1782), conhecido como Farinelli. Era, porém, nos coros das igrejas e capelas italianas que os castrados tinham emprego assegurado. Só na cidade de Roma mais de duzentos *castrati* estavam em atividade por volta de 1780[42].

Antes da chegada dos *castrati*, os naipes de soprano e contralto do coro da catedral do Rio de Janeiro eram formados por meninos alunos do seminário de São Joaquim[43]. No entanto, a sonoridade pura das vozes infantis não era exatamente o que a corte tinha como padrão. Faltavam a dramaticidade e a agilidade das vozes líricas, principalmente nas partes solistas. A importação de cantores castrados italianos foi a medida encon-

---

41. Patrick Barbier, *História dos castrati* (tradução de Raquel Ramalhete, Rio de Janeiro, Nova Fronteira, 1993), p. 35.
42. Ibidem, pp. 104-5.
43. Cleofe Person de de Mattos, op. cit., 1997, p. 63.

trada por d. João para suprir os referidos naipes do coro da Capela Real, mesmo que para isso fosse necessário pagá-los a peso de ouro.

Giovanni Francesco Fasciotti foi o mais famoso cantor italiano castrado que atuou no Rio de Janeiro nas primeiras décadas do século XIX. Antes de se radicar no Brasil, cantou nos teatros da Itália, onde chegou a atuar em óperas de Marcos Portugal nas cidades de Verona e Florença[44]. Chegou ao Rio de Janeiro no final de 1816 e foi contratado para a Capela Real em 17 de janeiro de 1817, tendo assinado seu contrato em Lisboa[45]. Era o cantor com o maior salário na Capela Real, ganhando 60 mil réis mensais, com um complemento de mais 25.600 réis por mês para moradia. O próprio d. João complementava seu salário com mais 10 mil réis por mês[46].

Além das funções na Capela Real, Fasciotti teve destacada participação no Real Teatro São João. Entre as óperas que protagonizou, estão: *Vestal*, de Puccitta, *Merope*, de Marcos Portugal, *Coriolano*, de Niccolini, *Aureliano in Palmira*, *Otello* e *Tancredi*, de Rossini. Neste último papel deixou fama[47].

Outros castrados italianos contratados para a Capela Real e que também se apresentavam na ópera foram José Gori, Antônio Cicconi, Marcelo Tani, Paschoal Tani, Francesco

---

44. Ayres de Andrade, op. cit., v. II, p. 164.
45. Jurandir Malerba, *A corte no exílio: civilização e poder no Brasil às vésperas da Independência (1808-1821)* (São Paulo, Companhia das Letras, 2000), p. 238.
46. André Cardoso, op. cit., 2005, p. 59.
47. Ayres de Andrade, op. cit., v. II, p. 165.

Reali e Angelo Tinelli. Alguns desses cantores continuaram atuando até pelo menos a década de 1840[48].

Os castrados eram presença obrigatória não só na Capela Real e no teatro São João, mas também nas festas particulares do Rio de Janeiro oitocentista. Um cronista inglês anônimo, que escondeu seu nome detrás da sigla APDG, em passagem pelo Rio de Janeiro do início do século XIX, afirmou em 1826: "Eu nunca assisti a uma *soirée* no Rio sem lá não ver um ou dois desses *castrati*". O mesmo cronista revela ainda o aspecto físico e o tom de voz falada: "O seu aspecto é verdadeiramente repelente; a pele branca e esquálida, o cabelo corredio, olhos encovados e queixo sem barba. Conversam em tom gritante"[49].

Outra descrição foi dada por um comentarista anônimo que se ocultava sob a alcunha de Capela Sixtina. Suas vozes faladas foram descritas como "esganiçadas", e o aspecto físico revelava traços e trejeitos femininos, além do *andar efeminado*, que era

> [...] produzido por corpos impressionantes pela largura de ancas e extraordinário desenvolvimento do fêmur e da tíbia, de sorte que, ao sentar, lhes chegam os joelhos quase ao queixo. É fato curioso, o desproporcionado desenvolvimento fora do natural das extremidades inferiores, que também se nota no galo capão.[50]

---

48. André Cardoso, op. cit., 2005, p. 59.
49. APDG, *Sketches of Portuguese life, manners, costume, and character* (Londres, Geo. B. Whittaker, 1826).
50. J. F. de Almeida Prado, *D. João VI e o início da classe dirigente do Brasil 1815-1889*, Série Brasiliana, v. 345 (São Paulo, Companhia Editora Nacional, 1968), p. 182.

Segundo Patrick Wilcken, a contratação dos castrados italianos "resumiu a postura de d. João quanto à transformação cultural do Rio", tendo em vista que foi dispendiosa e, de certa forma, voltada para o passado. De fato, os cantores castrados, fundamentais nas igrejas e nos palcos da Europa durante os séculos XVII e XVIII, eram cada vez mais raros no século XIX. Em contrapartida, de acordo com o mesmo autor, a presença dos castrados alçou a corte do Rio de Janeiro "aos níveis de requinte esperados da realeza européia"[51].

A chegada de Marcos Portugal

Em 1811, desembarcou no Rio de Janeiro Marcos Portugal, principal compositor português de sua época, autor de um número imenso de óperas ao estilo italiano, consagrado pela historiografia musical como rival e antagonista de padre José Maurício.

Marcos Portugal nasceu em Lisboa em 24 de março de 1762. Ingressou no Seminário Patriarcal em 1771, com apenas nove anos de idade, tendo sido aluno de João de Souza Carvalho. Começou a compor com aproximadamente catorze anos, quando escreveu um *Miserere* para coro e órgão, em 1776. Tornou-se músico profissional aos 21 anos, quando foi admitido na irmandade de Santa Cecília, de Lisboa. Foi organista

---

51. Patrick Wilcken, *Império à deriva: a corte portuguesa no Rio de Janeiro, 1808-1821* (tradução de Vera Ribeiro, Rio de Janeiro, Objetiva, 2005), p. 201.

da igreja do Seminário Patriarcal e diretor de música do teatro do Salitre, para o qual criou suas primeiras obras para cena.

Em 1792, Marcos Portugal se transferiu para a Itália, fixando residência em Nápoles. Tornou-se ativo compositor de óperas que foram encenadas em diversos teatros italianos, incluindo o Scala, de Milão. Destacam-se desse período as óperas *Lo Spazzacamino* e *Demofonte*. Em 1800, retornou a Portugal, sendo imediatamente nomeado mestre da Capela Real de Lisboa e diretor do teatro São Carlos, para o qual escreveu novas obras como *La morte de Semiramide* (1800), *L'oro non compra amore* (1801), *Merope* (1801), *Il Duca di Foix* (1805), *Artaserse* (1806) e *La morte di Mitridate* (1806).

Acervo da Fundação Biblioteca Nacional – Brasil.

Em 1807, Marcos Portugal não embarcou para o Brasil com a Família Real. Permaneceu em Portugal e, em agosto de 1808, encenou uma adaptação de sua ópera *Demofonte* em honra de Napoleão Bonaparte. Segundo o pesquisador Manuel Ivo Cruz, a permanência do compositor em Lisboa, mais do que oportunismo profissional, ocorreu por sua não-inclusão na lista de pessoas que embarcaram para o Brasil.

Marcos Portugal foi pura e simplesmente esquecido: na realidade, na caótica confusão do genial mas improvisado "Estado

Português" para o Brasil (muito meditado e nada preparado, como é costume), com todos os grandes personagens, os altos e baixos funcionários, os criados e familiares, milhares de pessoas acotovelando-se de mistura com móveis, pratas, quadros e bibliotecas, numa ânsia de terror motivada pela perigosa vizinhança das tropas de Junot, quem iria lembrar do maestro-diretor do teatro de São Carlos, reservando-lhe lugar na homérica caravana?[52]

Com certeza, com tantas autoridades e nobres para embarcar, ninguém pensaria em trazer para o Brasil os músicos da capela e do teatro de Lisboa. A transferência destes não foi prioridade naquele momento.

Outras hipóteses para a permanência de Marcos Portugal em Lisboa podem ser levantadas. A estada de d. João e de parte da corte no Rio de Janeiro era considerada provisória, apenas o tempo necessário para a expulsão das tropas francesas de Portugal. Em breve, d. João estaria de volta, e a vida musical portuguesa seria restabelecida. Ao mesmo tempo, não havia no Rio de Janeiro um teatro de ópera em condições de produzir espetáculos aos quais Marcos Portugal estava acostumado no teatro São Carlos de Lisboa e nos teatros italianos onde suas óperas faziam sucesso. Apesar de ser autor de extensa obra sacra, Marcos Portugal era essencialmente um homem de teatro. Viajar para o Rio de Janeiro significaria para o compositor abandonar um público que garantia o sucesso de suas

---

52. Manuel Ivo Cruz, "Marcos Portugal: bibliografia, discografia", *Arte Unesp* (São Paulo, 1990), v. VI, p. 72.

óperas, encenadas em teatros bem aparelhados e com artistas de qualidade superior. O único teatro disponível no Rio de Janeiro, o teatro Régio, não estava suficientemente preparado para oferecer encenações com o nível de qualidade exigida pelo compositor e para lhe garantir sucesso. Em 1811, quando finalmente decidiu se transferir para o Brasil, Lisboa havia perdido grande quantidade de músicos e cantores. Boa parte deles já se encontrava no Rio de Janeiro por ordem de d. João. As notícias vindas da Colônia davam conta de uma vida musical cada vez mais intensa e diversificada. Uma nova casa de ópera estava sendo construída, o Real Teatro São João, e o retorno de d. João era constantemente adiado. O próprio príncipe regente pode ter procurado, primeiro, criar as condições necessárias para o trabalho do mais famoso compositor português da época, antes de chamá-lo para se estabelecer no Rio de Janeiro[53].

Com a expulsão das tropas francesas, Marcos Portugal fez executar na igreja de Santo Antônio de Lisboa um *Te Deum* de sua autoria e, em 13 maio de 1809, promoveu uma récita de gala em honra do aniversário de d. João, para a qual escreveu a obra *La speranza o sia l'Augurio Felice*. A parte final da obra, chamada *Hino do príncipe*, tornou-se o hino oficial português até 1831.

Manuel Ivo Cruz acredita que o fato de o compositor ter composto um *Te Deum* para celebrar a retirada do exér-

---

[53]. Maria Beatriz Nizza da Silva (coord.), "O Império luso-brasileiro 1750-1822", em *Nova história da expansão portuguesa* (direção de Joel Serrão & A. H. Oliveira Marques, Lisboa, Estampa, 1986), v. VIII, p. 487.

cito francês é motivo suficiente para não se considerar que as atitudes de Marcos Portugal foram colaboracionistas e, antes, força das circunstâncias, motivadas por "cauteloso critério profissional"[54].Com o irmão Simão Portugal, a mulher, a cunhada e um criado, embarcou para o Brasil na fragata *Carlota* em 8 de fevereiro de 1811[55].

Ao chegar ao Rio de Janeiro, em 11 de junho do mesmo ano, Marcos Portugal foi imediatamente nomeado mestre da Capela Real. Sua nomeação causou considerável decréscimo na atuação de padre José Maurício como mestre-de-capela, pelo menos nas atividades consideradas mais importantes, quais sejam, compor e dirigir a música para o príncipe regente e demais membros da Família Real.

Marcos Portugal reservou para si as cerimônias mais relevantes, aquelas que contavam com a presença de d. João, como confirma o relato do capitão de cavalaria prussiano Theodor von Leithold (1771-1826): "Quando o Rei vai à missa nos dias de grande Gala, a música que se executa no coro é dirigida pelo conhecido mestre-de-capela Marcos Portugal"[56]. Na verdade, o próprio d. João deveria preferir o compositor português à frente dos conjuntos de sua capela, uma vez que sua música correspondia melhor ao gosto da época.

---

54. Manuel Ivo Cruz, op. cit., 1990, p. 72.
55. Biblioteca da Ajuda, *Catálogo de música manuscrita*. Direção de Mariana Amélia Machado Santos. Lisboa, 1960, p. xx. António Jorge Marques, "Marcos Portugal (1762-1830) e o Brasil", em *Sonoridades luso-afro-brasileiras* (Lisboa, Instituto de Ciências Sociais da Universidade de Lisboa, 2004), p. 67.
56. Theodor von Leithold e Ludwig von Rango, *O Rio de Janeiro visto por dois prussianos em 1819* (tradução e notas de Joaquim de Souza Leão Filho, São Paulo, Companhia Editora Nacional, 1966), v. 328, p. 65.

Um levantamento das cerimônias realizadas na Capela Real, feito por Ayres de Andrade com base em consulta ao jornal *Gazeta do Rio de Janeiro*, faz crer que após a chegada de Marcos Portugal o padre José Maurício não atuou em nenhuma cerimônia importante, como a coroação e aclamação de d. João VI, o casamento de d. Pedro e dona Leopoldina, até o batizado de príncipes e princesas. Ayres de Andrade concluiu que

> [...] dá perfeitamente para mostrar o papel secundário que desempenhava na Capela o Padre José Maurício em relação a Marcos Portugal, a partir do dia em que este veio ter ao Rio de Janeiro. Ali não passava José Maurício de maestro substituto ao passo que o outro era realmente o maestro titular, embora não exercesse oficialmente o cargo. Nem uma só vez no período compreendido entre 1811 e 1821 o nome de José Maurício é citado na Gazeta a propósito de cerimônia de gala na Capela.[57]

O pesquisador Lino de Almeida Cardoso contestou tal afirmação dizendo que o levantamento realizado por Ayres de Andrade "não é indicativo cabal de que José Maurício esteve completamente distanciado das grandes ocasiões", já que as notícias de cerimônias na Capela Real, veiculadas pela *Gazeta do Rio de Janeiro*, eram esparsas. Outro argumento utilizado para contestar Ayres de Andrade é que "outras fontes, como as *Memórias do Padre 'Perereca'*, contradizem tal afastamento",

---

57. Ayres de Andrade, op. cit., v. I, p. 36.

citando como exemplo a cerimônia dirigida por José Maurício em 21 de janeiro de 1816, na igreja de São Francisco de Paula, ocasião em que foi comemorada a elevação do Brasil à condição de Reino Unido. Por fim, afirma que "quase não se leva em consideração, como importante componente factual desse declínio produtivo, o estado de saúde do brasileiro"[58].

De fato, diante da imensa quantidade de funções litúrgicas realizadas todos os meses, é relativamente pequeno o número de vezes que a *Gazeta do Rio de Janeiro*, entre 1811 e 1821, mencionou as cerimônias na Capela Real. Entretanto, o fato de algumas merecerem espaço no periódico carioca mostra exatamente que aquelas eram as mais importantes e que todas foram dirigidas por Marcos Portugal.

As memórias do Padre Perereca também revelam a realidade do relacionamento profissional entre os dois mestres-de-capela e o tratamento diferenciado que o compositor português recebia. Descrevendo as cerimônias realizadas no mesmo período, Padre Perereca cita mais de dez vezes o nome do compositor português como responsável pela música na Capela Real[59]. Ao padre José Maurício são reservadas apenas duas citações sobre cerimônias feitas com os conjuntos da Capela Real, mas celebradas na igreja de São Francisco de Paula, entre elas a já mencionada missa em ação de graças pela elevação do Brasil a Reino Unido[60].

---

58. Lino de Almeida Cardoso, *O som e o soberano: uma história da depressão musical carioca pós-abdicação (1831-1843) e seus antecedentes*, tese de doutorado (São Paulo, Programa de Pós-Graduação em História Social da Universidade de São Paulo, 2006), pp. 104-6.

59. Luis Gonçalves dos Santos (Padre Perereca), op. cit., v. i, p. 294, e v. ii, pp. 59, 60, 92, 136, 138, 140, 164, 231, 252 e 272.

60. Ibidem, v. ii, pp. 33 e 240.

Ayres de Andrade acreditava que tal rivalidade entre os artistas se apoiava "em tradição um tanto precária", e que, por ter parecido "por demais simplória" para um público que esperava as "manifestações de virtuosidade vocal" da ópera transplantadas para a igreja, a música de José Maurício "foi banida da Capela nas grandes solenidades"[61].

De certa forma, tal afirmação de Ayres de Andrade encontra antecedente naquilo que afirmou Visconde de Taunay (1843-1899) na introdução da primeira edição da *Missa de Requiem*, de José Maurício, feita pela Casa Bevilacqua em 1897. Em tal oportunidade, Taunay disse que, para José Maurício, aumentaram

> os desgostos e as lutas com a chegada, ao Rio de Janeiro, do celebre Marcos Portugal em 1811, [...]. A insoportável infatuação do famigerado maestro portuguez, [...] as rivalidades fundas e sem reconciliação possível, provindas, sobretudo, da differença e do antagonismo das escolas seguidas por cada um dos compositores, as innumeras intrigas e perversos mexericos, tudo isto se tornou para José Maurício, durante não poucos annos, causa de incessantes dissabores, vexames e desfeitas, que elle soube supportar com toda a paciencia, meiguice e inquebrantavel dignidade.[62]

---

61. Ibidem.
62. Visconde de Taunay, "Esboceto biográfico", *Estudos mauricianos* (direção: José Cândido de Andrade Muricy, Rio de Janeiro, Funarte, 1983), p. 12.

Oliveira Lima também acreditava que a diferença de estilos foi a causa maior da rivalidade entre José Maurício e Marcos Portugal, mas que a personificação de correntes musicais divergentes teve desdobramentos políticos. Afirmou que "estes dois distintos compositores foram naturalmente convertidos nos ídolos rivais de suas respectivas facções" e, por conseguinte, simbolizaram de forma inconsciente correntes políticas opostas, "antecipando-se o conflito artístico ao patriótico". Associou o estilo de José Maurício, a quem chamou de "gracioso repentista fulo", ao de Mozart, "pela abundância da melodia e pelo senso da harmonia". Marcos Portugal, por sua vez, foi considerado "o sábio e presumido, pomposo e festejado italianizador da ópera portuguesa", havendo introduzido em sua obra sacra "uma tonalidade profana, de música jovial e saltitante, mais própria do gênero bufo"[63].

Vários autores escreveram sobre as atitudes de Marcos Portugal no Rio de Janeiro, principalmente em relação ao padre José Maurício Nunes Garcia e ao trabalho na Capela Real. O principal detrator de Marcos Portugal que escreveu coisas nada abonadoras sobre o caráter do compositor foi, na realidade, um patrício seu, o bibliotecário Luiz dos Santos Marrocos, funcionário encarregado dos livros e documentos que vieram de Portugal para o Rio de Janeiro:

> tem ganhado a aversão de todos pela sua fanfarronice, ainda maior q. a do Pão de ló: he tão grande a sua impostura e so-

---

[63]. Oliveira Lima, *Dom João VI no Brasil* (Rio de Janeiro, Topbooks, 1996), 3. ed., pp. 77 e 619.

berba por estar acolhido à graça de S.A.R., q. se tem levantado contra si a maior parte dos mesmos q. o obsequiavão: he notavel a sua circunspecção, olhos carregados, cotejos de superioridade, enfim apparencias ridiculas e de charlatão: já tem desmerecido nas suas Composições; e hum grande Musico e Compositor, vindo de Pernambuco, e q. aqui vive, he hum seu Antagonista, e mostra a todos, os q. quizerem ver, os lugares, q. Marcos furta de outros AA, publicando-os como originaes. Como está constituido Director dos Theatros e Funções, q^{to} a Musica, tem formado enormes intrigas entre Musicos e Actores, de q. se tem originado grandes desordens.[64]

Apesar de Marrocos ter sido contemporâneo de Marcos Portugal, não é possível acreditar que o compositor, que teve sólida formação na Itália, com um considerável catálogo de obras sacras e óperas, compusesse furtando trechos de outros autores.

Um outro comentário de época, entretanto, se junta ao de Marrocos. Trata-se do viajante prussiano Ludwig von Rango (1794-1861), que deixou por escrito suas impressões sobre a música de Marcos Portugal, em carta datada de 31 de dezembro de 1819:

> Do seu merecimento artístico não posso julgar; mas tenho a impressão de que ouvi alhures uma de suas composições sob

---

64. Luiz dos Santos Marrocos, "Cartas", *Annaes da Biblioteca Nacional*, v. LVI, 1934 (Rio de Janeiro, Ministério da Educação, 1939), p. 160 (Carta n. 56, de 28 de setembro de 1813).

nome de artista bem conhecido, mas como disse, trata-se de mera suposição pela qual não me responsabilizo e só um artista que entenda mais do que eu poderá confirma-lo.[65]

Na verdade, Marrocos e Marcos Portugal, pelas funções que exerciam como servidores de d. João, deviam se encontrar com certa freqüência. Em carta enviada a Portugal em 3 de abril de 1812, Marrocos comenta: "não tenho fallado ao Marcos, por q. se me vai fazendo fofo e afidalgado"[66]. Contudo, a postura pouco amistosa parecia ser recíproca. Em carta de 3 de julho do mesmo ano, o bibliotecário diz que o compositor, ao ir ver um conjunto de manuscritos que d. João mandara vir de Lisboa, "teve a insolentíssima ousadia" de dizer que "todos elles juntos nada valião", e que "antes deverião ser recolhidos na Torre do Tombo". Ofendido, Marrocos revela que Marcos Portugal, "dando quatro fungadellas, voltou costas, e poz-se a ler". O bibliotecário encerra o relato de sua querela com o compositor manifestando seu desapontamento: "Que lástima!"[67].

O prestígio de Marcos Portugal era enorme, e os relatos de época mostram que sua música era muito admirada. A *Gazeta do Rio de Janeiro* que circulou em 1º de julho de 1812 traz um comentário sobre a música executada na missa de trigésimo dia do falecimento de d. Pedro Carlos, sobrinho de d. João, em que é destacada a música de Marcos Portugal:

---

65. Theodor von Leithold e Ludwig von Rango, op. cit., p. 151.
66. Luiz dos Santos Marrocos, op. cit, p. 73 (Carta n. 18, de 3 de abril de 1812).
67. Ibidem, p. 93 (Carta n. 27, de 3 de julho de 1812).

[...] começou as Matinas, cujos Responsórios forão cantados pelos Músicos da Real Camara e da Capella, dirigidos pelo insígne Marcos Antonio Portugal, Mestre de ss.aa., o qual nesta excellente composição sustentou a grande reputação que tem adquirido, ainda nos Países Estrangeiros.[68]

Sobre a música executada na mesma cerimônia, até Luiz dos Santos Marrocos a ela se referiu de forma elogiosa, revelando apreciar a música de Marcos Portugal: "hontem se cantarão huas magníficas Matinas novas compostas por Marcos, e hoje foi a Missa de Officio; tudo por alma do defunto S.ʳ Infante d. Pedro Carlos, na Capella Real"[69].

Nas inúmeras vezes em que Padre Perereca cita o compositor em suas memórias, manifesta-se sempre em tom de admiração. Por ocasião das exéquias de dona Maria I, ele avaliou os responsórios de autoria de Marcos Portugal como "muito excelente composição"[70].

Ludwig von Rango também demonstrou ser um apreciador da música de Marcos Portugal, a qual considerava "boa" e "inspirada", sendo o compositor merecedor da "grande nomeada" adquirida "pelo menos entre seus conterrâneos"[71].

A linguagem musical de Marcos Portugal era derivada da ópera *buffa* italiana, mesma linha evolutiva que gerou, por

---

68. *Gazeta do Rio de Janeiro*, n. 53, 1º de julho de 1812.
69. Luiz dos Santos Marrocos, op. cit., pp. 89-90 (Carta n. 25, de 26 de junho de 1812).
70. Luis Gonçalves dos Santos (Padre Perereca), op. cit., v. II, p. 59.
71. Theodor von Leithold e Ludwig von Rango, op. cit., p. 151.

exemplo, Rossini[72]. O gosto pela ópera italiana, cultivado pela corte, dominou a prática musical no Rio de Janeiro, e a chegada de Marcos Portugal contribuiu de forma decisiva para a consolidação desse estilo.

Em 1816, mais um compositor juntou-se a José Maurício e Marcos Portugal como mestre da Capela Real. Fortunato Mazziotti chegou ao Rio de Janeiro com seus irmãos Carlos e João Paulo, em 1810, procedente de Lisboa. Todos foram imediatamente contratados para o coro da Capela Real. Fortunatto Mazziotti nasceu em 14 de junho de 1782[73]. Segundo Ernesto Vieira, seu pai foi Antonio Mazziotti, cantor italiano que fazia parte da companhia lírica contratada em 1765 para o teatro do Bairro Alto, dirigida pelo compositor David Perez[74]. A certidão de seu casamento com dona Maria Henriqueta, realizado na Capela Real em 22 de agosto de 1815, informa, entretanto, que o pai do compositor se chamava Miguel Mazziotti. O mesmo documento mostra ainda que Fortunatto era natural de Lisboa e que teria chegado ao Rio de Janeiro em 1809, e não em 1810[75].

Na capital portuguesa, realizou sua formação musical, tendo sido aluno de contraponto do professor Eleutério Leal,

---

72. Ricardo Bernardes, op. cit., p. xix.
73. Cleofe Person de Mattos, op. cit., 1997, p. 248.
74. Ernesto Vieira, *Dicionário biográfico de músicos portugueses* (Lisboa, Matos Moreira e Pinheiro, 1900), v. 2, p. 77.
75. Janaína Girotto da Silva,"*O florão mais belo do Brasil*": *O Imperial Conservatório de Música do Rio de Janeiro / 1841-1865*, dissertação de mestrado (UFRJ/IFCS/Programa de Pós-Graduação em História Social, 2007), p. 39.

no Seminário Patriarcal[76]. A nomeação como mestre da Capela Real ocorreu em 4 de julho de 1816[77].

Antes de ser nomeado, Mazziotti já era compositor, como comprova uma cantata de sua autoria intitulada *Bauce e Palemone*, arquivada na Biblioteca da Ajuda, composta em 1810 para o aniversário do príncipe d. Pedro Carlos[78]. Foi também membro da comissão artística do teatro São João, composta por ele e pelos irmãos Marcos e Simão Portugal. Após a morte de Marcos Portugal, assumiu as funções deste como professor de música das princesas imperiais[79].

No Rio de Janeiro, as obras de Fortunatto Mazziotti podem ser encontradas no arquivo musical do Cabido Metropolitano do Rio de Janeiro, que guarda atualmente um total de 14 manuscritos de obras do compositor, e na Biblioteca Alberto Nepomuceno da Escola de Música da UFRJ. Outros exemplares de suas obras são encontrados em arquivos de outros estados, como o Museu Carlos Gomes de Campinas (SP) e o Museu da Música de Mariana (MG).

A Real Câmara

A execução de repertório de câmara durante o século XVIII no Brasil já foi constatada em Minas Gerais por Curt Lange. No

---

76. Ayres de Andrade, op. cit., p. 194.
77. André Cardoso, op. cit., 2005, p. 74.
78. Biblioteca da Ajuda, op. cit., v. III, p. 64.
79. Ayres de Andrade, op. cit., p. 194.

meio de centenas de obras que lhe caíram em mãos, foram identificadas partes de quartetos de Haydn, Mozart e Ignaz Pleyel e quintetos de Bocherini, mas eram absoluta exceção em um meio em que a música sacra era preponderante. Ao mesmo tempo, não deveria haver conjuntos específicos para o cultivo sistemático desse tipo de repertório. Provavelmente os músicos se reuniam para ensaios de acordo com as solicitações de música para entretenimento em algum evento social onde o som do conjunto deveria se misturar à conversa e ao ruído de talheres e copos.

Gênero típico da aristocracia, a ser executado nos salões para audiências relativamente reduzidas, a música de câmara só encontrou terreno fértil para seu desenvolvimento no Brasil após a chegada da corte portuguesa. Em Lisboa, "as funções da Orquestra da Real Câmara eram evidentemente as de abrilhantar as festas e recepções do paço"[80]. As mesmas funções desempenhou no Rio de Janeiro sua congênere, criada por d. João para o Paço Real da Quinta da Boa Vista. Ao mesmo tempo que criou a Capela Real, d. João instituiu também a Real Câmara, que atuava basicamente junto a sua residência, em São Cristóvão. A disseminação do gosto pela música de câmara para um público mais abrangente só se deu, entretanto, em período posterior, mais especificamente durante o Segundo Reinado, com o advento dos concertos públicos. Sobre esse assunto, Ayres de Andrade concluiu que

---

80. Joseph Scherpereel, *A orquestra e os instrumentistas da Real Câmara de Lisboa de 1764 a 1834* (Lisboa, Fundação Calouste Gulbenkian/Serviço de Música, 1985), p. 63.

O hábito de ir a concertos evoluiu no Rio de Janeiro em ritmo mais lento que o de ir ao teatro. O teatro era, como a igreja, um ponto obrigatório de reunião social. Sua Alteza ia ao teatro e ia à igreja. Era o quanto bastava para que todo mundo fôsse ao teatro e à igreja. Sua Alteza não ia a concertos. Todo mundo julgava-se, por isso, dispensado de ir a concertos. E por que haveria Sua Alteza de ir a concertos se os tinha a domicílio, executados pelos músicos de sua Real Câmara, à hora que lhe conviesse?[81]

O grupo musical da Real Câmara podia assumir diversas formações, desde uma orquestra completa até pequenos grupos de câmara. O efetivo da orquestra "se adaptava ao repertório" apresentado, e os músicos eram convocados de acordo com aquilo que se fazia necessário para a execução das obras[82]. Os músicos tocavam um repertório basicamente instrumental e, de forma eventual, alguma *serenata*, gênero aparentado da ópera, mas de menor duração e com limitados recursos cênicos. As serenatas eram "compostas especialmente por ocasião do aniversário dos membros da Família Real ou para celebrar qualquer faustoso acontecimento"[83]. Nessas ocasiões, apresentavam-se como solistas os cantores da Capela Real, em especial os castrados.

Foi o que ocorreu, por exemplo, na noite de 7 de novembro de 1817, quando d. João abriu os salões de seu palácio de

---

81. Ayres de Andrade, op. cit., v. I, p. 128.
82. Joseph Scherpereel, op. cit., p. 87.
83. Ibidem, p. 66.

D. João ouvindo o padre José Maurício ao cravo.
Óleo sobre madeira de Henrique Bernardelli, s. d. (segunda metade do século XIX). Museu Histórico Nacional.

São Cristóvão para receber o corpo diplomático e "os grandes do reino" para uma homenagem à recém-chegada esposa de d. Pedro, a arquiduquesa da Áustria, dona Leopoldina. Conforme noticiou a *Gazeta do Rio de Janeiro*, a pomposa solenidade iniciou com a execução de uma "sinfonia" composta por Ignácio de Freitas, à qual se seguiu uma série de árias cantadas por d. Pedro e suas irmãs[84]. O ponto alto da noite foi "a execução

---

84. Ignácio José Maria de Freitas foi um dos mais destacados músicos da Real Câmara de Lisboa. Era violinista e compositor. Adriano Balbi o considerava um artista que "sobressai tanto pela execução das peças delicadas como pelas passagens brilhantes". Ernesto Vieira também a ele se refere com admiração, tendo dito que Freitas foi notável concertista e um dos melhores violinistas que houve em Lisboa. Freitas foi autor de grande quantidade de obras de cena e bailados para o teatro do Salitre em Lisboa, do qual foi diretor da orquestra, e de concertos para violino, uma sinfonia

do drama intitulado *Augúrio di Felicita*, arranjado pelo célebre Marcos Portugal, compositor da excelente música, desempenhada perfeitamente pelos músicos da Real Câmara". Os solistas foram os castrados Giovanni Fasciotti, Antônio Cicconi, Pasquale Tani e Marcello Tani, além do tenor Antônio Pedro Gonçalves e do baixo João dos Reis Pereira. A noite terminou com um "*Elogio*, também em italiano, recitado por um dos mais insignes músicos da Real Câmara"[85].

Assim como os cantores se deslocavam para atuar junto aos músicos da Real Câmara, estes, muitas vezes, eram chamados para completar ou aumentar a orquestra da Capela Real em funções mais importantes ou em obras que necessitavam de maior efetivo. Foi o que aconteceu, por exemplo, por ocasião das núpcias reais entre dona Maria Tereza e d. Pedro Carlos, filha e sobrinho de d. João, em cerimônia realizada no dia 13 de maio de 1810, quando "o excelentíssimo bispo entoou no meio do altar o hino *Te Deum Laudamus*, que foi todo cantado pelos músicos da Real Câmara e Capela"[86].

Nas próprias partituras são encontradas referências sobre o aumento eventual da quantidade de músicos e cantores, muitas vezes revelando a intenção do compositor quanto ao

---

concertante para violino e viola e um quinteto (Joseph Scherpereel, op. cit., pp. 99-103). Além da execução de sua sinfonia na Quinta da Boa Vista, em 7 de novembro de 1817, provavelmente uma abertura, não há indícios que comprovem sua presença na cidade (Ayres de Andrade, op. cit., v. II, p. 170).
85. Ayres de Andrade, op. cit., v. I, pp. 130-1.
86. Luis Gonçalves dos Santos (Padre Perereca), op. cit., v. I, p. 254.

tipo de sonoridade desejada. É o que vemos, por exemplo, na partitura da *Missa festiva* de Marcos Portugal, executada em 16 de julho de 1810 na Capela Real, ou seja, antes de sua chegada à cidade, onde o compositor deixa claro que a obra "deve ser executada com bastante número de vozes e com toda a orquestra"[87].

Muitos músicos da Real Câmara foram mandados chamar de Lisboa e outros chegaram da Itália ou de outros países da Europa. Em alguns casos, vinham vários membros da mesma família, como os irmãos italianos Marcello, Paschoale e Francesco Tani, que chegaram ao Rio de Janeiro em 1816. Os dois primeiros foram contratados para a Capela Real, e o último, trompista, para a Real Câmara. De Portugal vieram, entre outros, o fagotista Nicolau Heredia e seu irmão Pedro Carlos Heredia, contratados em 1810, o oboísta Vicente Della Corte e os violoncelistas Policarpo José de Faria e Eugênio José Farneze, que partiram de Lisboa em meados de 1812[88].

Em 1809, chegou ao Rio de Janeiro o violinista Francesco Ignácio Ansaldi. Nascido na cidade italiana de Vercelli em 1785[89], Ansaldi se tornou no Rio de Janeiro importante professor de violino, sendo um de seus alunos o composi-

---

87. António Marques, "D. João vi and Marcos Portugal, the Brazilian period", *Anais do Lilas Conference Proceedings Archive*, 6 a 8 de março de 2005, Music and Culture in the Imperial Court of João vi in Rio de Janeiro.
88. Joseph Scherpereel, op. cit., p. 38.
89. Lino José de Almeida Cardoso, op. cit., p. 109, nota 203.

tor Gabriel Fernandes da Trindade, que dedicou ao mestre os *Duetos concertantes* para dois violinos, escritos provavelmente em 1814. Em número de três, os duetos são propícios à exibição dos dotes instrumentais dos executantes, sendo a parte do primeiro violino mais virtuosística, dando a entender que Trindade a tenha destinado ao professor, cabendo a si a segunda parte. Seguindo o estilo da escola clássica italiana, emprega procedimentos típicos da ópera em uma linguagem extrovertida e de fácil comunicação. É uma obra que bem caracteriza o estabelecimento de uma prática musical de salão a partir da criação da Real Câmara por d. João. Os *Duetos concertantes* de Gabriel Fernandes da Trindade são as mais antigas obras instrumentais camerísticas do repertório brasileiro[90].

Os conjuntos da Real Fazenda de Santa Cruz

Além do Paço da Quinta da Boa Vista, d. João possuía a Real Fazenda de Santa Cruz, utilizada para seus períodos de descanso. Assim como em Portugal, onde tinha o convento de Mafra para fugir dos problemas conjugais e de Estado, d. João passava longos períodos afastado da corte, e Santa Cruz era seu refúgio. Para a Real Fazenda, d. João tomou uma série de

---

90. Paulo Castagna, "Gabriel Fernandes da Trindade: os duetos concertantes", *Anais do II Encontro de Musicologia Histórica* (Juiz de Fora, Centro Cultural Pró-Música, 1996), pp. 64-111. Cf. discografia.

providências logo após sua chegada ao Rio de Janeiro, visando sobretudo desenvolver as potencialidades agrícolas e pecuárias de toda aquela região. Tais providências eram necessárias para o abastecimento da capital em gêneros alimentícios a partir do estabelecimento da corte portuguesa.

A Real Fazenda era uma antiga propriedade da Companhia de Jesus, abandonada após a expulsão dos jesuítas do Brasil por ordem do Marquês de Pombal em 1759. A propriedade e todos os bens da Companhia passaram mais tarde para o domínio da Coroa portuguesa.

A fazenda ocupava grande extensão de terras a cerca de oitenta quilômetros a oeste da cidade. Media aproximadamente "sete milhas de ponta a ponta", segundo John Luccock. O comerciante inglês ficou muito mal impressionado com as "choças miseráveis de barro" e as "imundas habitações de negros". A residência da Família Real foi avaliada como de "boa construção", mas, em função de ter sido erigida como convento para os inacianos, Luccock considerou que, como palácio, era "bastante humilde". Muitos vestígios da ação dos jesuítas ainda eram encontrados, como drenos e um canal navegável. As palavras de Luccock revelam grande desapontamento com o estado em que se encontrava a propriedade: "a aparência que no geral possue agora é a de uma herdade abandonada, mais que a de quinta de poderoso monarca"[91].

A inglesa Maria Graham (1785-1842), professora de literatura de uma turma de guardas-marinhas da fragata *Doris*,

---

91. John Luccock, op. cit., p. 178.

comandada por seu marido Thomas Graham, veio ao Brasil em 1821 e deixou uma descrição mais detalhada do espaço interno do palácio, registrada em seus diários de viagem:

> A parte nova foi feita pelo Rei d. João VI, mas os trabalhos se interromperam com sua partida. Os apartamentos são belos e mobiliados com conforto. Neste clima as tapeçarias de parede, quer de papel, quer de seda, estão sujeitas a rápido estrago por causa da umidade e dos insetos. As paredes são pois rebocadas com um ótimo barro branco-amarelado rico e grosso, chamado Taboa Tinga e as cornijas e barras pintadas a fresco. Algumas destas são extremamente belas quanto ao desenho. Geralmente são muito bem executados os arabescos das frisas, compostos de frutas, flores, pássaros e insetos do país. Uma das salas representa um pavilhão: e entre as pilastras abertas, está pintada a paisagem em torno de Santa Cruz, não muito bem, realmente; mas a peça é agradável e alegre. Os artistas empregados eram principalmente mulatos e negros crioulos.[92]

O geógrafo italiano Adriano Balbi (1782-1846), em seu *Essai statistique sur le royaume du Portugal et d'Algarve*, publicado em Paris em 1822, deixou registros de uma espécie de conservatório de música para escravos existente na Real Fazenda de Santa Cruz, o que sempre foi uma questão polêmica na musicologia brasileira. Disse Balbi em seu livro:

---

92. Maria Graham, *Diário de uma viagem ao Brasil* (tradução de Américo Jacobina Lacombe, Belo Horizonte/São Paulo, Itatiaia/Edusp, 1990), 2ª série, v. 157, p. 340.

A Real Fazenda de Santa Cruz.
Jean Baptiste Debret, *Viagem pitoresca e histórica ao Brasil*, 1834 (litografia).

Quando o rei chegou ao Rio de Janeiro, Santa Cruz foi transformada em moradia real. Quando pela primeira vez ouviram missa na Igreja de Santo Inácio de Loiola, em Santa Cruz, Sua Majestade e toda a corte admiraram-se da perfeição com que a música vocal e instrumental era executada por negros dos dois sexos os quais se haviam aperfeiçoado nesta arte segundo método introduzido vários anos antes pelos antigos proprietários deste domínio e que felizmente ali fora conservado. Sua Majestade, que gosta muito de música, querendo tirar partido de tal circunstância, estabeleceu escolas de primeiras letras, de composição musical, de canto e de vários instrumentos na sua casa de recreio e conseguiu, em pouco tempo, formar entre seus negros tocadores de instrumentos e muito hábeis cantores.[93]

O mito do conservatório de negros foi repetido nos primeiros livros de história da música brasileira por autores como Vincenzo Cernicchiaro[94]. Ulisses Paranhos chegou a afirmar que, antes da vinda de d. João, o conservatório de Santa Cruz, "sob a direção do Padre José Maurício, já havia formado instrumentistas habilíssimos entre os libertos e escravos"[95]. Entreteanto, nenhuma prova documental foi encontrada a esse respeito.

Outros musicólogos colocaram em dúvida a existência do conservatório descrito por Balbi, até mesmo pelo fato de o geógrafo italiano jamais ter colocado os pés no Brasil, tendo escrito seu trabalho após o retorno da corte portuguesa para Lisboa a partir de relatos e descrições de terceiros. Em 1931, Luiz Heitor Correa de Azevedo escreveu que ainda não havia conseguido "encontrar a menor referência que pudesse confirmar a existência do pretendido Conservatório dos Negros"[96]. Em 1942, foi a vez de Renato Almeida questionar a afirmação de Balbi[97], a qual Luiz Edmundo chamou de "grotesca fantasia"[98].

---

93. Ayres de Andrade, op. cit., v. I, p. 43.
94. Vincenzo Cernicchiaro, op. cit., p. 71.
95. Ulisses Paranhos, *História da música* (v. I: *Música brasileira*, São Paulo, Mangione, 1940), p. 21.
96. Luiz Heitor Correa de Azevedo, "José Mauricio e o meio em que viveu", em *Música e músicos do Brasil* (Rio de Janeiro, Livraria-Editora da Casa do Estudante do Brasil, 1950), p. 112.
97. Renato Almeida, op. cit., p. 312.
98. Luiz Edmundo, *A corte de d. João no Rio de Janeiro (1808-1821)* (Rio de Janeiro, Conquista, 1957), 2. ed., v. III, p. 589.

Anos mais tarde, porém, o próprio Luiz Heitor Correa de Azevedo já admitia a existência de práticas musicais na fazenda de Santa Cruz por ocasião da chegada de d. João. Possivelmente, após encontrar algum indício de tais atividades, Luiz Heitor assim se manifestou em 1956:

> A tradição do ensino musical nas casas da Companhia [de Jesus] conservou-se durante dois séculos, tendo atingido maior complexidade e perfeição na Fazenda de Santa Cruz, situada perto do Rio de Janeiro, onde a crer no que escreveram certos visitantes da Colônia, funcionou um verdadeiro Conservatório, onde alunos não eram mais índios, porém negros escravos, que tinham orquestra, coros, desincumbiam-se da parte musical dos ofícios sacros e representavam pequenas óperas. Mesmo depois do banimento da Companhia e conseqüente decadência dessa propriedade, que passou para a Coroa, perdurou a prática daquelas execuções musicais, que encantaram a Família Real portuguesa, quando se transladou para o Brasil em 1808.[99]

Na realidade, as atividades musicais na fazenda de Santa Cruz sobreviveram à saída dos jesuítas. D. João, em sua primeira viagem à antiga fazenda, deve ter ouvido algum tipo de conjunto musical. Provavelmente uma pequena banda, talvez um grupo misto não muito definido em sua formação instrumental, que, como disse Ayres de Andrade, "na melhor

---

99. Luiz Heitor Correa de Azevedo, op. cit., 1956, p. 13.

das hipóteses, não passaria de uma charanga"[100]. A deficiência do conjunto musical fica mais evidente a partir da leitura de um documento da seção de manuscritos da Biblioteca Nacional que revela algumas providências que deveriam ser tomadas para a que foi a primeira visita de d. João a Santa Cruz, ainda em 1808:

Ill.mo e Ex.mo Snr.
Sendo prezumivel, que o Príncipe Regente Nosso Senhor, queira vir a esta Fazenda, parece muito necessário prevenir alguns objetos; e [?] que a muzica composta dos escravos da mesma Fazenda, merecerá algua concideração. E como para servirem em algum dia determinado na Igreja, não estão decentemente vestidos, será necessário fardalos de algua maneira mais agradável, e econômica, como também comprar-se alguns instrumentos novos; porque os velhos, nem remendados podem prestar. A despeza para tudo isto não será grande, e com tudo não me atreverei a fazela sem ordem de V. Ex.ª ou da Real Junta.
D.os G.de a V. Ex.ª
Real Fazenda de S. Cruz aos 16 de junho de 1808
Manoel M[artin]z. do Couto Reys.[101]

O certo é que, após tomar ciência do estado em que se encontravam as atividades musicais em Santa Cruz, d. João nomeou de imediato dois professores de música para o conjunto

---
100. Ayres de Andrade, op. cit., v. I, p. 44.
101. Biblioteca Nacional, Setor de Manuscritos, Ms II.35.11.006.

da Real Fazenda, Quintiliano José de Moura e Inácio Pinheiro da Silva, ambos músicos militares. Tal providência, entretanto, muito longe estava de se configurar algo como a criação de um conservatório com ensino regular, métodos e disciplinas organizadas. O ensino, essencialmente de canto e instrumentos, não contemplava com certeza a composição musical, conforme afirmara Balbi.

As informações contidas em seu livro, todavia, não eram de todo infundadas, como, por exemplo, a formação do conjunto musical *por negros dos dois sexos*. Está comprovada a participação feminina nos conjuntos de Santa Cruz através dos papéis administrativos da fazenda e de cartas de alforria concedidas aos escravos. Um documento guardado pelo Arquivo Nacional, com data de agosto de 1819, revela que havia um total de cinqüenta músicos em 1814, sendo 23 homens, quatro mulheres, vinte rapazes e três raparigas, perfazendo um total de sete mulheres entre jovens e adultas[102]. Balbi lamentou não poder informar o nome de alguns desses músicos, em especial "das duas negras que se distinguem de suas companheiras pela beleza da voz e pela arte e expressão que demonstram no canto"[103].

A partir de 1810, as iniciativas de d. João começaram a dar resultados, e várias obras foram compostas pelo padre Jo-

---

102. Antonio Carlos dos Santos, "O timbre feminino e negro da música antiga brasileira (século XIX)", *Anais do V Encontro de Musicologia Histórica*, Juiz de Fora, 19 a 21 de julho de 2002 (Juiz de Fora, Centro Cultural Pró-Música, 2004), p. 348.
103. Ayres de Andrade, op. cit., v. I, p. 43.

sé Maurício, especialmente para o conjunto de escravos músicos da capela de Santo Inácio, na Real Fazenda de Santa Cruz. A primeira delas, o *Moteto para São João Batista Praecursor Domini* CPM 55, revela o cuidado que o compositor teve para não ultrapassar as possibilidades técnicas e artísticas do conjunto ainda em desenvolvimento, atitude revelada pela escolha da tonalidade e do emprego de "reduzidos recursos harmônicos"[104]. A intencional simplicidade da obra mais se revela se comparada à grandiosidade da *Missa de Nossa Senhora da Conceição*, escrita no mesmo ano.

A instrumentação original do moteto, com apenas duas clarinetas e dois trompetes na seção de sopros, revela a formação do conjunto de Santa Cruz e não deixa de induzir a certo caráter de banda. As cordas se apresentam sem as violas. O moteto foi reorquestrado mais tarde, sendo adicionadas as flautas, as trompas e uma parte para as violas. Cleofe Person de Mattos acredita que a alteração da orquestração pode ter sido um pedido de d. João, e que foi feita "com a clara intenção de acentuar o caráter brilhante da obra"[105].

Outras obras escritas por José Maurício para Santa Cruz, *por ordem de sua Magestade*, foram: o moteto para os Santos Mártires *Tamquam auram* CPM 56, em 1812, o *Bendito e louvado seja* CPM 13, *mais pequeno e abreviado*, em 1815, e o moteto para as Virgens *media nocte* CPM 58, em 1818.

---

104. Cleofe Person de Mattos, op. cit., 1997, p. 86.
105. Idem, op. cit., 1970, p. 96.

Ainda de acordo com Balbi, tanto Marcos Portugal quanto seu irmão Simão Portugal "compuseram expressamente" para os conjuntos de Santa Cruz, mas não são conhecidas obras desses compositores originalmente compostas para esse fim. Possivelmente, foram composições já existentes que lá foram executadas, como comprovam os registros do livro de tombo da Biblioteca Alberto Nepomuceno da Escola de Música da UFRJ, que atestam a proveniência da fazenda de Santa Cruz para algumas obras de José Maurício e Marcos Portugal ali depositadas[106].

Os conjuntos da Real Fazenda não limitavam suas apresentações à localidade de Santa Cruz. Os escravos músicos, assim como outros "serviçais de ofício", foram emprestados ou alugados muitas vezes para se apresentarem em festas, recepções ou outros eventos aristocráticos na corte[107]. Eram também constantemente trazidos para apresentações na Real Quinta da Boa Vista, onde se juntavam aos músicos da Real Câmara. Segundo Cleofe Person de Mattos, a nomeação dos dois professores de Santa Cruz para integrarem o quadro de músicos da Real Câmara na Quinta da Boa Vista a partir de 1814 tinha o sentido de facilitar "a vida deambulatória do conjunto musical entre as duas capelas reais: a de Santo Inácio e a de São Cristóvão"[108].

---

106. Cleofe Person de Mattos, op. cit., 1997, pp. 192-3.
107. Antonio Carlos dos Santos, op. cit., p. 350.
108. Cleofe Person de Mattos, op. cit., 1997, p. 239.

A integração dos grupos de Santa Cruz com aquele sediado no paço da Boa Vista se deu pela primeira vez, provavelmente, em 1812, para a apresentação da farsa *A saloia enamorada*, de Marcos Portugal. Em outra oportunidade, a apresentação de uma missa do mesmo autor provocou o seguinte comentário: "Antes de hontem ove festa na Chácara de Sua Alteza. Ove missa grande de Marcos com estromental e tudo pelos pretos de Santa Cruz q. deram excelente conta de si"[109].

Outra cerimônia importante que juntou os dois grupos no paço de São Cristóvão foi a celebração do dia de São João Degolado, em 29 de agosto de 1818. Para o evento, foram convocados os grupos de Santa Cruz por intermédio da portaria do visconde do Rio Seco, onde são relacionados nominalmente os músicos que compunham a "banda de música dos escravos desta Fazenda". Destacam-se entre os convocados sete raparigas, possivelmente aquelas que Balbi não soube dizer o nome. São elas: Ana da Cruz, Joaquina Rosa, Libania Francisca, Propicia Francisco, Zeferina de Ramos, Vicência Ferreira e Francisca de Souza[110].

Para a cerimônia, José Maurício escreveu duas obras: o *Moteto da festa da degolação de S. João Baptista* CPM 63 e uma *Missa a grande orchestra* CPM 120. Da primeira obra sobreviveram apenas as partes instrumentais, estando desaparecidas as partes vocais, o que impossibilita sua execução. A Missa não traz nas partes manuscritas a identificação de que foi escrita para a festa de 29 de agosto, mas indícios históricos e musi-

---

109. Ibidem, p. 107.
110. Ibidem, p. 136.

cais levaram Cleofe Person de Mattos a indicá-la como sendo a obra composta para a ocasião[111].

Um inusitado maestro eventualmente se postava à frente do grupo de escravos, de acordo com o relato de Spix e Martius:

> Uma banda particular de música vocal e instrumental, que o príncipe herdeiro formou com mestiços, indígenas e pretos, indica bastante o talento musical do brasileiro. D. Pedro, que parece ter herdado de seu avô d. João IV notável gosto pela música, costuma reger às vezes, ele próprio, essa orquestra, que, assim estimulada, procura executar as peças com muita perfeição.[112]

As informações um tanto imprecisas sobre o grupo musical descrito, que, segundo os viajantes alemães, contaria inclusive com indígenas, nos fazem crer que tal grupo poderia ser o de Santa Cruz, dirigido por d. Pedro possivelmente nas vezes em que o conjunto descia para o paço da Boa Vista, onde residia a Família Real.

O ensino musical

O ensino regular dos leigos nos tempos coloniais era ministrado pelas ordens religiosas, mas financiado pela Coroa,

---

111. Idem, p. 138.
112. Johann Baptist von Spix e Karl Friedrich Philipp von Martius, *Viagem pelo Brasil 1817-1820* (São Paulo/Brasília, Melhoramentos/INL/MEC, 1976), v. I, p. 50.

que concedia verbas anuais para que os padres alfabetizassem parte da população, em geral os membros das classes mais altas, que futuramente trabalhariam para o Estado. Os primeiros a estabelecer classes de alfabetização no Brasil foram os jesuítas, por intermédio de colégios ligados a seus seminários. Depois dos padres da Companhia de Jesus, outras ordens também abriram suas classes, como os beneditinos, os franciscanos e os carmelitas. Para meninas e moças havia as aulas das franciscanas no convento de Nossa Senhora da Ajuda. Posteriormente, em decorrência do aumento da população, houve o estabelecimento de aulas regulares em quartéis e nas demais instituições militares[113].

Com a expulsão dos jesuítas em 1759, foi implementada uma reforma educacional que criou os "professores régios" ao mesmo tempo que regulamentou e uniformizou os métodos de ensino, sendo adotada uma nova linha pedagógica, diferente daquela aplicada pelos jesuítas. Foi durante o período joanino no Brasil que as primeiras providências para o controle efetivo do Estado sobre a educação foram tomadas. Ainda em Salvador, d. João criou, em 18 de fevereiro de 1808, a Escola Médico-Cirúrgica, primeiro curso de nível superior em nosso país. Já no Rio de Janeiro, d. João instituiu uma Escola Anatômica, Cirúrgica e de Medicina e uma Escola de Comércio, em 1809. No ano seguinte, foi criada a Academia Real Mili-

---

113. Nireu Cavalcanti, op. cit., p. 156.

tar para a formação de engenheiros, geógrafos e topógrafos. A educação primária foi incentivada pelo decreto régio de 17 de fevereiro de 1809, que estabeleceu o provimento de professores para diversas cadeiras do ensino público. As iniciativas de d. João para a organização do ensino primário objetivavam a laicização do sistema educacional, onde os docentes passaram a estar subordinados ao Estado[114].

A chegada da corte portuguesa não alterou a antiga prática de aprendizado musical herdada do século XVIII, a qual podia ser feita diretamente nas catedrais e sés e em algumas matrizes que mantinham grupos musicais ou nos regimentos militares. Como observa Nireu Cavalcanti, "a participação nos coros de igrejas era uma oportunidade para as crianças que os freqüentavam de não só aprender música, mas também de se alfabetizar e estudar latim"[115]. Tanto com os *mestres de solfa* nas igrejas quanto com os *mestres de banda* nos regimentos, as aulas de música eram ministradas para as funções específicas nos coros eclesiásticos e nos grupos militares. Outra opção era o jovem entregar-se aos cuidados de um *mestre de música* particular, tornando-se seu discípulo e iniciando a vida profissional tocando em seus conjuntos.

As bases teóricas do ensino da música eram transmitidas por meio das famosas *artinhas*, pequenos manuais com as noções básicas de solfejo e divisão rítmica. A mais antiga re-

---

114. Antonietta d'Aguiar Nunes, op. cit., p. 42.
115. Nireu Cavalcanti, op. cit., pp. 183-4.

ferência é um tratado escrito por um certo João de Lima, em Salvador ou Recife, no final do século XVII. Outros compêndios manuscritos utilizados no Brasil para o aprendizado musical, alguns bastante extensos e com profunda fundamentação teórica, foram: *Escola de canto de órgão* (Salvador, 1759-1760), de Caetano de Mello Jesus, *Arte de solfejar* (Recife, 1761) e *Muzico e moderno systema para solfejar sem confuzão* (Recife, 1776), de Luiz Álvares Pinto, *Arte de acompanhar* (Mariana, 1790), de José Torres Franco, *Arte explicada do contraponto* (São Paulo, c. 1800), de André da Silva Gomes, e o *Compêndio de música e método de pianoforte* (Rio de Janeiro, 1821), de José Maurício Nunes Garcia[116].

No Rio de Janeiro, o mais famoso e regular curso de música foi aquele ministrado por José Maurício em sua própria casa. As aulas eram gratuitas, e aos alunos era garantida a dispensa do serviço militar. Embora já exercesse havia muitos anos as funções de *mestre de música*, como atesta o depoimento de um aluno seu, Bonifácio Gonçalves, no processo *de genere* a que foi submetido para se tornar padre, foi por intermédio de seu curso que várias gerações de músicos cariocas puderam realizar uma formação mais regular.

Entre os alunos formados no curso do padre José Maurício, encontram-se alguns dos músicos mais atuantes no Rio

---

116. Fernando Binder e Paulo Castagna, "Teoria musical no Brasil: 1734-1854", *Revista Eletrônica de Musicologia* (Curitiba, v. I, 2 de dezembro de 1996).

de Janeiro durante o século XIX, como Francisco da Luz Pinto, Cândido Inácio da Silva, Francisco Manoel Chaves, Cláudio Antunes Benedicto e Francisco Manoel da Silva.

Ao ensino teórico na casa do mestre agregava-se a atividade prática realizada nos conjuntos musicais da sé, como atesta documento de 1822, que informa que "com seus alunos é que fazia as funções de capela"[117].

Foi para a educação musical dos dois filhos mais velhos que José Maurício escreveu em 1821 o *Compêndio de musica e methodo de pianoforte*, que, sem dúvida, reflete a metodologia por ele utilizada em suas aulas e aplicada na formação dos alunos.

O ensino institucionalizado de música só seria iniciado em 1848 pelas mãos de Francisco Manoel da Silva, um dos discípulos de José Maurício, durante o reinado do neto de d. João, o imperador d. Pedro II, com a criação do Conservatório de Música.

A música militar

Os conjuntos de instrumentos de sopros e percussão, com as mais variadas formações e tamanhos, são os grupos instrumentais pioneiros do Brasil. Há referências muito antigas nas cartas jesuíticas em que os padres solicitam a seus

---

117. Cleofe Person de Mattos, op. cit., 1970, p. 23.

superiores na Europa o envio de instrumentos como flautas, gaitas, charamelas, trombetas e cornetas para serem usados na catequese dos índios. Em período posterior, com a expansão da colonização, alguns potentados e donos de engenhos mantiveram em suas residências grupos musicais formados por escravos, que tocavam, sobretudo, a charamela. Há um exemplo já clássico na Bahia, onde o viajante francês François Pyrard Laval encontrou em 1610 uma banda formada por trinta negros[118].

Foi no século XVII que a organização militar da América Portuguesa foi estruturada, com o sistema de *terços* ou *ternos*, reproduzindo o modelo ibérico. Pela facilidade de deslocamento, com os integrantes podendo andar ou até mesmo marchar enquanto tocavam, e potência sonora, viabilizando toda uma série de códigos e chamadas musicais a distância, as bandas de música se fizeram presentes nas tropas regulares. O militar português Raimundo José da Cunha Mattos (1776-1839) deixou um exemplo da importância daquilo que ele denominou "toque dos instrumentos bélicos", dizendo que "os tambores, cornetas e trombetas devem ser muito exercitados nestes toques; e os oficiais e soldados hão de estar com eles muito bem familiarizados para não confundirem os diversos mandamentos"[119].

---

118. Renato Almeida, op. cit., p. 291.
119. Fernando Binder, "Bandas de música no Brasil: revisão de conceitos a partir de formações instrumentais entre 1793-1826", *Anais de VI Encontro de Musicologia Histórica*, Juiz de Fora, 22 a 25 de julho de 2004 (organização de Paulo Castagna, Juiz de Fora, Centro Cultural Pró-Música, 2006), p. 281.

Algumas bandas no Brasil já podiam ser claramente identificadas no final do século XVIII, como as de Recife e Olinda no tempo do governo de d. Tomás José de Melo, entre 1787 e 1798, quando foram criados os grupos dos regimentos milicianos. Há notícias também sobre a música no terço auxiliar de Goiânia, mantida pela oficialidade em 1789. Esses grupos, "de constituição simplória", eram formados por dois pífaros, duas clarinetas, um fagote, duas trompas, caixa, surdo e zabumba[120].

Em São Paulo, os regimentos de infantaria e artilharia contavam em seus quadros com 12 músicos entre tambores, pífanos e clarins. Já os de cavalaria possuíam nove elementos, entre eles um timbaleiro. Os regimentos milicianos sediados na capital de São Paulo em 1802 eram 11 ao todo, sendo cinco de infantaria, três de artilharia e outros três de cavalaria. Desse total, apenas cinco regimentos possuíam corporação musical completa[121].

O pesquisador José Ramos Tinhorão identifica uma dificuldade para a formação de bandas militares no Brasil colonial advinda da falta de instrumentistas de sopro. Tal situação se daria em razão da escassa formação profissional dos militares. Para Tinhorão:

---

120. Leonardo Dantas Silva, "500 anos de fé: a música das procissões", em Paulo Bruscky, *Marchas de procissão* (Recife, Cepe, Governo do Estado de Pernambuco, 1998), p. 17, apud Fernando Binder, op. cit., 2006, p. 287.
121. Régis Duprat, *Música na sé de São Paulo colonial* (São Paulo, Paulus, 1995), p. 70.

Atraídos aos quadros militares pela sua rara qualificação, músicos civis vestiam a farda e passavam a fazer parte de corpos de tropa levando muitas vezes os próprios instrumentos, e passando a comportar-se como simples funcionários contratados, aos quais se dava freqüentemente a vantagem do pagamento na base do soldo de oficial.[122]

Muitos compositores do período colonial encontram-se no caso citado por Tinhorão, pois, além de atuarem nas igrejas, foram também músicos militares. Em Minas Gerais, destaca-se Francisco Gomes da Rocha, que, em seu pedido de aposentadoria, em 1803, é descrito como *compositor de muitas marchas*. É possivelmente de autoria de Gomes da Rocha o mais antigo exemplo de música para banda encontrado no Brasil. Trata-se de uma pequena obra de apenas 16 compassos, instrumentada para duas flautas, duas trompas e baixo[123].

A organização das bandas de música no exército português começou no final do século XVIII com a criação da Brigada Real da Marinha. Pelo alvará de 28 de agosto de 1797, o príncipe regente d. João "permitte que a Real Brigada tenha música". Com outro decreto, o de 20 de agosto de 1802, d. João determinou as quantias mensais "para satisfação de onze Muzicos de instrumental, constantes da relação junta". A partir dessa data, os conjuntos militares portugueses pas-

---

122. José Ramos Tinhorão, *Os sons que vêm da rua* (São Paulo, Editora 34, 2005), 2. ed., p. 109.
123. Fernando Binder, op. cit., 2006, p. 289.

saram a ter sua formação definida e especificada, sendo formados por flautim, uma primeira clarineta, duas segundas clarinetas, fagote, duas trompas, clarim, zabumba, prato e caixa de rufo[124].

A banda da Brigada Real da Marinha portuguesa veio para o Brasil acompanhando a Família Real em 1808. O conjunto foi retratado por Franz Joseph Frühbeck (1795-1830), em 1817, desfilando na rua Direita (atual Primeiro de Março) por ocasião do casamento do príncipe herdeiro d. Pedro com a arquiduquesa Leopoldina. O quadro do pintor austríaco nos mostra a formação instrumental da banda, onde podemos identificar piccolos, clarinetas, fagote, trompas, trompete, trombone e percussão (tambores e pratos).

Em outros tantos momentos, desfiles, procissões, casamentos e batizados, é citada pelo Padre Perereca a participação de bandas militares *tocando agradáveis marchas*. Vejamos a descrição do primeiro aniversário passado por d. João no Rio de Janeiro, em 13 de maio de 1808:

> [...] pelas onze horas os três regimentos de linha, como também o de artilharia, e o de cavalaria, e igualmente os quatro regimentos milicianos, entraram pelo Terreiro do Paço com toda a galhardia, e ali se postaram em grande parada. [...] o som das músicas militares, feriam os ouvidos de uma maneira muito grata, e ao mesmo tempo excitavam lágrimas de alegria, a qual se avivava, quando púnhamos os olhos no au-

---

124. Ibidem, p. 285.

Banda da Brigada Real.
Franz Joseph Frühbeck. Acervo da Hispanic Society of America, Nova York.

gusto objeto de aplausos tão puros, e tanto do coração de todos que os davam.[125]

É iniciativa de d. João a organização formal dos conjuntos militares na Colônia, por intermédio do decreto de 27 de março de 1810. Além de estipular o valor e a forma de pagamento dos soldos e tratar da confecção dos uniformes, o decreto determina a formação e direção dos conjuntos:

> Em cada um dos quatro Regimentos de Infantaria e Artilharia desta Corte haverá 12 a 16 músicos que tocam ins-

---

[125]. Luis Gonçalves dos Santos (Padre Perereca), op. cit., v. I, pp. 204-5.

trumentos de vento, sem que por princípio algum se possa aumentar o sobredito número. Os sobreditos músicos terão praça de soldado e serão divididos por todas as companhias, e vencerão no préts os soldos que lhes competem como soldados, e assim mesmo a farinha e fardamento além de gratificação que abaixo se dirá. Os tocadores de bomba, campainhas, e de outros destas qualidade serão tirados da classe de tambores, e não vencerão gratificação nenhuma. Tanto os músicos de instrumentos de vento, como de bomba serão escolhidos no atual estado completo das Companhias, sem que se aumente o número deste em razão das praças escolhidas dos soldados, como pelos que hão de ser tirados dos tambores. [...] O coronel nomeará todos os anos um Oficial para diretor de música o qual terá o cuidado na sua instrução e disciplina. [...] Todos os gêneros que houveram de comprar para enfeite dos músicos, assim como o concerto e compra de instrumentos, correrão por conta do Oficial encarregado, o qual fará as despesas, recebendo para esse fim o dinheiro necessário da caixa e dará a sua conta com os certificados convenientes [...].[126]

Outro decreto importante baixado por d. João foi o de 11 de dezembro de 1817. Em função da chegada ao Rio de Janeiro, vindos de Portugal, dos Batalhões de Infantaria núme-

---

126. Fernando Binder, "Novas fontes para o estudo das bandas de música brasileiras", *Anais do V Encontro de Musicologia Histórica*, Juiz de Fora, 19 a 21 de julho de 2002 (organização de Paulo Castagna, Juiz de Fora, Centro Cultural Pró-Música, 2004), pp. 200-1.

ros 11 e 15 e de Caçadores número 3, d. João formalizou a situação das bandas que pertenciam aos respectivos batalhões e estipulou suas formações. Os grupos passaram a ser constituídos por: dois primeiros clarinetes, sendo o principal também o mestre de música, uma requinta, um segundo clarinete, duas trompas, um clarim, um fagote, um trombão ou serpentão, uma bomba e uma caixa de rufo. O decreto ainda previa a ampliação do conjunto, caso necessário, mas limitava o tipo de instrumentos ao dizer que "não poderão entrar outros indivíduos fora dos seguintes: 1 Primeiro flautim, 1 Segundo clarinete, 1 Terceiro primeiro clarinete, 1 Segundo clarim, 1 Segundo fagte, 1 Serpentão"[127].

O ano de 1817 marca também a chegada ao Rio de Janeiro da banda formada para acompanhar dona Leopoldina em sua viagem ao Brasil. Como era comum naquele tempo, a inclusão de músicos nos navios para as travessias transatlânticas servia para o entretenimento dos passageiros em viagens que duravam, em alguns casos, vários meses. O grupo foi formado em Lisboa e constituído por dois flautins (Antonio José e José Croner), uma primeira clarineta (Gaspar Catelão), duas segundas clarinetas (Antonio Bulak e João Vieira), dois fagotes (Christiano Florick e Romão Monteanos), duas trompas (Antônio Carretero e José Romano), dois clarins (Francisco Roth e Pedro Tevar), um trompão (Leopoldo Smith), bombo

---

127. Fernando Binder, op. cit., 2004, p. 203.

(José Mural), caixa (Antônio Joaquim) e dois pratos (Marçal José e Luiz Lourenço d'Araújo)[128]. Provavelmente o diretor do grupo se encarregava da outra primeira clarineta para equilibrar o conjunto.

Para essa função foi escolhido o músico Erdmann Neuparth, clarinetista e mestre do 4º Regimento de Infantaria de Linha. Segundo depoimento de Neuparth em sua autobiografia, os músicos embarcaram em Lisboa em 2 de julho de 1817 e se dirigiram a Livorno a bordo da nau *D. João VI*, a qual, junto à nau *São Sebastião*, tinha a missão de buscar a princesa Leopoldina, que lá aguardava, e levá-la para o Brasil[129].

De Trieste saíram duas fragatas de bandeira austríaca que acompanharam a pequena frota portuguesa. Os navios da marinha de Francisco I traziam uma expedição científica que ficou conhecida como Missão Austríaca. A bordo estavam 14 cientistas, pesquisadores, médicos e pintores, entre eles o botânico e mineralogista Johann Emanuel Pohl (1782-1834), o zoólogo e taxidermista Johann Baptist Natterer (1787-1843) e o pintor Thomas Ender (1793-1875). Ao grupo se juntaram, a pedido do rei da Baviera, Max Joseph I, o zoólogo Johann Baptist von Spix (1781-1826) e o botânico Karl Friedrich Philipp von Martius (1794-1868)[130]. Vários desses cien-

---

128. Fernando Binder, "O dossiê Neuparth", *Rotunda* (Campinas, n. 4, abril de 2006), p. 78.
129. Ibidem, p. 89.
130. Christa Riedl-Dorn, *Johann Natterer e a Missão austríaca para o Brasil* (tradução de Mário Lodders e Maria Faro, Petrópolis, Index, 1999), pp. 23-4.

tistas e artistas fizeram extensos relatos de suas expedições. Spix e Martius incluíram em sua *Viagem pelo Brasil* informações sobre a vida musical brasileira e até mesmo partituras de modinhas e lundus recolhidos em São Paulo, Minas Gerais, Goiás e Bahia[131].

Os navios portugueses chegaram a Livorno em 25 de julho de 1817 com mais de 1.300 homens, além de Erdmann Neuparth e de seus músicos. Carregavam também milhares de animais vivos entre vacas, porcos, ovelhas e quatro mil galinhas, para servir de suprimento para a longa viagem. Diante de tal cena, o chanceler austríaco Metternich (1773-1859) teria dito: "A arca do eternizado Noé era certamente um brinquedo de criança em comparação com o navio [de d. João] – Deus o salve de um naufrágio"[132].

A viagem até o Brasil, com escala na Ilha da Madeira, durou quatro meses. Diz Neuparth que, ao chegarem ao porto do Rio de Janeiro, e após o desembarque da princesa, os músicos ficaram a bordo na expectativa da volta para Lisboa, mas não tardou para serem chamados a comparecer à Quinta de São Cristóvão para tocarem diante do rei. Segue o depoimento de Neuparth:

> Agradou muito a nossa música a Sua Magestade. E mandou-nos preguntar p.ª o Conde Paraty se queríamos ficar no Rio, mas de principio nemquem quis ficar porque todos querião

---
131. Cf. discografia.
132. Christa Riedl-Dorn, op. cit., pp. 29-30.

ir outra vez p.ª Portugal mas eu entrei a pensar que tanto Estrangeiro era eu em Portugal, como no Brasil, e resolveiome a ficar, como os outros virem que eu ficava, forem ficando também fora um que não qiz ficar.[133]

Decidindo permanecer na cidade, os músicos foram contratados para servir na banda das Reais Cavalariças, em 10 de dezembro de 1817. Contam os apontamentos biográficos pioneiros de Visconde de Taunay que o conjunto de Neuparth ensaiava no antigo largo de São José, próximo à casa em que residia o padre José Maurício. Impressionado com a qualidade de execução do grupo, o compositor teria escrito *Doze divertimentos* para orquestra de sopros. Aquela que seria uma obra única no catálogo de suas composições desapareceu, informa-nos ainda Taunay, após a morte do compositor. Haveria em Portugal uma cópia dos divertimentos no arquivo do conde de Farrobo, possivelmente levada pelo próprio Erdmann Neuparth após seu regresso a Lisboa, mas Cleofe Person de Mattos não conseguiu localizá-los[134].

A música das ruas e nos salões

Para os muitos estrangeiros que aportaram no Rio de Janeiro nas últimas décadas do século XVIII e primeiras do século

---
133. Fernando Binder, op. cit., p. 90.
134. Cleofe Person de Mattos, op. cit., 1997, p. 251.

XIX, a cidade oferecia uma enorme variedade de experiências sonoras. Vários deles fizeram comentários sobre gêneros de músicas e danças hoje identificados como aqueles que, após longo processo de transformações e adaptações, estão na origem de nossa música popular. Nos primeiros séculos da colonização, podemos imaginar uma separação até certo ponto nítida entre os gêneros de origem européia e africana, assim como aqueles característicos das diferentes classes sociais. O intercâmbio ocorrido principalmente durante o século XVIII entre as culturas da metrópole e da Colônia, identificado também entre as ruas e os salões aristocráticos, revela um processo de circularidade cultural que amalgamou manifestações musicais européias e africanas, dando nascimento a dois gêneros reconhecidos como tipicamente brasileiros: o *lundu* e a *modinha*.

A origem de nossos gêneros musicais populares está ligada de forma direta às danças de roda realizadas ao ar livre pelos escravos, cujas coreografias eram associadas a modas e cantigas entoadas em coro. As mais antigas referências falam da *fofa* como uma dança brasileira originada na Bahia e que chegou mesmo a ser levada para Lisboa no século XVIII. Um folheto impresso em Portugal em 1729 e intitulado *Relação da fofa que veyo agora da Bahia* faz a descrição das festas realizadas em honra do casamento de d. José. No documento, o autor refere-se à *fofa* como uma das "cantigas e modas da terra de que é abundante o país"[135].

---

135. José Ramos Tinhorão, *História social da música popular brasileira* (São Paulo, Editora 34, 1998), p. 83.

Pouco mais de trinta anos após sua primeira referência, a *fofa* foi considerada pelo viajante francês Dumouriez uma dança nacional em virtude de sua aceitação pelas camadas mais baixas da população em Portugal. A *fofa* foi dançada na rua pelo povo lisboeta por ocasião da coroação de dona Maria I em 1777 e descrita parcialmente por outro francês, Duc Du Chatelet, o barão de Comartin, como sendo "executada aos pares, ao som da viola ou qualquer outro instrumento". O viajante ficou tão impressionado com a coreografia que se recusou a descrevê-la em minúcias por considerá-la "tão lasciva que se enrubece só de assisti-la"[136].

No Brasil, entretanto, a *fofa* não assumiu posição histórica mais relevante, sendo superada em importância pelo *batuque*. Este foi retratado por Johann Moritz Rugendas (1802-1858) em uma prancha que mostra um grupo de negros batendo as mãos para os dançarinos que se encontram no meio da roda. O próprio artista descreveu o *batuque*:

> A dança habitual do negro é o batuque. Apenas se reúnem alguns negros e logo se ouve a batida cadenciada das mãos; é o sinal de chamada e de provocação à dança. O batuque é dirigido por um figurante; consiste em certos movimentos do corpo que talvez pareçam demasiado expressivos; são principalmente as ancas que se agitam, enquanto o dançarino faz estalar a língua e os dedos, acompanhando um canto monótono, os outros fazem círculo em volta dele e repetem o refrão.[137]

---

136. Ibidem, p. 89.
137. Johan Moritz Rugendas, *Viagem pitoresca através do Brasil* (tradução de Sérgio Milliet, Belo Horizonte/São Paulo, Itatiaia/Edusp, 1979), 8. ed., p. 279.

Pela descrição de Rugendas, a dança do *batuque* não necessitava de instrumento musical nenhum; apenas a batida das mãos e a cantilena entoada em grupo eram suficientes. O francês G. W. Freireyss, entretanto, apresenta uma versão um pouco diferente, até mesmo mencionando a presença de instrumentos. Durante sua estada no Brasil entre 1814 e 1815, o viajante constatou que

> entre as festas merece menção a dansa brazileira a *Batuca* o (*batuque*). Os dansadores formam roda e ao compasso de uma guitarra (viola) move-se o dansador no centro, avança e bate com a barriga na barriga de outro da roda, de ordinário pessoa do outro sexo. No começo o compasso da música é lento, porém, pouco a pouco augmenta e o dansador do centro é substituído cada vez que dá uma embigada; e assim passam noites inteiras. Não se pode imaginar uma dansa mais lasciva do que esta, razão também porque tem muitos inimigos, especialmente entre os padres.[138]

O período de estada no Brasil tanto de Rugendas quanto de Freireyss representa um momento em que as manifestações musicais populares já transformadas pela absorção de influências de outras culturas conviviam com seus substratos, ainda cultivados na forma primitiva. É quase unânime entre os pesquisadores de nossa música popular a aceitação de que o *ba-*

---

138. Georg Wilhelm Freireyss, "Viagem ao interior do Brazil nos annos de 1814-1815" (tradução de Alberto Löfgren), *Revista do Instituto Histórico e Geográfico de São Paulo* (São Paulo, v. XI, 1906), p. 214.

Batuque.
Johan Moritz Rugendas, *Viagem pitoresca através do Brasil*, 1835. Prancha 96 (litografia aquarelada).
Coleção particular.

tuque original dos negros gerou o *lundu* a partir da adaptação da coreografia de danças ibéricas, em especial o *fandango*, até mesmo com a incorporação de instrumentos.

Sobre os instrumentos dos negros temos descrições mais ou menos detalhadas dos viajantes europeus. O berimbau, pela simplicidade de construção, modo de tocar e efeito sonoro, era o que mais chamava a atenção e estava diretamente ligado à prática da *capoeira*. Johann Emanuel Pohl (1782-1834) foi um dos primeiros a descrevê-lo, dizendo ser "uma corda arrastada em pequeno arco, num simples instrumento que repousa sobre uma cabaça vazia e dá, no máximo três notas"[139].

Uma das primeiras imagens do instrumento se deve a Henry Chamberlain (1796-1844), tenente da marinha britânica e artista amador, que esteve no Brasil entre 1819 e 1820 e que produziu sua tela com base em originais do português Joaquim Cândido Guillobel (1787-1859), pintados em 1814.

O militar inglês deixou também um relato da maneira como era tocado:

> O negro, que carrega uma cesta à cabeça, apesar de interromper a sua marcha para saber o que se passa, não pára por isso de tocar a sua "marimba lungungo" predileta, instrumento musical africano em forma de arco, com um arame ao invés de corda. Na extremidade em que segura o arco está presa uma cabaça vazia ou tigela de madeira, a qual, encostada ao estômago nu, permite ao executante sentir tão bem quanto ouvir a música que produz. O modo de tocar é muito simples. Estando o arame bem esticado, toca-se-lhe de leve, produzindo um som, modulado pelos dedos da outra mão, que vai apertando o arame em vários lugares, de acordo com o capricho do músico. São reduzidos os recursos musicais e muito poucas as melodias que se tocam acompanhadas quase sempre pelo canto do executante. São canções de sua terra natal, contadas na própria língua materna.[140]

---

139. Johann Emanuel Pohl, *Viagem ao interior do Brasil* (tradução de Milton Amado e Eugênio Amado, apresentação e notas de Mário Guimarães Ferri, Belo Horizonte/São Paulo, Itatiaia/Edusp, 1976), p. 44.

140. Henry Chamberlain, *Vistas e costumes da cidade e arredores do Rio de Janeiro em 1819 e 1820* (tradução e prefácio de Rubens Borba de Moraes, São Paulo, Kosmos, 1943), p. 95. Na tradução, o instrumento é denominado *madimba lungungo*.

Uma barraca de mercado.
Henry Chamberlain, *Vistas e costumes da cidade e arredores do Rio de Janeiro em 1819 e 1820.*

O berimbau era chamado também de *urucungo* (ou *urucongo*) ou de *berimbau de barriga*, por causa da posição como era tocado. Assim foi visto no Rio de Janeiro pela inglesa Maria Graham, em 3 de março de 1822:

> Quanto aos instrumentos, são as coisas menos artificiais que jamais produziram sons musicais. E contudo não produzem efeito desagradável. Um é simplesmente composto de um pau torto, uma pequena cabaça vazia e uma só corda de fio de cobre. A boca da cabaça deve ser colocada na pele nua do peito, de modo que as costelas do tocador formam a caixa da ressonância, e a corda é percutida com um pauzinho.[141]

141. Maria Graham, op. cit., p. 242.

Tocador de berimbau.
Jean Baptiste Debret, *Joueur d'Uruncungo*, 1826 (litografia).
Museu Castro Maya – Iphan/MinC.

A descrição confere com a de outro viajante, dois anos mais tarde. Em 1824, o alemão Ernst Ebel fez suas anotações sobre a vida e os costumes dos habitantes do Rio de Janeiro e com olhar menos condescendente também deixou uma descrição do berimbau:

> Como instrumentos musicais, possuem os negros dois: uma espécie de *balalaika* ou viola grosseira de muitas cordas e outro que consiste numa cuia que firmam contra o peito, à qual vem fixado um arco de uma corda só, de tripa, corda esta que emite um som especial, geralmente acompanhado de monótona cantilena e de um chocalho estridente. Es-

sa música é verdadeiramente abominável, mas sem ela eles não passam.[142]

Outro instrumento muito citado por viajantes pelo aspecto rústico é a *marimba*, também chamada de *kalimba*. Esta consistia em metade de um coco formando uma cuia, em que era fixado um pedaço de madeira que servia de suporte para uma série de tiras de metal de diferentes tamanhos, percutidas

Marimba (passeio de domingo à tarde).
Jean Baptiste Debret, 1826 (litografia).
Museu Castro Maya – Iphan/MinC.

---

142. Ernst Ebel, *O Rio de Janeiro e seus arredores em 1824* (tradução e notas de Joaquim de Souza Leão Filho, São Paulo, Companhia Editora Nacional, 1972), pp. 45-6.

com os polegares. Pohl a considerava um instrumento de "som fraco", que produzia um "débil ruído"[143]. Chamberlain achava os sons "agradáveis e harmoniosos"[144]. Mais uma vez, o olhar curioso de Maria Graham nos deixou uma descrição de um instrumento dos escravos:

> A pequena marimba tem um som muito doce. Em uma peça chata de madeira sonora, fixa-se um pequeno cavalete e a este se amarram pequenas chapas de ferro, de diversos tamanhos, de modo que ambos os lados vibrem sobre a tábua, sendo um mais largo e mais elevado que o outro. Este lado largo é tocado com os polegares, sustentando-se o instrumento com ambas as mãos.[145]

Esses instrumentos, aos quais se somavam outros tantos de percussão, como tambores, chocalhos e reco-recos, foram, alguns deles, incorporados ao lundu, como, por exemplo, a marimba. Em uma de suas pranchas dedicadas a essa dança dos negros, Rugendas nos mostra um ambiente rural em que um casal dança o lundu ao som de uma marimba.

A mais antiga referência documental ao lundu data de 10 de junho de 1780 e já faz menção à semelhança com o fandango. Trata-se de uma carta do conde de Pavolide, d. José da Cunha Grã Athayde e Mello, em que responde ao ministro Martinho de Mello e Castro sobre uma denúncia de que em Pernambu-

---

143. Johann Emanuel Pohl, op. cit., p. 44.
144. Henry Chamberlain, op. cit., p. 39.
145. Maria Graham, op. cit., pp. 242-3.

Lundu.
Johan Moritz Rugendas, *Viagem pitoresca através do Brasil*, 1835. Prancha 97 (litografia).

co eram cultivadas "danças africanas que vinham já de remotas épocas" e consideradas "torpes e escandalosas" aos bons costumes. Em sua carta, o conde afirma que

> Os pretos divididos em nações e com instrumentos próprios de cada uma, dançam e fazem voltas como arlequins, e outros dançam com diversos movimentos do corpo, que, ainda que, não sejam os mais indecentes, são como os fandangos de Castella, e fofas de Portugal, o lundum dos brancos e pardos daquelle paiz.[146]

---

146. Mozart de Araújo, *A modinha e o lundu no século XVIII* (São Paulo, Ricordi, 1963), p. 55.

A semelhança da coreografia do lundu com a do fandango foi mencionada por diversos viajantes, em diferentes locais e épocas. Retomo aqui a já citada impressão do inglês Thomas Lindley, quando presenciou uma dança de negros na Bahia afirmando que a coreografia era um *misto de dança da África e fandango da Espanha e Portugal*. No Rio de Janeiro, uma segunda gravura de Rugendas retratando o lundu nos mostra um casal branco executando os passos da dança, rodeado por várias pessoas de sua cor e também por negros. Chama-nos a atenção o movimento dos quadris da dançarina e as *castanholas* nas mãos de seu par. No registro escrito, Rugendas identifica ainda a semelhança da coreografia com as danças ibéricas:

Lundu.
Johan Moritz Rugendas, *Viagem pitoresca através do Brasil*, 1835. Prancha 68 (litografia).

Outra dança negra muito conhecida é o "lundu" também dançada pelos portugueses, ao som do violino, por um ou mais pares. Talvez o "fandango", ou o "bolero", dos espanhóis, não passem de uma imitação aperfeiçoada dessa dança.[147]

Nas últimas décadas do século XVIII, já consolidado como dança, o lundu foi aos poucos sendo aceito pelas classes sociais dominantes, ultrapassando os limites dos terreiros e ganhando os salões encerados das casas da aristocracia local.

Caminho inverso tomou a modinha. O termo deriva da *moda* portuguesa, uma canção culta de salão, de caráter cortesão, escrita a uma ou duas vozes com acompanhamento de cravo. Segundo Mozart de Araújo, não há dúvidas de que a moda portuguesa era praticada no Brasil no início do século XVIII, e que o termo era sinônimo de *cantiga*[148]. Para Tinhorão, a modinha brasileira é o resultado do "amolecimento dengoso da velha moda portuguesa a solo"[149]. O diminutivo no nome reforça a diferença entre os dois estilos de canção, sendo a brasileira de caráter mais lírico e singelo. Mário de Andrade, na sua já antológica coleção de *Modinhas imperiais*, publicada pela primeira vez em 1930, ressaltou a delicadeza e as características "acarinhantes" das modinhas brasileiras, sendo por ele consideradas um verdadeiro "suspiro de amor"[150].

---

147. Johan Moritz Rugendas, op. cit., pp. 279-80.
148. Mozart de Araújo, op. cit., 1963, p. 35.
149. José Ramos Tinhorão, op. cit., 1998, p. 119.
150. Mário de Andrade, *Modinhas imperiais* (Belo Horizonte, Itatiaia, 1980), p. 8.

As principais características da modinha foram sintetizadas por Bruno Kiefer. De acordo com o compositor e musicólogo teuto-gaúcho, os esquemas formais predominantes são AA-BB e AA-BB-refrão em compasso binário simples. O aspecto mais característico da modinha, entretanto, é "o freqüente uso de cadências femininas com apojatura expressiva superior, simples, sem notas repetidas"[151].

Fato é que enquanto o lundu saiu dos terreiros para invadir os salões, a modinha deixou o espaço limitado dos ambientes aristocráticos para ganhar as ruas e se transformar verdadeiramente no principal veículo da incipiente expressividade musical brasileira no século XVIII.

O meio urbano que possibilitava a proximidade entre as classes sociais que cultivavam tanto a modinha quanto o lundu propiciou uma mútua influência entre os dois gêneros. Ainda no século XVIII, a modinha absorveu algumas características do lundu, em especial o ritmo sincopado. Segundo Tinhorão, a modinha se tornou um gênero de canção popular a partir da derivação "dos estribilhos cantados da dança saída dos batuques"[152]. O lundu, por sua vez, após ser apropriado pela corte como música instrumental de salão, "com a umbigada característica do batuque disfarçada de mesura"[153] e com a viola sendo substituída pelo cravo, ganhou letra e se transformou em canção.

---

151. Bruno Kiefer, *A modinha e o lundu: duas raízes da música popular brasileira* (Porto Alegre, Movimento, 1977), p. 24.
152. José Ramos Tinhorão, op. cit., 1998, p. 119.
153. Mozart de Araújo, op. cit., 1963, p. 23.

As características musicais do lundu-canção são, em parte, coincidentes com as da modinha. Há predominância no modo maior e compasso binário simples. Em termos formais, o lundu se apresenta mais variado, indo *desde o AA-BB-refrão até a composição contínua*. As quadras com refrão, predominando o redondilho maior, são os formatos mais freqüentes dos textos. As cadências femininas, tão características das modinhas, não se fazem tão presentes. O aspecto rítmico, entretanto, é o que melhor caracteriza o lundu-canção, principalmente a constância da síncope interna na melodia e, de forma menos sistemática, também no acompanhamento[154].

O principal agente para o surgimento do lundu-canção e para a consolidação da modinha como gênero tipicamente brasileiro foi o músico e poeta Domingos Caldas Barbosa.

Esse verdadeiro precursor da música popular brasileira nasceu no Rio de Janeiro, provavelmente em 4 de agosto de 1740, dia de São Domingos. Seu pai foi o português Antônio Caldas Barbosa, que, após servir na África como funcionário de d. João V no *Offício de Tesoureiro das Fazendas dos Defunctos e Auzentes*, ou seja, administrador do cemitério do *Reyno de Angola*, foi transferido para o Brasil trazendo consigo uma negra grávida de nome Antônia de Jesus, que deu à luz logo após chegar ao Rio de Janeiro[155].

---

154. Bruno Kiefer, op. cit., p. 43.
155. José Ramos Tinhorão, *Domingos Caldas Barbosa: o poeta da viola, da modinha e do lundu (1740-1800)* (São Paulo, Editora 34, 2004), pp. 28-9.

O menino, com aproximadamente 12 anos, foi matriculado no Colégio dos Jesuítas no morro do Castelo. Os estudos de formação clássica com os padres foram acompanhados pela vivência nas ruas das manifestações culturais populares, que sua condição de mulato por certo facilitara. Adulto, serviu como soldado na Colônia do Sacramento, no sul do Brasil.

Após retornar ao Rio de Janeiro por volta de 1763, candidatou-se a uma vaga na Universidade de Coimbra. O fato de ser filho de um funcionário da Coroa portuguesa certamente facilitou seu ingresso na universidade. Caldas Barbosa, entretanto, não chegou a concluir os estudos, freqüentando apenas por um ano os bancos universitários. A opção pelo prosseguimento dos estudos em nível superior pode ter sido, portanto, mais uma imposição paterna que desejo pessoal. A morte do pai, por certo ocorrida em 1764, deve tê-lo influenciado na decisão de abandonar os estudos. A situação financeira precária advinda da morte do pai o levou a "viver errante, ao sabor dos convites para exibir seu talento poético-musical em casa de gente nobre ou endinheirada do Entre Douro e Minho"[156].

Em busca de uma sorte melhor, Caldas Barbosa se transferiu para Lisboa. Na capital do reino, ganhou a proteção dos irmãos Vasconcelos e Souza, tendo acesso aos salões da aristocracia lisboeta, para a qual passou a se exibir apresentando-se com sua viola como o *Lereno Selinuntino* da Nova Arcádia

---

156. Ibidem, p. 43.

de Lisboa. Para facilitar seu ingresso na corte ou mesmo para garantir sua subsistência, Caldas Barbosa tornou-se presbítero secular em 1788.

As modinhas e lundus cantados ao som da viola por Domingos Caldas Barbosa nos salões de Lisboa eram a autêntica música popular da Colônia, sendo divulgada por um mulato brasileiro nas esferas aristocráticas da metrópole nas últimas décadas do século XVIII. Caldas Barbosa deveria ser um músico sem instrução, compondo suas melodias por meio de improviso. Em 1798, uma extensa coleção de suas cantigas foi publicada em Portugal, em dois volumes, sob o título *Viola de Lereno*. O extraordinário sucesso de Caldas Barbosa em Lisboa pode ser atestado por depoimentos de época, como o do diplomata inglês Lord William Beckford. Em seu diário, Beckford anotou a impressão causada pelas modinhas brasileiras cantadas em Lisboa na época do reinado de dona Maria I:

> Aqueles que nunca ouviram este original gênero de música, ignoram e permanecerão ignorando as melodias mais fascinantes que jamais existiram, desde os tempos dos Sibaritas. Elas consistem em lânguidos e interrompidos compassos, como se, por excesso de enlevo, faltasse o fôlego e a alma anelasse unir-se à alma afim, do objeto amado. Com uma inocente despreocupação, elas se insinuam no coração, antes de ele ter tempo de se resguardar contra a sua sedutora influência. [...] Quanto a mim próprio devo confessar que sou escravo das

modinhas e quando penso nelas, não posso suportar a idéia de deixar Portugal. Pudesse eu alimentar a mínima esperança de sobreviver a uma viagem de dois meses, e nada me impediria de partir para o Brasil, a terra natal das modinhas.[157]

De certa forma, o depoimento do diplomata inglês revela o que foi o sucesso e a aceitação da obra de Caldas Barbosa em Portugal, no final do século XVIII. O compositor e poeta brasileiro faleceu em Lisboa, em 9 de novembro de 1800.

Um extraordinário fenômeno cultural pôde ser identificado pelos estudiosos desse gênero musical. O sucesso de Caldas Barbosa em Portugal fez com que os compositores portugueses passassem a compor modinhas em seu estilo, mas agregando características da ópera italiana, em especial os ornamentos, transformando-a em uma espécie de ária de corte, a uma ou mesmo duas vozes. Um dos reflexos da aceitação da modinha em Portugal foi o surgimento do *Jornal de Modinhas*, editado por dois franceses radicados em Lisboa entre 1792 e 1795. Diversos poemas de Caldas Barbosa foram musicados por compositores portugueses do final do século XVIII, entre eles Marcos Portugal e Antônio Leal Moreira. Para Tinhorão, as características tipicamente brasileiras das modinhas e lundus de Caldas Barbosa deram lugar, a partir de então, a um gênero de modinha escrita, onde "o editor era francês, os autores portugueses e a música italiana"[158].

---

157. Mozart de Araújo, op. cit., 1963, p. 41.
158. José Ramos Tinhorão, op. cit., 1998, p. 118.

Aquilo que Tinhorão chamou de *eruditização da modinha e do próprio lundu* teve reflexo no Brasil a partir da transferência da corte portuguesa. A modinha retornou a seu país de origem como música de salão afetada pela influência do melodismo italiano, sendo aqui assumida como gênero típico das classes burguesas. Em pouco tempo, porém, no constante fluxo e refluxo de influências musicais entre as diferentes classes sociais no Brasil e Portugal, a modinha ganhou as ruas outra vez, sendo praticada igualmente pelas camadas populares. A modinha transformou-se num curioso fenômeno cultural, tendo em vista que era cultivada no Brasil por toda a população, nas ruas e nos salões. Os compositores tanto podiam ser formados nos rigores dos estudos da harmonia e do contraponto quanto podiam não possuir absolutamente nenhuma instrução musical teórica.

Dessa forma, vamos encontrar como um dos principais compositores de modinhas no Rio de Janeiro, durante os anos de permanência de d. João, o músico Joaquim Manoel da Câmara, verdadeiro sucessor de Domingos Caldas Barbosa como representante de nossa música popular no período colonial. Quase nada se sabe sobre sua vida. Foi exímio tocador de guitarra (violão), fato comprovado pelo entusiasmo com que a ele se referiu Louis de Freycinet. O viajante francês afirmou que Joaquim Manoel era incapaz de ler ou escrever música, mas tinha extraordinária capacidade de improvisação e excelente memória. Disse também que no Rio de Janeiro

Citavam-se ainda alguns compositores, entre os quais um mulato, o Padre José Maurício, de valor. Mas, quanto à execução, nada me pareceu mais espantoso do que o raro talento na guitarra de um outro mestiço do Rio de Janeiro, chamado Joaquim Manoel. Sob os seus dedos o instrumento tinha um encanto inexprimível, que nunca mais encontrei entre os nossos guitarristas europeus, os mais notáveis. Esse músico é também o autor de várias modinhas, gênero de romanças muito agradáveis, das quais M. Neucum publicou em Paris uma coletânea.[159]

A maior parte da produção de Joaquim Manoel se perdeu no tempo em virtude de sua incapacidade de registrá-la. A tradição oral não foi suficiente para garantir às gerações seguintes a sobrevivência de suas canções. As que conhecemos hoje se devem ao compositor austríaco Sigismund Neukomm, e não Neucum, como a ele se referiu Freycinet. Neukomm transcreveu vinte modinhas, criando um acompanhamento para teclado. Trata-se de verdadeiro trabalho de etnografia musical, em que as melodias transcritas receberam discreto acompanhamento, "demonstrando o propósito de ressaltar com simplicidade a beleza da linha melódica e o denso e apaixonado lirismo dos poemas que lhe servem de texto"[160]. A coleção de modinhas de Joaquim Manoel arranjadas por Neukomm foi

---

159. Mozart de Araújo, *Rapsódia brasileira - textos reunidos de um militante do nacionalismo musical* (seleção, prefácio e notas de Vicente Salles, Fortaleza, Universidade Estadual do Ceará, 1994), p. 145.
160. Ibidem, p. 147.

publicada em Paris, e a venda anunciada pela *Gazeta de Lisboa*, em 1824. Sendo Joaquim Manoel "um músico sem instrução", impossibilitado de escrever a própria música, os arranjos de Neukomm tornam-se mais notáveis, pois garantiram o registro de obras que, de outra forma, teriam possivelmente se perdido na memória[161].

Entre os modinheiros com formação musical, destaca-se Cândido Inácio da Silva, nascido em 1800. Sua naturalidade é incerta. Manuel de Araújo Porto Alegre, seu contemporâneo, afirmou ser Cândido Inácio da Silva mineiro[162]. Já o pioneiro editor de música Pierre Laforge, também seu contemporâneo, a ele se refere em anúncio nos jornais da cidade como "um jovem e estimável compositor fluminense"[163]. Teve vida relativamente breve, falecendo em 1838.

Sua formação musical se deu no curso de padre José Maurício Nunes Garcia. Seu instrumento era a viola, para cujo naipe na orquestra da Capela Imperial solicitou ingresso em 1827, ou então, alternativamente, no coro, na voz de tenor. Foi destacado cantor e assumiu as partes solistas de diversas obras de seu mestre, como a supracitada *Missa de Santa Cecília*. Como tenor solista, participou de diversas *academias* a partir de

---

161. Em 2000, a coleção de *20 modinhas portuguesas de Joaquim Manoel da Câmara - notadas e arranjadas com acompanhamento de fortepiano por Neukomm* foi publicada em Lisboa pela editora Musicoteca. Cf. discografia.

162. Manuel de Araújo Porto Alegre, "Idéias sobre a música", em Jean Baptiste Debret, *Viagem pitoresca e histórica ao Brasil* (tradução e notas de Sérgio Milliet, São Paulo, Martins/Edusp, 1972), tomo II, v. III, p. 102 (extraído da *Revista Brasiliense de Ciência, Letras e Artes (Niteroy)*, Paris, t. I, n. 1, Paris, 1837).

163. Ayres de Andrade, op. cit., v. II, p. 229.

1824, onde se apresentava cantando árias e trechos de óperas. A partir da década de 1830, seu nome aparece também como compositor. Suas *Variações para corneta de chaves e orquestra* foi tocada por Desidério Dorison em uma *academia*, em 1837. No mesmo ano, os músicos Francisco da Mota, João Bartolomeu Klier e Antônio Xavier da Cruz apresentaram outro conjunto de variações escritas para flauta, corne-inglês, clarineta e orquestra. Suas últimas obras foram um *Hino das Artes*, apresentado no Teatro Constitucional Fluminense, e *12 valsas para piano*, editadas por Laforge.

Como compositor de modinhas e lundus, Cândido Inácio da Silva foi considerado por Ayres de Andrade "um dos mais inspirados e originais de quantos músicos brasileiros se consagraram ao gênero no século XIX"[164]. São dele algumas das mais célebres e executadas entre as *modinhas* de seu tempo, como *Quando as glórias eu gozei* e *Busco a campina serena*. Mas é com o *lundu-canção*, sob texto de Manuel de Araújo Porto Alegre, intitulado *Lá no largo da Sé*, que a importância de Cândido Inácio da Silva pode ser reconhecida. Mário de Andrade, em extenso artigo publicado na *Revista Brasileira de Música*, considerava essa pequena peça um dos "marcos históricos mais notáveis" do gênero e de importância acentuada na "evolução da música brasileira"[165]. O escritor e musicólogo paulista observa que, ape-

---

164. Ibidem.
165. Mário de Andrade, "Cândido Inácio da Silva e o lundu", *Revista Brasileira de Música* (Rio de Janeiro, Escola Nacional de Música, 1944), v. 10, p. 17.

sar do "eruditismo imposto e importado" da maioria das obras de Cândido Inácio da Silva em *No largo da Sé*, podemos observar "certas constâncias bem caracteristicamente brasileiras de sincopação popular", que o autor já sistematiza, em especial na linha melódica. Outro aspecto apontado por Mário de Andrade é a "constância escalar brasileira" com o emprego da sétima abaixada sem efeito modulatório, que, conjugada com um "breque delicioso" no acompanhamento instrumental, mais acentua o "brasileirismo" da obra[166].

Outro destacado modinheiro foi Gabriel Fernandes da Trindade, nascido em 1800 na freguesia de Nossa Senhora da Conceição de Antônio Dias, na cidade de Vila Rica. Este foi um dos muitos músicos mineiros que se estabeleceram no Rio de Janeiro no alvorecer do século XIX, impelidos pela necessidade de buscar melhores oportunidades de trabalho. Na verdade, foi seu pai, o músico José Fernandes da Trindade, que se transferiu para a capital em torno de 1806, trazendo consigo a esposa Quitéria Coelho de Almeida e os filhos[167].

Pouco se sabe sobre os estudos musicais de Gabriel Fernandes da Trindade, havendo possibilidade de ter sido aluno de padre José Maurício no curso que este mantinha em sua casa. O que efetivamente sabemos é que Trindade foi um dos dois alunos selecionados por d. João para se aperfeiçoar ao

---

166. Ibidem, p. 29.
167. Marcelo Campos Hazan, "Gabriel Fernandes da Trindade: vida e morte de um músico mineiro no Rio de Janeiro", *Revista Brasileira de Música* (Rio de Janeiro, Escola de Música da UFRJ, 2002), v. 22, p. 27.

violino com o mestre italiano Francesco Ignácio Ansaldi, músico da Real Câmara.

A carreira profissional de Gabriel Fernandes da Trindade como violinista, cantor e compositor se desenvolveu, na realidade, mais nos anos posteriores à volta de d. João VI a Portugal. Em 1825, encaminhou um pedido de ingresso na orquestra da Imperial Câmara, dizendo que, por intermédio de seus estudos com Ansaldi, "conseguiu chegar ao grau de perfeição, executando limpamente qualquer música que se lhe apresente"[168]. O pedido foi indeferido, pois a orquestra acabara de contratar outros dois violinistas, não havendo vaga na qual pudesse ser contratado. Trindade, na verdade, prestava serviços como músico avulso nos concertos em que se fazia necessária uma orquestra maior. Apesar disso, foi recomendado que Trindade deveria "esperar haver alguma vaga; e neste tempo apurar-se mais no dito instrumento, e ficar perito"[169].

Após dois anos de espera, Trindade fez novo pedido, dessa vez para a orquestra da Capela Imperial, sendo contratado em maio de 1827. Poucos anos durou sua participação como violinista na Capela Imperial. Em 1831, foi demitido com outros tantos colegas depois da dissolução da orquestra.

Poucas informações existem sobre a atuação profissional de Trindade fora da Capela Imperial. Em 1833, seu nome é citado como violinista em um concerto no qual executou uma série de

---
168. Ibidem, p. 30.
169. Ibidem.

variações para seu instrumento, assim como em 1836, como solista de um concerto para violino de Charles Beriot[170].

Além de violinista, Gabriel Fernandes da Trindade foi também destacado cantor. Alguns depoimentos de época informam que Trindade era possuidor de "excelente voz", tendo atuado até mesmo como solista. Na partitura da *Missa de Santa Cecília* (1826), padre José Maurício diz ter sido Trindade um dos tenores solistas, dividindo com seu colega Cândido Inácio da Silva as difíceis partes em coloratura[171]. Em duas outras ocasiões, aparece atuando como cantor ao lado de Cândido Inácio da Silva: a primeira em 1835, em um concerto no teatro Constitucional Fluminense, e em 1836, cantando trechos do *Guilherme Tell*, de Rossini[172].

Apenas em 1842 Trindade voltou a atuar na Capela Imperial, sendo contratado para o coro, cantando no naipe dos tenores. Entretanto, pouco durou sua carreira como cantor na Capela Imperial, tendo em vista que, em documento sem data, mas do ano de 1846, o mestre-de-capela Francisco Manoel da Silva informa que Trindade se encontrava "estuporado", ou seja, paralítico[173]. Ainda jovem e sem conseguir trabalhar em função da doença, Gabriel Fernandes da Trindade passou os últimos anos de vida com grande sofrimento, uma vez que seu

---

170. Paulo Castagna, op. cit., 1996, pp. 64-111.
171. Cleofe Person de Mattos, "Pesquisa e texto", em José Maurício Nunes Garcia, *Missa de Santa Cecília, 1826; para solistas, coro e grande orquestra* (Rio de Janeiro, Funarte/INM/Pro-Memus, 1984), pp. 7-29.
172. Paulo Castagna, op. cit., 1996, pp. 64-111.
173. André Cardoso, op. cit., 2005, p. 94.

atestado de óbito informa que faleceu no dia 23 de agosto de 1854, após longa "inanição por supuração"[174].

A obra de Gabriel Fernandes da Trindade é composta, sobretudo, de modinhas e lundus, com acompanhamento de piano ou violão, que Ayres de Andrade considerava "das mais inspiradas que possui o repertório brasileiro do gênero"[175]. Muitas delas foram impressas no Rio de Janeiro a partir de 1837, tendo sido localizadas até o presente momento cerca de 22 peças[176].

Além das modinhas, Trindade tem papel importante em nossa história musical como autor dos *Duetos concertantes* para violinos, que, conforme já mencionado, são os mais antigos exemplos de música de câmara de autor brasileiro, sendo obra característica do novo estilo cortesão praticado na cidade após a chegada da corte. Era o tipo de repertório praticado em ambientes privados e para audiência selecionada.

Em alguns casos, havia até mesmo a cobrança de ingressos, como comprova o anúncio publicado na *Gazeta do Rio de Janeiro* em 11 de outubro de 1809. Nele, Carlotta D'Aunay, "cómica cantora novamente chegada de Londres, em cujos teatros, assim como nos de Paris sempre representou, informa respeitosamente aos cidadãos" a realização de um concerto vocal e instrumental em que se apresentaram também a cantora Joaquina Lapinha e os violinistas Lansaldi e Lami, que exe-

---

174. Marcelo Campos Hazan, op. cit., 2002, p. 32.
175. Ayres de Andrade, op. cit., v. II, p. 243.
176. Algumas dessas obras foram republicadas em 1984 pelo musicólogo Gerhard Doderer, na coleção *Modinhas luso-brasileiras* da Série Portugaliae Musica, v. 44, da Fundação Calouste Gulbenkian de Lisboa.

cutaram "a mais bem escolhida múzica dos melhores authores e concertos de rebeca". Uma grande orquestra tocou "as melhores overturas de Mozart". O concerto foi realizado em ambiente privado, "na casa nº 28, na Praia de d. Manuel". Os bilhetes foram colocados à venda por madame D'Aunay, em sua própria residência, na rua São José, pelo preço de quatro mil réis, valor relativamente alto para a época e que restringiu por certo o acesso apenas a parte da sociedade carioca[177].

Nas reuniões mais corriqueiras, pelo menos um pianista se fazia presente para acompanhar as senhoras. Um anúncio na *Gazeta do Rio de Janeiro* revela que os instrumentos de teclado passaram a ser postos à venda pela imprensa já em 1809, incrementando o comércio local: "Vende-se hum Piano forte muito bom, quem o quizer comprar, falle na rua Direita nas loges das casas nº15"[178]. Em salões mais sofisticados, eram contratados pequenos conjuntos como quartetos de cordas ou ainda com alguns sopros, sendo mais comum a flauta. Nos grandes bailes era recrutada uma orquestra, em geral do teatro São João.

Um bom exemplo foi o baile oferecido em 1819 pelo cônsul-geral da Rússia, Grigory Ivanovitch Langsdorff (1774-

---

177. *Gazeta do Rio de Janeiro*, n. 113, 11 de outubro de 1809. Provavelmente o citado violinista Lansaldi era, na verdade, Francesco Ignácio Ansaldi. Nesse caso, o violinista teria chegado ao Rio de Janeiro em data anterior àquela consignada no registro de entrada de estrangeiros, que aponta 31 de outubro de 1810 como a data de sua chegada, vindo de Montevidéu. (*Registro de Estrangeiros 1808-1822*, Rio de Janeiro, Ministério da Justiça e Negócios Interiores/Arquivo Nacional, 1960, p. 30.) (Col. 370, livro 1, fls. 68v.) Fica aqui assentada a dúvida.

178. *Gazeta do Rio de Janeiro*, n. 65, 26 de abril de 1809.

Petite soirée no Rio.
Bico de pena de autoria de C. C. M., 1817, publicado em APDG, *Sketches of Portuguese life, manners, costume and character*. Londres, Geo. B. Whittaker, 1826. Acervo da Fundação Biblioteca Nacional – Brasil.

1852), onde não houve venda de ingressos, mas convidados seletos. Encontravam-se presentes ministros estrangeiros de várias nacionalidades e oficiais russos, além de membros da aristocracia local e o viajante Theodor von Leithold, que registrou o acontecimento:

> A música consistia em quatro componentes da orquestra do teatro, entre os quais um mulato, que era o primeiro violino. Frau von Langsdorff estava a princípio receosa de que os músicos não comparecessem, pelo que ficou combinado que eu e outro convidado tocaríamos alternadamente ao piano – um

grande piano-forte inglês – mas a orquestra apareceu e teve preferência. Dançou-se até tarde e a numerosa companhia dividiu-se entre a grande sala, a varanda coberta da frente e peças menores muito bem decoradas.[179]

Leithold descreve ainda coisas até certo ponto bizarras, como o ataque de mosquitos aos convidados, fazendo com que ele próprio mantivesse os pés em contínuo movimento, "a saltar como um gafanhoto", para afastá-los de suas meias de seda, e o "calor inverossímel" provocado por enorme quantidade de pessoas em espaço limitado. O viajante prussiano concluiu dizendo ter sido um prazer deixar o baile, pois "nesse aperto, a pisar os pés dos outros, temos todo o tempo que nos desfazer em mesuras e desculpas, quando quereríamos sumir de dor ante semelhantes desagrados"[180].

Outro acontecimento social narrado com fino humor por Leithold foi uma recepção na casa da harpista francesa naturalizada brasileira Demoiselle Jolie, que gozava de muito prestígio por ser a única professora da cidade em seu instrumento. Sempre reclamando do "calor intolerável", o prussiano deixou suas impressões sobre a tão afamada personalidade, cuja feiúra "só a eloqüência e o talento de harpista podiam fazer esquecer":

> Logo reuniram-se diversas pessoas que lhe pediram tocasse algumas variações na harpa. Ela prestou-se a faze-lo e com muita

---

179. Theodor von Leithold e Ludwig von Rango, op. cit., p. 76.
180. Idem, ibidem.

desenvoltura, arrancando das fortes cordas um som comparável ao dos marujos nos cabos, nada agradável e que soava como campainha abafada. Os fidalgos presentes, portugueses e brasileiros, exclamaram com entusiasmo: "Muito bonito! Muito bonito! Muito bonito". Para não ficar atrás, aprovei com a cabeça umas poucas vezes. Demoiselle Jolie assegurou-me ter sido aluna do famoso Naddermann de Paris, que conheci pessoalmente através do falecido Dussec, só que no meu fraco entender e conhecimentos musicais não me pareceu exata sua afirmação. [...] Se Demoiselle Jolie foi de fato aluna desse famoso virtuose, francamente, não lhe faz honra.[181]

A rivalidade entre os membros da nobreza, cada qual querendo ostentar maior pompa, de certa forma propiciou considerável incremento na vida social do Rio de Janeiro. Tal fato se tornava ainda mais evidente quando o evento contava com a presença de algum membro da Família Real. Em uma de suas cartas, Luiz dos Santos Marrocos narra uma recepção oferecida pelo visconde de Vila Nova, que contou com a presença de dona Carlota Joaquina e de suas filhas. Diz Marrocos que "a excellente orquestra vocal e instrumental, Dança, refrescos e tudo o mais q. deveria solemnizar aq.ˡᵉ dia, de tudo o dº Visconde lançou mão p.ª se distinguir mais do Conde da Louzã"[182].

Além das iniciativas particulares, houve na sociedade carioca a possibilidade de ouvir música pela promoção de con-

---

181. Theodor von Leithold e Ludwig von Rango, op. cit., pp. 41-2.
182. Luiz dos Santos Marrocos, op. cit., p. 260 (Carta n. 98, de 23 de fevereiro de 1816).

certos junto a outros divertimentos organizados por grupos específicos com essa finalidade. Ayres de Andrade informa sobre a existência de uma instituição associativa pioneira chamada Assembléia Portuguesa, que, em 1815, foi fundada no Rio de Janeiro e cujos objetivos eram promover passatempos como "jogos carteados, música e dança, sendo expressamente proibidos os jogos de azar". O artigo 8º do projeto de estabelecimento da referida assembléia indica que havia "um concerto e baile extraordinário todas as vezes que um motivo de regozijo público fundamente esta agradável resolução"[183].

A ópera

A denominação casa de ópera que receberam os teatros brasileiros no período colonial era uma forma genérica de se referir ao local onde eram apresentados todo tipo de espetáculo dramático, desde a ópera propriamente dita, como a conhecemos hoje, até representações em que não havia a presença da música. A própria definição do tipo de espetáculo causa dúvidas, pois com freqüência a música era usada tanto para marcar o início da récita quanto um momento de relaxamento entre os atos de uma representação dramática. As aberturas executadas, chamadas *sinfonias* ou *sonatas instrumentais*, muitas vezes não tinham ligação direta com a obra encenada, sen-

---

183. Ayres de Andrade, op. cit., v. I, p. 129.

do usadas para chamar o público para o início do espetáculo. Os intervalos podiam ser preenchidos não só por alguma obra puramente instrumental tocada pela orquestra, mas também por outra representação, curta e de caráter geralmente cômico, chamada *entremez*. O termo, tipicamente lusitano, é derivado do *intermezzo* italiano.

Durante o século XVIII, a produção de espetáculos de ópera no Brasil estava ligada de maneira direta a alguma festividade pública. Existem vários relatos de encenações normalmente mandadas realizar pelo Senado da Câmara ou por alguma autoridade. Um dos registros de que se tem notícia é referente aos festejos realizados na Bahia, em 1760, em comemoração ao casamento da princesa da Beira, futura rainha dona Maria I, com seu tio d. Pedro, irmão do rei d. José I. Na ocasião, foram representadas em praça pública as óperas *Alexandre na Índia*, *Artaxerxes* e *Dido abandonada*. Presente na ocasião, o padre Manuel de Cerqueira Torres avaliou que "cada huma destas óperas foi tão bem executada que agradou a todos"[184]. Os libretos das óperas supracitadas foram musicados por dezenas de compositores, não sendo possível a identificação sobre qual das diferentes versões foi levada à cena.

Em Vila Rica, o governador Luiz de Cunha Menezes ordenou a representação de três óperas e dois dramas em 1786, quando chegou a notícia do casamento de d. João com dona Carlota Joaquina. O musicólogo Francisco Curt Lange nos in-

---

184. Régis Duprat, "A música na Bahia colonial", *Revista de História* (São Paulo, n. 61, 1965), p. 101.

forma ainda a existência de um libreto do poeta inconfidente Cláudio Manuel da Costa (1729-1789) para uma "ópera para ser recitada com música" intitulada *O parnaso obsequioso*[185]. Outros registros dão conta de encenações em localidades distantes dos principais centros urbanos da época, como representações realizadas em Cuiabá, em 1769, em homenagem ao novo governador, Luís Pinto de Souza Coutinho, e em 1772, para a recepção do general Luis Albuquerque de Mello Pereira Cáceres[186]. Na mesma cidade, foi encenada a ópera *Ézio em Roma*, provavelmente na versão de Jommelli, por ocasião do aniversário do ouvidor Diogo de Toledo Lara Ordonhes, em 1790[187]. A mesma ópera também foi encenada na cidade de Meia Ponte, no Estado de Goiás, nos primeiros anos do século XIX. Na falta de teatro apropriado, a ópera foi posta em cena em palco na rua, armado na altura das janelas das casas, que serviam para entrada e saída dos artistas. O interior das residências servia como camarim e bastidores. Outras óperas

---

185. Francisco Curt Lange, "La ópera y las casas de ópera en el Brasil colonial", *Boletín Interamericano de Música* (Washington, OEA), n. 44, novembro de 1964, p. 7. Aproveito aqui a oportunidade de corrigir a informação que apresentei na página 186 de meu livro *A música na Capela Real e Imperial do Rio de Janeiro*: não há comprovação da encenação de *O parnaso obsequioso* em Vila Rica. Curt Lange situa a criação da obra no ano de 1789.

186. Ibidem, p. 4.

187. Lorenzo Mammi, "Teatro em música no Brasil monárquico", em *Festa: cultura e sociabilidade na América portuguesa* (organização de István Jancsó e Íris Kantor, São Paulo, Hucitec/Edusp/Fapesp/Imprensa Oficial, 2001), v. I, p. 41. Lorenzo Mammi acredita que, pela virtuosidade vocal e orquestração já pré-clássica, óperas como *Alessandro Nelle Indie* e *Ézio em Roma* tenham sido encenadas com cortes e adaptações.

representadas em Meia Ponte foram *Aspásia* e *Artaxerxes*, de Metastásio, e *Guerras do Alecrim e Manjerona*, do comediógrafo brasileiro Antônio José da Silva (1705-1739), o "Judeu"[188]. Desse autor, temos referências, ainda em Goiás, de manuscritos das óperas *Labirinto de Creta*, *Anfitrião* e *Os encantos de Medéia*, existentes no arquivo da Banda Phoenix de Pirenópolis, de propriedade da família Pompeu de Pina[189].

A primitiva casa de ópera do Rio de Janeiro abriu as portas em data incerta, provavelmente na década de 1740. Funcionou, a princípio, como teatro de bonecos em tamanho natural, onde os espetáculos contavam com a participação de uma orquestra. O primeiro espetáculo do qual temos informações no Rio de Janeiro é decorrente de um comentário do juiz-de-fora Luiz Antônio Rosado da Cunha, que, após assistir a uma representação de *Felinto exaltado*, achou "excelente a música que a acompanhou". A representação, da qual não há referências sobre o compositor, se deu por ocasião dos festejos da vinda do novo bispo da cidade, d. Antônio do Desterro Malheiro, em dezembro de 1746[190].

---

188. Belkis S. Carneiro Mendonça, "Considerações sobre a música em cidades goianas", *Anais do II Simpósio Latino-Americano de Musicologia*, Curitiba, 21 a 25 de janeiro de 1998 (organização de Elisabeth Prosser e Paulo Castagna, Curitiba, Fundação Cultural de Curitiba, 1999), p. 169.

189. Paulo Roberto Pereira, "A música e a marionete na comédia de Antônio José, o Judeu", *Revista Convergência Lusíada* (Rio de Janeiro, Real Gabinete Português de Leitura/Centro de Estudos/Pólo de Pesquisa sobre Relações Luso-Brasileiras, n. 22, 2006), p. 55.

190. Nireu Cavalcanti, op. cit., p. 172.

Em maio de 1748, o navio de Pierre Sonnerat (1745-1814) esteve ancorado no Rio de Janeiro. Em seu diário de campanha, o navegador e naturalista francês deixou um registro de uma encenação cujo tema versava sobre a conversão de pagãos por Santa Catarina. Na descrição de Sonnerat, as marionetes, "todas ricamente decoradas, tinham a voz e os movimentos suaves". Sobre a parte musical, manifestou-se dizendo que "a orquestra, especialmente os violinos, estava bastante boa. Havia um inglês que tocava brilhantemente a flauta transversal"[191].

Após os bonecos serem substituídos por atores, a casa de ópera passou a ser chamada pela população da cidade de a Ópera dos Vivos. Ficou conhecida ainda como o teatro do padre Ventura, que, segundo as novas informações hoje disponíveis, se chamava na realidade Boaventura Dias Lopes, um carioca nascido em 1710, formado bacharel pela Universidade de Coimbra e mais tarde ordenado padre secular no hábito de São Pedro[192].

O registro da representação da ópera *O precipício de Faetonte*, também sobre texto de Antônio José da Silva, é devido ao novo governador de São Paulo, d. Luís Antônio de Souza, que, a caminho da capitania para assumir seu posto, assistiu em 1765 ao espetáculo que considerou muito divertido e "com excelente música e dança"[193]. Outro registro importante

---

191. Jean Marcel Carvalho França, *Outras visões do Rio de Janeiro Colonial: antologia de textos (1582-1808)* (Rio de Janeiro, José Olympio, 2000), pp. 201-2.
192. Nireu Cavalcanti, op. cit., p. 172.
193. Ibidem, pp. 183; 325.

é o do francês Louis Antoine de Bougainville, em 1767, por ocasião de sua viagem de circunavegação. Ao atracar no porto do Rio de Janeiro, foi recepcionado pelo vice-rei conde da Cunha, que o levou ao teatro.

A atenção que nos dispensava o vice-rei prolongou-se por muitos dias; num dos quais ele nos ofereceu uma pequena ceia – servida à beira-mar sob um caramanchão decorado com flores de laranjeira e jasmins –, seguida de um espetáculo de ópera. Fomos conduzidos até uma bela sala, onde assistimos a uma representação da obra maior de Metastásio, encenada por uma trupe de mulatos, e escutamos alguns extratos dos grandes mestres italianos, executados por uma péssima orquestra dirigida por um padre corcunda em traje eclesiástico.[194]

O repertório apresentado no teatro do padre Boaventura, além de obras do escritor italiano Pietro Trapassi (1698-1782), o dito Metastásio, era constituído de comédias de Antônio José da Silva, a essa altura autor consagrado em Lisboa depois de suas representações no teatro do Bairro Alto. A música para algumas de suas peças, como *Guerras do Alecrim e Manjerona* e *Variedades de Proteu*, foi composta pelo compositor português Antônio Teixeira.

Em uma noite nos idos de 1776, enquanto era encenada *Os encantos de Medéia*, de Antônio José da Silva, a casa de ópera de Boaventura foi completamente destruída pelas chamas.

---

194. Jean Marcel Carvalho França, op. cit., 2000, 2. ed., pp. 119-20.

A Ópera Nova e o Teatro Régio

Durante alguns anos, a cidade pôde contar com duas casas de ópera. Antes de 1760, também por iniciativa de Boaventura Dias Lopes, um novo teatro foi inaugurado no Rio de Janeiro, tendo sido construído em terreno disponível ao lado do paço residencial do vice-rei[195]. A Ópera Nova, como passou a ser chamada, foi arrendada por Luís Marques Fernandes e por ele administrada até 1772, quando voltou às mãos do padre Boaventura. No mesmo ano, já sem forças para continuar na atividade de empresário teatral, Boaventura doou o teatro para seu irmão, o alferes Luís Dias de Souza, que em 1775 concedeu sociedade ao empresário português Manoel Luiz Ferreira[196].

Sendo Manoel Luiz um homem de posses e administrador competente, o teatro funcionava com regularidade e possuía elenco próprio e uma orquestra[197]. Na Ópera Nova, foi encenada em 1778 a ópera *Zára*, de autor desconhecido, segundo consta em uma parte de contrabaixo pertencente ao acervo de manuscritos do musicólogo Francisco Curt Lange. Na página de rosto da referida parte consta a informação de que a instrumentação da ópera era de dois oboés, duas trompas e seção de cordas, incluídas as violas. Em nota

---

195. Local onde fica hoje a Assembléia Legislativa do Estado do Rio de Janeiro.
196. Nireu Cavalcanti, op. cit., p. 174.
197. Ayres de Andrade, op. cit., v. I, p. 66.

anexa, o copista ou o proprietário do material escreveu: "Representada no Teatro do Rio de Janeiro em 18 de novembro de 1778"[198].

Foi ainda na Ópera Nova que se apresentou a mais famosa cantora brasileira da época, a mulata Joaquina da Conceição. Após sua apresentação no Rio de Janeiro, Lapinha, como era conhecida, ganhou fama em Portugal pela participação em concertos nas cidades do Porto e Lisboa. Na capital portuguesa, estreou em 24 de janeiro de 1795 no Real Teatro São Carlos, quando cantou árias e conjuntos de óperas dos italianos Giuseppe Sarti (1729-1802) e Giovanni Paisiello (1740-1816) e do português Antônio Leal Moreira[199]. A *Gazeta de Lisboa* publicou uma crítica onde fez elogios ao desempenho da cantora:

> [...] na harmoniosa execução do seu canto excedeo a expectação de todos: forão geraes e muito repetidos os aplausos que expressavão a admiração que causou a firmeza, e sonora flexibilidade da sua voz, reconhecida por uma das mais bellas, e mais próprias para o Theatro.[200]

No Porto, participou de dois concertos, o primeiro em 29 de dezembro de 1795 e o segundo em 3 de janeiro de 1796.

---

198. Francisco Curt Lange, op. cit., 1964, p. 7.
199. O anúncio do concerto, publicado na *Gazeta de Lisboa* em 16 de janeiro de 1795, não informa de quais óperas faziam parte os trechos apresentados. Os compositores são mencionados pelo sobrenome, sendo o *Leal* possivelmente Antônio Leal Moreira.
200. Manuel Carlos de Brito, *Estudos de história da música em Portugal* (Lisboa, Estampa, 1989), p. 180.

Presente na ocasião um viajante sueco de nome Ruders, este fez o seguinte comentário:

> A terceira actriz chama-se Joaquina Lapinha. É natural do Brasil e filha de uma mulata, por cujo motivo tem a pele bastante escura. Este inconveniente porém remedeia-se com cosméticos. Fora disso tem uma figura imponente, boa voz e muito sentimento dramático.[201]

Lapinha voltou para o Rio de Janeiro, onde se tornou grande intérprete de José Maurício Nunes Garcia, tendo recebido a dedicatória de *O triunfo da América*, música de cena composta pelo compositor em 1809.

Antes da chegada de d. João, a Ópera Nova abrigou pelo menos dois espetáculos. Em data ignorada durante o governo do vice-rei Luis de Vasconcelos e Souza, entre 1779 e 1790, foram encenadas *L'italiana in Londra*, de Domenico Cimarosa (1749-1801), e *La pietà d'amore*, de Giuseppe Millico (1737-1802)[202]. Tendo sido esta última composta em Nápoles, em 1782, e considerando o tempo que levaria para chegar ao Brasil, é presumível que tais espetáculos tenham sido levados à cena nos últimos anos do governo de Vasconcelos. Chama a atenção ainda a contemporaneidade do repertório, recém-composto e com seus autores ainda vivos e atuantes na Itália.

O oficial da marinha britânica James Kingston Tuckey deixou um relato de sua estada de vinte dias no Rio de Janei-

---
201. Ibidem, p. 182.
202. Ayres de Andrade, op. cit., v. i, p. 67.

ro, em julho de 1803, e descreveu como seria a Ópera Nova no início do século XIX:

> A casa da ópera, com capacidade para cerca de 600 pessoas, abre às quartas, domingos e feriados. São aí encenadas, indistintamente, tragédias, comédias e óperas, com entreatos e entremezes. Os diálogos são em português, mas as letras das músicas, em italiano. A casa é muitíssimo mal equipada e as cenas têm uma decoração miserável.[203]

A Ópera Nova não servia apenas de palco para os artistas da cidade. Manoel Luiz, empresário com bom trânsito entre as autoridades locais, alugava o teatro para outros eventos. Em 1806, o Senado da Câmara reservou o espaço para a posse do conde dos Arcos como vice-rei[204].

De poucos meses antes da chegada de d. João é a descrição do falsário inglês James Hardy Vaux. Em sua viagem de volta à Inglaterra, após alguns anos de prisão na Austrália, fez escala no Rio de Janeiro, onde chegou em 22 de maio de 1807. Vaux freqüentou a casa de ópera, onde constatou que eram "representadas comédias e farsas praticamente desprovidas de música vocal". Após descrever sucintamente o espaço, concluiu dizendo que a música era "excelente e a orquestra numerosa"[205].

Quando d. João chegou ao Rio de Janeiro, a Ópera Nova era a única casa de espetáculos da cidade. Estava, porém, muito

---

203. Jean Marcel Carvalho França, op. cit., 2000, p. 263.
204. Lafayete Silva, *História do teatro brasileiro* (Rio de Janeiro, Ministério da Educação e Saúde, 1938), p. 22.
205. Jean Marcel Carvalho França, op. cit., pp. 306-7.

distante em tamanho e qualidade do teatro São Carlos de Lisboa, onde a corte portuguesa assistia às produções de óperas e onde imperava o repertório italiano. O edifício acanhado que Luccock julgou como uma "casa miserável, apertada e sombria", e com camarotes "quentes a mais não poder", sofreu imediatamente reformas para que pudesse honrar a presença do príncipe regente e dos demais membros da Família Real[206]. O pano de boca original, pintado pelo artista local Leandro Joaquim (ca. 1738–ca. 1798), foi substituído por outro de autoria de José Leandro de Carvalho (17(?)–1834). O espaço interno foi remodelado para abrigar número maior de camarotes. A decoração foi refeita com o luxo digno do príncipe regente. Em função dessas iniciativas que melhoraram o aspecto e o conforto de seu teatro, Manoel Luiz foi autorizado por d. João a mudar o nome de sua casa de ópera para Teatro Régio.

Sobre a orquestra que lá atuava, Luccock a ela se referiu como "reduzida, inconveniente e mal recrutada"[207]. É provável que as observações de Luccock tenham sido feitas antes da chegada de novos músicos vindos de Portugal, fato que deve ter contribuído para a melhora do desempenho da orquestra. Soma-se a isso a pouca familiaridade dos músicos locais com o repertório operístico, que não abordavam com freqüência, tendo em vista estarem mais acostumados às obras para igreja, as quais representavam o dia-a-dia de sua atividade profissional.

Muitas informações sobre os espetáculos encenados não ficaram registradas em documentos. Por sua vez, alguns viajantes

---

206. John Luccock, op. cit., pp. 60-1.
207. Ibidem, p. 61.

podem tê-los ignorado em seus relatos. É provável que a quantidade de espetáculos fosse maior que aqueles que, hoje sabemos, foram efetivamente produzidos. A maneira informal como eram divulgados, com *avisadores* percorrendo a cidade anunciando aos gritos as récitas, também contribuiu para a falta de registro.

Entre 1808 e 1809, três obras do padre José Maurício dominaram o palco do Teatro Régio. Como compositor essencialmente sacro, a música de cena deveria ser abordada com certa cerimônia por José Maurício, já que o gênero dramático lhe era pouco familiar. A primeira obra foi um *Coro em 1808* CPM 227, escrito "Para o Benefício de Joaquina Lapinha". A obra curta, com texto laudatório em estrofe única, revela os dotes vocais da intérprete que impressionara o público português na década anterior[208].

Do ano seguinte foi *Ulissea* CPM 229, um "drama eroico" de autoria de Miguel António de Barros (1772-1827), para o qual José Maurício compôs a música incidental. A obra, além dos coros e árias, tem uma abertura que está ausente do manuscrito autógrafo. No *caput* da partitura vem escrita a informação de que "A Overtura he a da trovoada levantando logo o panno". Os estudos do musicólogo Sérgio Dias indicam que a abertura *Zemira* pode ter sido a peça utilizada por José Maurício como introdução para a *Ulissea*, por ocasião de sua estréia no Teatro Régio, em 24 de junho de 1809[209].

---

208. Sérgio Dias, "José Maurício Nunes Garcia: do coro à ribalta", *Anais do V Encontro de Musicologia Histórica*, Juiz de Fora, 19 a 21 de julho de 2002 (Juiz de Fora, Centro Cultural Pró-Música, 2004), pp. 118-9.
209. Ibidem, pp. 122-4.

A terceira obra cênica de José Maurício era aquela dedicada à cantora Lapinha. *O triunfo da América* CPM 228 foi composto a partir de libreto de d. Gastão Fausto da Câmara Coutinho (1772-1852), membro da marinha portuguesa e capitão de uma das fragatas que integraram a esquadra que trouxe a Família Real para o Brasil em 1808. Como literato, deixou dramas alegóricos, elogios dramáticos e obras teóricas. Para o texto de Câmara Coutinho, José Maurício criou alguns poucos números musicais: uma ária para a personagem *América*, papel que coube a Lapinha defender, um coro interno e um coro final. Os demais papéis são todos falados. O musicólogo Sérgio Dias suspeita de que a obra possa estar incompleta, havendo possibilidade de José Maurício ter composto outra ária para a personagem Vingança e uma abertura que era de praxe em espetáculos cênicos com música[210]. O libreto de *O triunfo da América* foi editado pela Imprensa Régia em 1810.

Não se esgota aí a produção para teatro de José Maurício, tendo ele escrito ainda uma quarta peça. De data ignorada, trata-se de *Le due gemelle*, a única ópera composta pelo compositor. Certa polêmica gira em torno da representação ou não da obra em 17 de dezembro de 1809, em comemoração ao aniversário de dona Maria I. As dúvidas são causadas por um documento de 3 de dezembro de 1809, enviado da Fazenda de Santa Cruz para o conde de Aguiar, no qual é relatada pelo conde de Linhares a grande contrariedade de

---

210. Ibidem, p. 120.

d. João pelo fato de a "bela pessa em música composta pelo padre J. Maurício" estar sendo "tão pouco ensaiada pelos músicos e com tal negligência". As ordens de d. João determinam que, "de manha e de tarde, se façam os ensaios da sobredita pessa, que nenhuma outra seja ensaiada neste intervalo e que de todo modo se procure que a mesma vá ao sobredito dia em cena e vá dignamente"[211].

Ayres de Andrade sustenta que a "bela pessa" referida no documento "só podia ser *Le due gemelle*", e que a obra pôde "ser cantada na data aprazada", no Teatro Régio[212]. Os argumentos de Ayres de Andrade são pouco convincentes. Discorda deles Cleofe Person de Mattos ao dizer que "não se pode confirmar se a 'bela pessa' foi ou não ouvida", e que "um pouco de reflexão" faz com que a escolha recaia não sobre *Le due gemelle*, mas sobre "composições datadas do mesmo ano", ou seja, a *Ulissea* ou *O triunfo da América*, ambas de 1809[213]. A mais importante estudiosa da vida e da obra de José Maurício sustenta que *Le due gemelle* foi escrita por "encomenda de d. João e certamente destinada ao Real Theatro São João", o que situa sua composição entre 1813 e 1821[214].

Segundo Manuel de Araújo Porto Alegre, baseado em informação "de próprio punho" do compositor, a partitura de

---

211. Cleofe Person de Mattos, op. cit., 1997, pp. 79-80. Cleofe Person de Mattos apresenta duas diferentes versões para a transcrição do documento. Cf. idem, op. cit., 1970, pp. 378-9.
212. Ayres de Andrade, op. cit., v. I, pp. 68-9.
213. Cleofe Person de Mattos, op. cit., 1997, pp. 80 e 236.
214. Idem, op. cit., 1970, p. 379.

Le due gemelle se encontrava de posse do compositor Marcos Portugal, nomeado em 1811 inspetor e diretor "dos espetáculos que se destinarem para os dias em que Sua Alteza Real for ao teatro"[215]. De sua aprovação dependia a escolha das obras a serem encenadas no Teatro Régio e, mais tarde, no teatro São João. A partitura de *Le due gemelle* provavelmente estava sendo avaliada pelo compositor antes de ser levada à cena. A obra não necessitaria ser submetida ao julgamento prévio de Marcos Portugal caso já tivesse sido executada na presença de d. João, que a teria considerado uma *bela peça*.

Toda essa polêmica em torno da ópera de José Maurício se deve ao fato de a partitura ter se perdido em 1824, durante o incêndio que destruiu o teatro São João. A partir de estudos do musicólogo Rogério Budasz, sabemos que *Le due gemelle* era uma ópera cômica, e que José Maurício utilizou um libreto outrora musicado por vários compositores italianos. Provavelmente, a obra jamais foi levada à cena[216].

Os últimos anos de atividade do Teatro Régio foram marcados pela estréia no Rio de Janeiro de óperas antigas de Marcos Portugal, encenadas para comemorar o aniversário de dona Maria I. Em 17 de dezembro de 1811, foi ao palco a ópera cômica *L'oro non compra amore*, tendo no elenco uma intérprete freqüente de obras do compositor português, a re-

---

215. Ayres de Andrade, op. cit., v. I, p. 70.
216. Rogério Budasz, "Perspectivas para o estudo da ópera e teatro musical no Brasil do período colonial ao primeiro reinado", *Anais do VI Encontro de Musicologia Histórica*, Juiz de Fora, 22 a 25 de julho de 2004 (organização de Paulo Castagna, Juiz de Fora, Centro Cultural Pró-Música, 2006), p. 31.

cém-chegada cantora italiana Marianna Scaramelli. Participaram ainda os brasileiros João dos Reis Pereira e Lapinha. Na mesma data do ano posterior, foi encenada a ópera séria *Artaserse*, que estreara em Lisboa em 1806[217].

O Teatro Régio também foi palco das primeiras apresentações de balé da tradição clássica francesa. O bailarino e coreógrafo Louis Lacombe chegou ao Rio de Janeiro em 13 de julho de 1811, acompanhando a esposa, a mencionada cantora Marianna Scaramelli. Ao chegar, fez-se anunciar na *Gazeta do Rio de Janeiro* para "todas as pessoas civilizadas desta cidade", propondo-se a "ensinar suas lições de dança" para "todas as pessoas que lhe quiserem fazer a honra de tomar suas lições"[218].

No mesmo espetáculo que levou à cena *L'oro non compra amore*, foi apresentado o balé *I due rivali*, provavelmente a primeira manifestação de balé clássico em solo brasileiro. Em 1812, após a récita de *Artaserse*, foi apresentada outra criação de Lacombe, o "bailado sério, fabuloso e pantomímico em três atos" intitulado *Apolo e Dafne*, que contou com as solistas Francisca Carnevali e Anna Giorgi Ricciolini, além de bailarinos brasileiros[219]. Nada se sabe sobre as músicas que apoiaram as coreografias de Lacombe. A história da dança clássica no Brasil ainda está à espera de seu pesquisador.

---

217. Ayres de Andrade, op. cit., v. I, pp. 69-71.
218. Jurandir Malerba, op. cit., pp. 165-6.
219. Ayres de Andrade, op. cit., v. I, pp. 70-1.

O teatro São João: os primeiros anos

A única casa de espetáculos do Rio de Janeiro por ocasião da vinda de d. João, mesmo depois de reformada e ampliada, não estaria de acordo com a expectativa daqueles que, recém-chegados à Colônia, estavam acostumados a um teatro grandioso, como o lisboeta São Carlos. Os recursos técnicos e cênicos decerto eram muito limitados, e a falta de tradição na produção de espetáculos mais sofisticados deixaria os profissionais de palco na categoria quase de amadores.

A iniciativa para a construção de um novo teatro lírico para a cidade partiu do cidadão Fernando José de Almeida, que acabara de adquirir um terreno no largo do Rocio, defronte à igreja da Lampadosa[220]. O projeto, de autoria de João Manuel da Silva, era baseado no teatro São Carlos de Lisboa, que, por sua vez, fora inspirado no São Carlos de Nápoles. A construção foi custeada "sem dispêndio das rendas públicas", mas com fundos recolhidos entre os grandes comerciantes da cidade. Com as etapas iniciais cumpridas, terreno, planta e recursos, não demorou a chegar a autorização de d. João para que a construção fosse iniciada. Tal autorização, dada por intermédio de um decreto baixado em 28 de maio de 1810, reconhecia ser "absolutamente necessário nesta capital que se erija um teatro decente e proporcionado à população"[221].

---

220. Na atual praça Tiradentes, no local em que se ergue hoje o teatro João Caetano.
221. Ayres de Andrade, op. cit., v. I, p. 109. A íntegra do decreto de criação do teatro São João pode ser lida na *Collecção das leis do Brazil de 1810* (Rio de Janeiro, Imprensa Nacional, 1891), pp. 112-3.

Pelo mesmo decreto, o príncipe regente autorizou ainda a isenção das taxas alfandegárias, a extração de seis loterias "para seu maior asseio e mais perfeita conservação", e colocou o teatro sob sua proteção, permitindo que se chamasse Real Teatro São João.

Para o início das obras foram utilizadas as pedras de cantaria que havia muitos anos se encontravam sem serventia no largo de São Francisco, com a paralisação definitiva da construção da nova sé da cidade.

Após três anos, foi marcada a data de inauguração para 12 de outubro de 1813, "dia felicíssimo por ser o natalício do Sereníssimo Senhor d. Pedro de Alcântara, Príncipe da Beira". Surpreendentemente, a peça executada na noite de inauguração não foi de autoria de Marcos Portugal, como seria de esperar: a escolha recaiu sobre *O juramento dos numes*, libreto de d. Gastão Fausto da Câmara Coutinho, "adornado com muitas peças de Música da composição de Bernardo José de Souza Queirós", como noticiou a *Gazeta do Rio de Janeiro*[222].

O pesquisador Lino de Almeida Cardoso acredita que o fato de uma obra de Souza Queirós ter sido escolhida para a inauguração do teatro São João "indica mais uma vez o exagero da idéia, fortemente firmada na historiografia, de que Marcos Antônio da Fonseca Portugal teria 'monopolizado' o cenário musical carioca"[223]. O argumento de Cardoso não parece ser suficiente para desmontar essa idéia. Primeiramente, há o equívo-

---

222. *Gazeta do Rio de Janeiro*, n. 83, 16 de outubro de 1813.
223. Lino de Almeida Cardoso, op. cit., p. 128.

co de afirmar que Souza Queirós é "um compositor brasileiro, de quem temos, atualmente, escassas informações"[224].

O compositor de *O juramento dos numes* era português, como comprova nota manuscrita colocada na partitura de sua ópera *Zaíra*, onde se refere a Lisboa como sua "terra natal"[225]. Foi aluno do Seminário Patriarcal e transferiu-se para o Brasil possivelmente em 1810, quando passou a receber um estipêndio anual de 240 mil réis para "fazer as composições de Muzica que lhe forem por Ordem [...] determinadas"[226]. Sua transferência para o Rio de Janeiro parece estar diretamente ligada ao início das obras do teatro São João, do qual foi *mestre e compositor*. Nessa condição, talvez tivesse a precedência na composição da obra para a inauguração do novo teatro. Contrapõe-se a isso o fato de não serem conhecidos registros de outras obras de Souza Queirós compostas para o teatro São João.

Marcos Portugal, por sua vez, pode ter considerado insuficientes as condições oferecidas para a encenação de uma de suas óperas, uma vez que a abertura do teatro São João parece ter dado início à tradição de políticos brasileiros inaugurarem obras inacabadas. Na verdade, a construção ainda não estava de todo concluída, e a sala de espetáculos, insuficientemente aparelhada,

---

224. Ibidem.
225. André Cardoso, "Jerônimo de Souza Lobo no panorama da música mineira do século XVIII", *Anais do II Simpósio Latino-Americano de Musicologia*, Curitiba, 21 a 25 de janeiro de 1998 (organização de Elisabeth Prosser e Paulo Castagna, Curitiba, Fundação Cultural de Curitiba, 1999), pp. 135-65.
226. Cleofe Person de Mattos, op. cit., 1997, p. 245.

Real Teatro São João.
Thomas Ender. Acervo da Academia de Belas-Artes de Viena.

ainda não dispunha de muitos dos apetrechos necessários ao bom manejo da cenografia. Tal fato pode explicar a total ausência de espetáculos durante mais de um ano. Na realidade, as deficiências técnicas permaneceriam por muitos anos e provavelmente não foram jamais superadas. É o que se pode deduzir com base nas impressões da inglesa Maria Graham anotadas em seu diário de viagem. Em 8 de janeiro de 1822, ela registra sua ida ao teatro São João, que considerou "muito bonito, em tamanho e proporções" e com camarotes confortáveis, mas com a "maquinaria e decorações deficientes"[227].

227. Maria Graham, op. cit., p. 212.

São conhecidas poucas obras de Souza Queirós. A mencionada *Zaíra* está guardada repartidamente entre a Biblioteca da Ajuda e a Biblioteca do Paço Real de Vila Viçosa, em Portugal. Segundo Rogério Budasz, "*Zaíra* provavelmente não é a primeira ópera a ter sido composta no Brasil mas é a mais antiga cuja partitura sobrevive"[228].

Ainda em Vila Viçosa, restou incompleto o *Entremez da Marujada*, que tem como curiosidade o fato de incluir um lundu, a dança afro-brasileira que escandalizava muitos viajantes que por aqui passavam.

No Rio de Janeiro, a Biblioteca da Escola de Música da UFRJ guarda, além de *O juramento dos numes*, o entremez *Os doidos fingidos por amor*, cuja orquestra comporta pares de flautas, clarinetas, fagotes, trompas e clarins, além de cordas completas. São dez números musicais tendo nada menos que seis árias para as diferentes personagens, além de um dueto, um trio e dois coros, ao início e encerrando a obra. O material não indica a presença de uma abertura.

As últimas referências encontradas sobre Bernardo José de Souza Queirós o mostram ainda atuante em 1830 no posto de mestre compositor do teatro de ópera da cidade, àquela altura já chamado de São Pedro de Alcântara[229].

---

228. Rogério Budasz, op. cit., p. 32. O dramaturgo francês Jacques Arago (1790-1855) assistiu no Rio de Janeiro, entre 1817 e 1818, a uma encenação de uma *Zaíra* com "belíssima decoração". Não se sabe, entretanto, se era aquela com música de Souza Queirós (apud Lino de Almeida Cardoso, op. cit., p. 139).

229. Ayres de Andrade, op. cit., v. II, p. 218.

Consultando o material manuscrito de *O juramento dos numes* – provavelmente aquele utilizado na noite de abertura do teatro –, podemos ver que se trata de uma peça em ato único com 12 números musicais, incluindo uma abertura, coros, recitativos e árias.

A orquestração está posta para pares de flautas, oboés, clarinetas, fagotes, trompas e clarins e uma seção de cordas com o naipe das violas dividido. O coro é organizado com um único naipe feminino (sopranos), tenores divididos (I e II) e baixos.

Apesar das referências à mitologia grega, o libreto aborda o momento histórico pelo qual haviam passado os portugueses, com seu país invadido pelo exército de Napoleão: "Às armas, Luzos, brioza gente", diz o texto. É ao mesmo tempo um elogio a d. João, não sendo economizados os elogios em frases como "Príncipe Excelsso que regeis clemente o mundo antigo e novo" ou ainda:

> Salve Príncipe Excellente
> Salve Ditoza Nação
> Que dais ao mundo oprimido a suspirada união
> De grandes sucessos a mão justiceira
> Vos abre a carreira de eterno clarão
> Nos fastos lustrosos de Lysia incansável
> Será memorável hum Sexto João

As referências à guerra com os franceses no espetáculo de abertura não ficaram restritas ao libreto de *O juramento dos numes*. Após a encenação da obra principal "seguiu-se a apparatosa peça intitulada *Combate do Vimeiro*", representando a batalha na qual soldados portugueses e ingleses expulsaram as tropas de Junot de Portugal em 1809[230].

Na verdade a temática do espetáculo inaugural do teatro São João pode ter sido determinante para a escolha de Souza Queirós como compositor ao invés de Marcos Portugal. Sendo um assunto da história recente e com um libreto inédito exaltando os feitos militares de Portugal na guerra contra Napoleão, seria necessária a composição de música nova. No período em que viveu no Brasil, Marcos Portugal optou por encenar os títulos que já havia produzido nos palcos europeus, não tendo composto nenhuma nova ópera. Diante da necessidade de se encenar um espetáculo inédito, Marcos Portugal pode ter optado por passar tal função para Souza Queirós.

Após a inauguração, apenas em 17 de dezembro de 1814, uma outra produção subiu à cena, em homenagem ao aniversário de dona Maria I. Trata-se de *Axur, Ré d'Ormuz* do italiano Antônio Salieri (1750-1825) em parceria com Lorenzo da Ponte, o célebre libretista das principais óperas de Mozart. Em 1815 pode ter sido apresentada a ópera *La Griselda* de Ferdinando Paër (1771-1839). Embora não haja provas documentais mais consistentes, as referências encontradas nas *Memórias do Padre Perereca* e a existência de um libreto na Biblioteca da Ajuda são indícios que não devem ser desprezados[231].

---

230. *Gazeta do Rio de Janeiro*, n. 83, 16 de outubro de 1813.
231. Paulo Mugayar Kühl, *Cronologia da ópera no Brasil – século XIX (Rio de Janeiro)* (Campinas, Unicamp/Instituto de Artes/Cepab, 2003), pp. 4 e 18.

O ano de 1816 é marcado pelo falecimento de dona Maria I, e o longo período de luto fez suspender todos os espetáculos públicos. O período inicial das atividades do teatro São João ficou caracterizado por um constante recomeço. A formação dos quadros técnicos para os diversos setores envolvidos na produção dos espetáculos foi prejudicada com as interrupções. As atividades musicais ficaram restritas ao interior das casas e igrejas. No dizer de Cleofe Person de Mattos, o dobrar dos sinos, as orações e ladainhas que se seguiram ao anúncio da morte da Rainha, aliados ao luto pesado, transformaram o Rio de Janeiro "numa cidade diferente, na imagem e no som"[232].

As solenes exéquias de dona Maria I

Certos momentos da história, dependendo de como são vividos e interpretados, ficam marcados menos pelos eventos que os geraram que por suas conseqüências. Para aqueles que ainda guardavam os ideais de Joaquim José da Silva Xavier, a falecida rainha tinha sido a responsável pela cruel execução do Tiradentes em 21 de abril de 1792. Ironicamente, a invasão de Portugal fez com que a algoz do Inconfidente se transferisse para a cidade onde ele havia sido executado, passando a residir no Convento das Carmelitas, praticamente em frente ao local onde ficou preso, a antiga cadeia pública.

---

232. Cleofe Person de Mattos, op. cit., 1997, p. 120.

Para os que apoiavam a monarquia, dona Maria I havia sido aquela que evitara a independência da colônia, tão prejudicial que seria aos interesses do Reino. A prisão de alguns rebeldes e a execução de Tiradentes foram um preço justo pela ousadia e ao mesmo tempo servira de exemplo para outros que quisessem se aventurar pelo mesmo caminho. De acordo com o Padre Perereca, a rainha morreu "carregada de anos, oprimida de moléstias, cumulada de virtudes e merecimentos"[233].

Para a história da música brasileira, dona Maria I foi apenas aquela cuja morte deu oportunidade ao nascimento de algumas das melhores obras de Marcos Portugal e do padre José Maurício Nunes Garcia.

A mãe de d. João faleceu no dia 20 de março de 1816, após um longo período de desequilíbrio mental. A riqueza de detalhes com que o Padre Perereca narra os eventos fúnebres que se seguiram até o sepultamento no Convento da Ajuda torna desnecessário que sejam aqui abordados. As exéquias de trigésimo dia *post obitum* foram realizadas na Capela Real em cerimônia noturna cuja parte especificamente musical foi assim descrita:

> [...] os ilustríssimos cônegos cantaram as lições cujos responsórios cantaram os músicos da Real Câmara e Capela, os quais desempenharam a muito excelente composição dos mesmos responsórios, que dirigiu o seu autor, Marcos Antônio Portugal.[234]

---

233. Luis Gonçalves dos Santos (Padre Perereca), op. cit., v. II, p. 46.
234. Ibidem, p. 59.

Não há informação sobre qual ofício fúnebre de Marcos Portugal foi executado, mas pode ter sido a obra já anteriormente utilizada durante as exéquias de d. Pedro Carlos em 1812: uma obra adaptada de outra composta para Mafra para vozes masculinas e seis órgãos que infelizmente encontra-se quase que totalmente perdida.

O ofício, iniciado às sete horas, terminou por volta da meia-noite. No dia seguinte pela manhã, às dez horas e trinta minutos, os músicos já estavam novamente a postos para o início da missa de réquiem. Mais uma vez vamos utilizar o Padre Perereca como narrador:

> [...] começou a missa pontifical cuja música era também composição do insigne Marcos, que dizem os professores, que em toda ela pareceu exceder-se a si mesmo, e que na seqüência igualou ao grande Davi Peres.[235]

Eis aqui o primeiro depoimento que avalia positivamente o réquiem composto por Marcos Portugal para as exéquias de dona Maria I – depoimento abalizado, já que feito pelos próprios músicos que o executaram pela primeira vez e transmitido através da pena do Padre Perereca.

Na página de rosto da cópia manuscrita do acervo do Cabido Metropolitano do Rio de Janeiro, a obra é referida como *Missa de Mortos com todo o instrumental para se executar na*

---

235. Ibidem, p. 60.

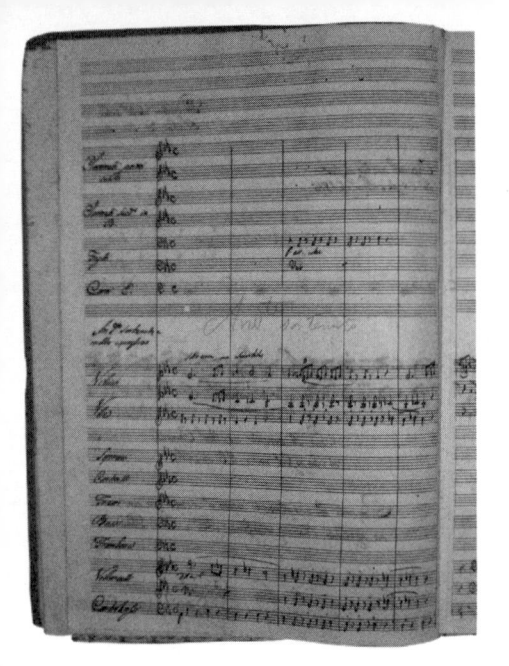

Réquiem de Marcos Portugal, 1816. Acervo do Cabido Metropolitano do Rio de Janeiro.

Real Capella do Rio de Janeiro no dia 23 de abril. Podemos notar a curiosa instrumentação da obra, em que estão ausentes os oboés, mas com as clarinetas em quatro partes independentes, além de pares de flautas, fagotes, trompas, trompetes, um trombone e tímpanos. A seção das cordas apresenta o naipe dos violoncelos dividido em duas partes.

Um rápido exame da partitura nos revela algumas peculiaridades do *Réquiem em mi bemol* de Marcos Portugal. O compositor manteve seu estilo, baseado na bela linha do canto e acompanhamento simples da orquestra apoiando os solos. Alguns instrumentos recebem partes mais destacadas ou solos importantes, como a primeira clarineta no *Et gratia tua* ou a trompa no *Tuba Mirum*. O compositor procurou variar a orquestração, buscando coloridos específicos para os diferentes momentos do texto. Em alguns trechos, a orquestra fica reduzida às cordas ou cordas com fagotes. O *tutti* orquestral é guardado para passagens corais mais densas e dramáticas como o *Dies Irae*. A dramaticidade, própria da cerimônia a que se destinava a obra, é reforçada pelo uso freqüente de ritmos pontuados em andamentos moderados e até mesmo pela inclusão de recitativos. O coro se movimenta em blocos sem nenhum trabalho contrapontístico de maior destaque. As partes para solistas se apresentam bastante ornamentadas e com passagens de certa dificuldade em função das coloraturas. A inclusão de fermatas em pontos específicos propicia a realização de pequenas cadências.

Algumas das características aqui descritas superficialmente não são, entretanto, exclusivas de Marcos Portugal, mas, antes, clichês típicos da música sacra daquele período. Infelizmente, aquela que é considerada uma das melhores obras de Marcos Portugal ficou muitos anos praticamente inédita e esquecida. Apenas recentemente foi editorada. Uma das últimas vezes em que pôde ser ouvida foi em 11 de outubro de 1902, dirigida pelo músico Miguel Normandia, segundo nota manuscrita colocada na partitura. Não há referências sobre outras execuções da obra durante o século XX, pelo menos no Brasil[236].

Ainda pela partitura ficamos sabendo o nome de dois dos solistas que atuaram na estréia da obra em 23 de abril de 1817: o tenor António Pedro Gonçalves e o baixo João dos Reis Pereira.

As obras escritas por José Maurício que estão diretamente ligadas às cerimônias fúnebres em honra da falecida rainha são o *Ofício* e a *Missa dos Defuntos*, CPM 186 e CPM 185 respectivamente. Divergem em caráter, entretanto, daquela de Marcos Portugal. A primeira razão está na motivação pelas quais

---

236. A editoração do réquiem de Marcos Portugal foi realizada por Antônio Campos Monteiro Neto.

foram compostas, pois, no mesmo dia da morte da rainha, faleceu também a mãe de José Maurício. Mesmo tendo recebido ordem para compor as obras em homenagem à dona Maria I, não há como não associar ao passamento de sua própria mãe os sentimentos que marcam musicalmente tanto o ofício quanto a missa. O luto imposto a toda a cidade pela morte da rainha era, em José Maurício, real e profundo, e seu drama pessoal vai estar presente em cada nota colocada na pauta. O réquiem "fora escripto com lágrimas bem intimas e sinceras", afirmaria anos mais tarde Visconde de Taunay[237].

Outro ponto de divergência está no estilo musical adotado por José Maurício. Compositor essencialmente sacro, o padre-mestre renunciou, nessas obras, aos efeitos teatrais de procedência italiana que passara a adotar em função do gosto da corte, elegendo então outro modelo. O classicismo vienense possivelmente já vinha seduzindo José Maurício havia algum tempo, e as conexões musicais explícitas entre seu réquiem e o de Mozart asseguram o conhecimento que o compositor tinha dessa obra antes de 1816.

O ofício e a missa guardam estreita afinidade musical entre si, mas, tendo sido criadas para duas cerimônias distintas, podem ser executadas em separado. Ambas foram escritas originalmente com a mesma orquestração para cordas com as violas divididas, duas clarinetas e duas trompas. O réquiem, porém, foi ampliado. Uma nota autógrafa indica "com oboi, clarins e timbales", e partes avulsas igualmente autógrafas incluem ain-

---

237. Visconde de Taunay, op. cit., p. 12.

da as flautas e os fagotes. Em alguns trechos do ofício são antecipados motivos do réquiem, principalmente a partir do oitavo responsório, quando a obra caminha para sua conclusão, como os compassos introdutórios do *Libera me* do nono responsório, que são os mesmos do intróito do réquiem[238].

Cleofe Person de Mattos destaca o "caráter cada vez mais sombrio do ofício a partir do sétimo responsório", em que momentos quase amáveis contrastam com sentimentos de temor e a perturbação crescente se transforma em pânico. Esse caráter sombrio pode ser avaliado, segundo a autora, "nos tons escolhidos tanto quanto no cromatismo das harmonias"[239].

A missa de réquiem está escrita no estilo cantata, ou seja, com o texto litúrgico dividido em partes, onde se alternam trechos corais, árias e conjuntos. Embora seja o mesmo procedimento utilizado por Mozart, a divisão adotada por José Maurício difere de início pela inclusão de um gradual após o intróito e por menos subdivisões no texto da seqüência e do ofertório. O *Sanctus*, por sua vez, em seus primeiros compassos, possui um esquema harmônico *rigorosamente idêntico, inclusive as inversões dos acordes*, além de o tratamento rítmico e prosódico do texto ser *bastante semelhante*.

As obras se distinguem em seu final, em que o expediente utilizado por Franz Xaver Süssmayer (1766-1803) para con-

---

238. Cleofe Person de Mattos, "Pesquisa e texto", em José Maurício Nunes Garcia, *Ofício 1816* (Rio de Janeiro, Funarte/INM/Pro-Memus, 1982), p. 37.
239. Cleofe Person de Mattos, op. cit., 1982, pp. 36-7.

cluir a inacabada obra de Mozart (ou seja, o reaproveitamento da música do *Kyrie*) não é seguido pelo compositor brasileiro, que opta por um caminho distinto. O tratamento homófono da parte coral e o acompanhamento da orquestra com figuras rítmicas pontuadas reforçam a idéia de José Maurício suplicando ao Criador o descanso eterno de sua mãe[240].

As influências mais explícitas da obra de Mozart sobre José Maurício, já apontadas pelo compositor Ricardo Tacuchian, se dão nos elementos temáticos. Além da tonalidade em ré menor, o tema criado para o texto *Requiem aeternam* é construído a partir de uma bordadura cromática inferior e a ascensão até a mediante:

W. A. Mozart – *Réquiem* (1791)
INTROITUS

Adagio

Re - qui - em ae - ter - nam, ae -

José Maurício Nunes Garcia – *Réquiem* (1816)
INTROITUS

Larghetto sostenuto

Re - qui - em ae - ter - nam do - na

---

240. Ricardo Tacuchian, "O réquiem mozartiano de José Maurício", *Revista Brasileira de Música* (Rio de Janeiro, Escola de Música da UFRJ, 1991), v. 19, pp. 45-8.

O mesmo se dá com o tema do *Kyrie eleison*, que se caracteriza pela construção arpejada e pelo intervalo de sétima diminuta:

W. A. Mozart – *Réquiem* (1791)
KYRIE
Allegro

Ky - ri - e   e - le - i - son   e -

José Maurício Nunes Garcia – *Réquiem* (1816)
KYRIE
FUGATO *f*

Ky - ri - e   e - le - i - son

O tratamento textural, entretanto, é bem diverso. Enquanto Mozart opta pela construção de uma fuga dupla, acentuando as características polifônicas através de vocalizes, uma herança barroca presente em sua obra sacra, José Maurício dá um tratamento mais homófono aos temas e abdica do uso de *vocalises*. Cleofe Person de Mattos bem definiu essa diferença de tratamento dizendo que

> O de Mozart é um tema, um motivo, um sujeito, acompanhado em escrita polifônica nas outras vozes. Em resumo, é uma

fuga, e nisso atende segundo a formação contrapontística do autor. Formação que José Maurício não teve. Esse estilo não é o seu, e é tratado harmonicamente. Com isto o caráter temático do baixo desaparece, integrado na harmonia da primeira frase, da qual é complemento harmônico.[241]

A citação acima serve também para reconhecer que a economia que José Maurício fez de recursos polifônicos como os *vocalises* foi mais em função do limitado domínio da técnica do contraponto e das características de seu estilo do que da falta de recursos vocais disponíveis no Rio de Janeiro à época da composição. Vários castrados já se encontravam atuando na cidade, além dos cantores transferidos de Lisboa. Muitos desses cantores foram provavelmente os mesmos que três anos depois fariam ouvir na Igreja de Nossa Senhora do Parto o *Requiem* do próprio Mozart em execução pioneira dirigida pelo Padre José Maurício.

As obras fúnebres de José Maurício compostas em 1816 não foram executadas na cerimônia oficial de exéquias de dona Maria I, ocorrida na Capela Real em 23 de abril. Pelo testemunho do Padre Perereca sabemos que tal distinção coube a Marcos Portugal. Outras tantas exéquias ocorreram em diversos templos da cidade, encomendadas por irmandades ou pelo Senado da Câmara. O ofício e a missa de réquiem de José Maurício foram ouvidos em cerimônias realizadas pela Ordem Terceira do Carmo em sua igreja.

---

241. Cleofe Person de Mattos, op. cit., 1997, p. 122.

A presença de Sigismund Neukomm

A transferência da Família Real e de parte da corte para o Brasil foi uma estratégia decisiva para derrotar Napoleão Bonaparte. As estreitas relações da Família Real espanhola com a França deixaram Portugal sem alternativas para impedir o avanço das tropas francesas sobre Lisboa. D. João receava perder sua Coroa pela força das armas como já havia acontecido com outras casas reais européias. Até mesmo o papa Pio VII havia deixado sua cátedra em Roma e se encontrava exilado em Avignon.

Para chegar até Lisboa, o exército francês teve de atravessar a Espanha, e o General Andoche Junot (1771-1813) pagou um alto preço por isso. Após entrar em solo espanhol, com a conivência do rei Carlos IV – que fornecera soldados para se juntar aos franceses –, Junot enfrentou a revolta da população, que promoveu uma série de levantes, acarretando sérias baixas em suas tropas. Pressionado pelo povo espanhol, Carlos IV abdicou em nome de seu filho Fernando VII, irmão de dona Carlota Joaquina. Os temores de d. João haveriam de se confirmar: após assumir o trono espanhol, Fernando VII foi preso junto com seu pai na França, sendo forçado a abdicar em favor do irmão mais velho de Napoleão, José Bonaparte.

Ao chegar a Lisboa, onde não houve resistência, os soldados franceses e espanhóis estavam extenuados, famintos e andrajosos. De exército invasor se transformaram em saqueadores, promovendo assaltos aos armazéns e depósitos de alimentos.

A cidade encontrava-se à beira do caos. O povo se sentia desnorteado após a saída do Príncipe Regente e demais autoridades. Toda sorte de produtos, os mais essenciais, começavam a faltar em virtude do bloqueio britânico no litoral, que impedia o descarregamento dos navios. A penúria atingia não só a população que havia permanecido em Lisboa, mas também os invasores. Com a comunicação com a França interrompida pela rebelião na Espanha e isolado em Lisboa, sem possibilidade de retirada pelo mar, Junot se rendeu em 22 de agosto de 1808, batido nas batalhas de Roliça e Vimeiro pelo exército britânico e soldados portugueses comandados por Arthur Wellesley, general que se tornaria lendário por sua atuação em alguns dos principais episódios das guerras napoleônicas.

Essa não haveria de ser, entretanto, a única tentativa de Napoleão de subjugar Portugal. Outros dois ataques foram promovidos: em março de 1809, quando o marechal Soult tomou a cidade do Porto, e em julho de 1810, conduzido pelo marechal Masséna. Ambos foram derrotados por Wellesley.

As vitórias inglesas em Portugal foram decisivas para as campanhas ibéricas. Assegurada a expulsão dos franceses de solo português, o próximo passo seria a libertação da Espanha, que se deu no verão de 1812 com a entrada triunfal de Wellesley em Madri. No flanco oriental da guerra, a equivocada decisão de Napoleão de invadir a Rússia selou definitivamente o fim de sua aventura de dominação da Europa. Durante o rigoroso inverno nas estepes russas, o exército francês perdeu mais de 300 mil homens, castigados pela fome e pelo frio, empacados na neve. A frustrada tentativa de invasão da Rússia, com cores épicas e catastróficas, pôs fim ao Império Napoleônico em 1814.

Com a Europa abalada por anos de guerras e revoluções, os monarcas destronados retomaram suas Coroas. Na Espanha, Fernando VII reassumiu seu trono. Na França, Luís XVIII recolocou no poder a família Bourbon. Para a entrada solene do rei em Paris foi organizada uma cerimônia na Catedral de Notre Dame cuja música era de autoria do compositor austríaco Sigismund Neukomm.

Os destinos da Europa foram decididos durante o Congresso de Viena, no qual os chefes de Estado discutiram os acordos do pós-guerra e desenharam o novo mapa político do velho continente. O Congresso serviu também para reafirmar o poder aristocrático e a força das antigas dinastias após um longo período de questionamento do poder real iniciado com a Revolução Francesa e aparentemente terminado com a derrota definitiva de Napoleão. Nada melhor para a exibição de riqueza e poder do que a organização de entretenimentos típicos da aristocracia conservadora. Paralelamente ao Congresso houve bailes, banquetes, caçadas, óperas e concertos.

A programação musical da delegação francesa no Congresso de Viena ficou a cargo também de Sigismund Neukomm. Entre os inúmeros eventos por ele organizados destaca-se a missa em honra de Luís XVI, rei francês que havia sido executado na guilhotina em 1793. Na ocasião foi apresentado seu *Réquiem em dó menor* na igreja de Santo Estevam, contando com grande

Sigismund Neukomm (1778-1858). Acervo da Fundação Biblioteca Nacional – Brasil

orquestra e um coro com mais de trezentas vozes dirigidos por Antônio Salieri.

Sigismund Ritter von Neukomm nasceu em Salzburg em 10 de julho de 1778. Em sua cidade natal foi aluno de Michael Haydn, mestre-de-capela da Catedral de Salzburg que confiou a seu discípulo parte de suas funções de organista. Transferiu-se para Viena aos dezesseis anos, onde estudou com o irmão de Michael, o célebre Joseph Haydn. Após sete anos consecutivos de estudos, Neukomm deixou Viena em 1804 para assumir as funções de *Kapellmeister* no teatro de São Petersburgo na Rússia. Voltou para a capital austríaca em 1809 e mais tarde passou a ocupar o cargo de músico da casa do príncipe Charles Maurice de Talleyrand (1754-1838), um dos mais controvertidos e poderosos políticos de seu tempo e que havia, inclusive, servido como Ministro dos Negócios Estrangeiros de Napoleão. Foi através de Talleyrand que Neukomm foi enviado ao Congresso de Viena.

Com a derrocada de Napoleão, os olhos de Talleyrand se voltaram para a corte portuguesa no exílio. O possível retorno de d. João para Portugal alimentaria os sentimentos de independência do Brasil, que, na opinião do arguto diplomata francês, deveria ser evitada "por um prazo tão longo quanto possível".

Para Talleyrand, o apoio de algumas potências européias ao processo de independência dos Estados Unidos havia sido uma grande imprudência, que não poderia ser repetida com as demais colônias americanas. Em conversações com os representantes lusitanos presentes no Congresso de Viena, surgiu a idéia de elevar o Brasil à categoria de Reino Unido a Portugal. A sugestão foi transmitida a d. João, que a adotou em 16 de dezembro de 1815. O mundo viu nascer, então, um reino dividido entre dois continentes, separado por um imenso oceano[242].

No Rio de Janeiro, um dos muitos eventos comemorativos ao acontecimento foi uma missa na igreja de São Francisco de Paula celebrada na manhã do dia 21 de janeiro de 1816. Tanto o ordinário da missa quanto o *Te Deum* foram executados pelos conjuntos da Capela Real sob a direção do padre José Maurício[243].

Estava aberto o caminho para o reatamento das relações diplomáticas entre o Brasil e a França. E ao compositor Sigismund Neukomm foi reservado um importante papel.

A movimentação de Talleyrand interessava de certa forma a d. João, já que poderia contrabalançar a influência inglesa que deixava Portugal dependente comercial e politicamente. Como uma espécie de primeira sinalização à França, d. João mandou buscar um grupo de artistas liderado por Joachim Le Breton (1760-1819), secretário recém-demitido da classe de Belas-Artes

---

242. Oliveira Lima, op. cit., p. 335.
243. Luis Gonçalves dos Santos (Padre Perereca), op. cit., v. II, p. 33.

do Instituto de França, em decorrência de suas ligações políticas com o governo de Napoleão Bonaparte. Idealizada por Antônio de Araújo de Azevedo (1754-1817), o Conde da Barca, a Missão Artística Francesa era composta pelos pintores Nicolas-Antonine Taunay (1775-1830) e Jean-Baptiste Debret (1768-1848), pelos escultores Auguste Marie Taunay (1768-1824), Marc Ferrez (1788-1850) e Zéphirin Ferrez (1797-1851) e pelo arquiteto Grandjean de Montigny (1776-1850), entre outros. Os artistas desembarcaram no Rio de Janeiro em março de 1816 e viabilizaram a fundação da Escola Real de Ciências, Artes e Ofícios.

Poucos meses após a chegada dos artistas franceses, desembarcou no Rio de Janeiro a comitiva do Duque de Luxemburgo, cuja missão diplomática deveria restabelecer as relações entre a França e Portugal. Junto com os diplomatas vieram o naturalista Auguste de Saint-Hilaire (1779-1853) e o compositor Sigismund Neukomm.

São um tanto obscuros os motivos que Neukomm alega para se transferir para o Brasil. Nas trinta páginas de seu *Esquisse biographique de Sigismund Neukomm écrite par lui même*, o compositor diz que suas viagens tinham como objetivo compor, assistir a estréias de obras suas e atuar como organista[244]. Embora a carreira de Neukomm tenha sido marcada por inúmeras viagens a países da Europa, podemos lançar dúvidas

---

244. José Maria Neves, "Sigismund Neukomm na Biblioteca Nacional da França: revisão crítica do catálogo de obras", *A música no Brasil Colonial*, I Colóquio Internacional, Lisboa, 9 a 11 de outubro de 2000 (Lisboa, Fundação Calouste Gulbenkian, 2001), pp. 100-1.

sobre os reais motivos de sua vinda ao Brasil, afinal não necessitaria ir para tão longe para compor, ainda mais para um país onde sua obra era totalmente desconhecida.

Nos registros de sua passagem pelo Rio de Janeiro, Neukomm informa que sua decisão de vir ao Brasil fora tomada para aproveitar "o vantajoso oferecimento" que a ele teria sido feito pelo Duque de Luxemburgo, com o qual embarcou no porto de Brest em 2 de abril, chegando ao Rio de Janeiro em 30 de maio de 1816. Durante a travessia, Neukomm escreveu "vários motetos e outras músicas de igreja", além de uma série de marchas para a banda que se encontrava a bordo da fragata[245].

A permanência da comitiva do Duque de Luxemburgo foi de poucas semanas. Por ocasião do retorno dos diplomatas franceses a Paris, o compositor recebeu um convite do Conde da Barca para permanecer no Rio de Janeiro e hospedar-se em sua residência, para testemunhar a fundação de "um novo império neste Novo Mundo".

Aceito o convite, d. João o requisitou para seu "Real Serviço" em consideração "ao reconhecido merecimento de Sigismundo Neukomm na Arte da Música". Com uma pensão de oitocentos mil réis anuais, os serviços do compositor austríaco foram prestados no "ensino público da referida Arte" e na composição de novas obras[246].

As atividades didáticas de Neukomm foram desenvolvidas sobretudo com os membros da Família Real, especialmen-

---

245. Ayres de Andrade, op. cit., v. ii, p. 204.
246. Ibidem, p. 206.

te com a infanta dona Maria, com o príncipe herdeiro d. Pedro e sua esposa, dona Leopoldina. Outros alunos orientados por Neukomm durante sua permanência no Rio de Janeiro foram o compositor Francisco Manoel da Silva (1795-1865), a esposa do Cônsul Geral da Rússia, sra. Langsdorff, e "uma senhorita de dezesseis anos, que tem aptidões extraordinárias e uma aplicação pouco comum"[247].

Há registros não comprovados da atuação de Neukomm na Capela Real. O viajante francês Ferdinand Denis (1798-1890), que por aqui viveu entre 1816 e 1831, afirmou ter visto Neukomm atuando como organista na Capela Real[248].

Um outro viajante, o já mencionado Theodor von Leithold, confirma a execução de obras de Neukomm na Capela Real dizendo em seus relatos de viajem que "as missas de Mozart, Marcos Portugal e Neukomm foram executadas com muita precisão"[249]. O musicólogo José Maria Neves afirma que a grande quantidade de obras sacras registradas pelo próprio compositor em seu catálogo, de um total de 73 obras compostas durante os anos de permanência no Brasil, é prova de que havia algum espaço para a execução das obras de Neukomm nas solenidades da corte ou mesmo de alguma irmandade, apesar da oposição de Marcos Portugal.

---

247. Carta de Neukomm a uma amiga de Paris datada de 12 de agosto de 1817, apud Adriano de Castro Meyer, "O catálogo temático de Neukomm e as obras compostas no Brasil", *Revista Eletrônica de Musicologia* (Curitiba, v. v, n. 1, junho de 2000).

248. Ferdinand Denis, *Brasil* (tradução de João Etienne Filho e Malta Lima, Belo Horizonte/São Paulo, Itatiaia/Edusp, 1980), p. 118.

249. Theodor von Leithold e Ludwig von Rango, op. cit., p. 65.

Luiz Heitor Correa de Azevedo escreveu o seguinte a respeito da relação de Neukomm com o compositor português:

Neukomm nada deixa transparecer, em sua autobiografia, das contrariedades que teve por causa desse colega vaidoso e despótico. Mas em correspondência do Rio de Janeiro, publicada pela *Allgemeine Musik Zeitung*, de Viena, a 20 de junho de 1820, e de que ele era provavelmente o inspirador, lemos que "muito embora o primeiro regente da orquestra daqui, Marco Portogallo, não veja com bons olhos outra música tomar lugar ao lado da sua, temos boas razões para crer que muito breve, graças aos esforços do Senhor Neukomm e do Padre Maurício, ouviremos *A Criação*, de Haydn [...]". Sabemos que Marcos Portugal encontrou meios e modos de impedir a execução da música de Neukomm no Rio de Janeiro. Depois de seu regresso ao Velho Mundo, o compositor austríaco teve ocasião de encontrar Araújo Porto Alegre, que foi um dos primeiros biógrafos do Padre José Maurício Nunes Garcia; em suas conversas com o futuro Barão de Santo Ângelo, Neukomm lhe contou alguns episódios da campanha sorrateira de que ele e o Padre José Maurício haviam sido vítimas.[250]

Luiz Heitor se referia ao fato de Neukomm ter sido impedido de apresentar uma obra sua na Capela Real. Em depoimento dado a Manuel de Araújo Porto Alegre, o compositor austríaco relata o episódio da seguinte forma:

---

250. Luiz Heitor Correa de Azevedo, "Esplendor da vida musical fluminense no tempo de d. João VI. Sigismundo Neukomm no Rio de Janeiro", *Actas do III Colóquio Internacional de Estudos Luso-Brasileiros* (1957) (Lisboa, 1960), v. II, pp. 80-1.

Eu, o discípulo favorito de Haydn, o que completou por ordem sua as obras que deixara incompletas, escrevi no Rio de Janeiro uma missa, que foi entregue à censura de uma commissão composta d'aquelle pobre Mazziotti e do irmão de Marcos Portugal, missa que nunca se executou, porque não era d'elles.[251]

A obra mencionada provavelmente é a mesma missa cuja cópia está guardada no arquivo do Cabido Metropolitano do Rio de Janeiro[252]. Trata-se da *Missa Solemnis pro Die Acclamationis Joannis VI*, escrita por Neukomm no Rio de Janeiro em 1817, cujo autógrafo encontra-se na Biblioteca Nacional da França[253]. José Maria Neves garante que a missa e uma marcha sinfônica denominada *L'allegresse publique* "foram certamente executadas na Capela Real na manhã de 6 de fevereiro de 1818, quando finalmente Dom João assumia suas funções reais"[254].

Outra obra sacra de destaque escrita por Neukomm no Rio de Janeiro é a *Missa Sancti Francisci*, de 1820. Composta por encomenda de dona Leopoldina, a obra está dedicada ao

---

251. Manuel de Araújo Porto-Alegre, "Apontamentos sobre a vida e obras do Padre José Maurício Nunes Garcia", *Estudos mauricianos* (direção de José Cândido de Andrade Muricy, Rio de Janeiro, Funarte, 1983), p. 28.
252. André Cardoso, op. cit., 2004, pp. 40-54.
253. *Música no Brasil, séculos XVIII e XIX* (v. IV: *Real Capela do Rio de Janeiro 1808-1821 – Sigismund Ritter von Neukomm – Missa Solemnis pro Die Acclamationis Joannis VI*, Rio de Janeiro, Funarte, 2002).
254. José Maria Neves, op. cit., 2001, pp. 103-4.

Imperador austríaco Francisco I, segundo consta em uma carta escrita pela Princesa em 19 de fevereiro de 1821:

> Querido pai!
> Mando-vos nesta ocasião uma missa cantada de Neukomm que, como súdito austríaco e discípulo de Haydn, merecerá, sem dúvida, as vossas graças e além disso contém duas fugas que, todos sabemos, vós muito gostais.[255]

Apesar de um grande número de obras sacras escritas por Neukomm no Rio de Janeiro, as contribuições mais importantes do compositor para a vida musical brasileira no início do século XIX estão no desenvolvimento de um repertório instrumental de câmara e sinfônico e na sua relação com a música popular.

A música de câmara que Neukomm produziu no Rio de Janeiro tinha diferentes utilidades e significados. Para o entretenimento da Família Real no Paço da Quinta da Boa Vista encontram-se peças como o *Noturno para oboé, trompa e piano*, com versão também para violino, violoncelo e piano, escrito em 3 de julho de 1817, cujos recursos técnicos empregados

---

255. Apud Luis Norton, op. cit., p. 316. Há duas outras traduções dessa carta que divergem quanto ao conteúdo daquela apresentada por Norton: 1) Manuel Ivo Cruz, "D. Pedro d'Alcântara de Bragança: Rei, Imperador e músico", *Anais do Congresso Internacional D. Pedro, Imperador do Brasil, Rei de Portugal: do Absolutismo ao Liberalismo* (Porto, novembro de 1998), p. 54; e 2) D. Leopoldina, *Cartas de uma Imperatriz* (pesquisa e seleção de cartas de Bettina Rann e Patrícia S. Lima, São Paulo, Estação Liberdade, 2006), pp. 374-5.

necessitariam dos músicos da Real Câmara. Para os saraus da aristocracia serviam peças como a intitulada *L'amoureux*, uma fantasia para pianoforte e flauta, escrita em 12 de abril de 1819 e dedicada a seus amigos, o casal Von Langsdorff, que possuía um dos salões mais concorridos da sociedade carioca. As obras com caráter didático, ou seja, destinadas ao desenvolvimento musical do príncipe herdeiro e das princesas reais, seus alunos, são identificadas não só pelas dedicatórias mas também pelo emprego de recursos técnicos mais limitados em uma das partes. São assim obras como *Sonata a quatro mãos*, escrita em 9 de junho de 1819 e dedicada à infanta dona Isabela Maria, e a *Sonata* para pianoforte com acompanhamento *non obligè* de violino, dedicada à princesa Maria Teresa em 10 de setembro de 1819[256].

Uma obra instrumental que merece ser citada é a *Adoração ao Santo Sepulcro*, uma fantasia para a Sexta-Feira Santa. Composta em 17 de março de 1819 por ordem de d. João VI, foi instrumentada para conjunto de sopros formado por duas flautas, dois oboés, três clarinetas, dois fagotes, duas trompas, dois trompetes, um trombone e tímpanos. Trata-se de uma das obras mais antigas compostas no Brasil para esse tipo de formação e atualmente disponível para concertos[257].

---

256. Adriano de Castro Meyer, op. cit.
257. Em 21 de setembro de 2000, a obra foi executada pela Orquestra Sinfônica da Escola de Música da UFRJ, sob a regência de Ernani Aguiar, no Salão Leopoldo Miguez, a partir de edição realizada pelo compositor Sérgio Di Sabbato.

As obras para orquestra não possuem registros de execuções no Rio de Janeiro durante a estada de Neukomm, provavelmente por não existir à época um conjunto destinado ao repertório de concertos sinfônicos. Das cinco aberturas compostas, apenas quatro estão registradas em seu catálogo, faltando a entrada para a "Abertura em dó maior" de 1819, dedicada ao Duque de Luxemburgo. A primeira delas é outra "Abertura em dó maior", escrita em 1817. A ela se seguiu a "Abertura em ré maior", com dedicatória a Cherubini e composta em 10 de março de 1819. Poucos meses antes de seu retorno à França, Neukomm escreveu a "Abertura em mi bemol maior" em 16 de fevereiro de 1821, e a abertura "O herói", escrita em 19 de março de 1821 a partir de encomenda de d. Pedro[258].

A obra sinfônica mais significativa, entretanto, é a *Sinfonia para grande orquestra em mi bemol maior*, de 1820. Talhada nos moldes do classicismo vienense, com quatro movimentos e orquestrada com sopros aos pares, três trombones e tímpanos, é a primeira obra do gênero escrita em solo brasileiro.

No terreno da música de caráter nacional, Neukomm foi mais uma vez pioneiro entre nós. Sua peça para piano intitulada *O amor brazileiro*, de 1819, foi construída a partir de um lundu de autoria de Joaquim Manoel da Câmara, dando ao compositor a primazia em nossa história da música entre aqueles que buscaram nos elementos populares a matéria-prima para sua criação[259]. O *Lundu Brésilien* aparece no compasso 43 da obra:

---

258. Ibidem.
259. Não considero aqui o já mencionado exemplo do "Entremez da

O AMOR BRAZILEIRO
CAPRICHE POUR PIANOFORTE SUR UN LUNDÛ BRÉSILIEN

SIGISMUND NEUKOMM
Rio de Janeiro, 3 mai 1819

A relação de Neukomm com a música popular da época e com Joaquim Manoel da Câmara mais se concretiza com a transcrição que realizou de vinte modinhas do compositor, assunto já anteriormente abordado.

As múltiplas atividades de Sigismund Neukomm no Rio de Janeiro, no curto período de sua estada na corte, incluem também a produção de artigos para o periódico vienense *Allgemeine Musikalische Zeitung* a partir de 1819. Em seus artigos, Neukomm comenta episódios importantes da vida musical da corte, revelando fatos e nomes até então inéditos para um dos principais centros musicais da Europa. Na edição de 20 de julho de 1820,

---

marujada" de Bernardo José de Souza Queirós, também baseado em um lundu, pelo fato de não sabermos a data de sua composição.

Neukomm faz uma apreciação crítica da execução do *Requiem* de Mozart na igreja do Parto dirigida pelo padre José Maurício Nunes Garcia em 19 de dezembro de 1819, dizendo que "nada deixou a desejar". Aproveita o mesmo artigo para chamar a atenção para o compositor carioca dizendo que "ele provoca, justificadamente, a mais qualificada atenção e surpresa uma vez que sua formação é sua própria obra"[260]. Especificamente para essa apresentação Neukomm escreveu um "*Libera me* para grande orquestra, para fazer seqüência ao *Requiem* de Mozart"[261].

Ainda nas atividades ligadas à literatura musical, Neukomm teve participação decisiva na edição do primeiro livro de música publicado no Brasil. A *Notícia histórica da vida e das obras de José Haydn* foi originalmente um discurso preparado por Le Breton para um evento no Instituto de França em 6 de outubro de 1810. A versão original foi publicada em Paris no mesmo ano. A publicação de um livro de música no Brasil em época tão tardia deveu-se à proibição de instalação de prensas na colônia, o que vigorou até a chegada da corte. A edição do pequeno opúsculo sobre Haydn foi conseqüência direta da criação da Imprensa Régia em 1808 e da vinda da Missão Artística Francesa em 1816, que trouxe ao Rio de Janeiro o autor da obra.

Para a edição brasileira foram acrescentados um prólogo e quatro apêndices não existentes no original, além de uma série de notas de autoria do tradutor e de Sigismund Neukomm[262].

---

260. Cleofe Person de Mattos, op. cit., 1997, p. 143.
261. Cf. discografia.
262. Paulo Mugayar Kühl, "Haydn no Brasil", em J. Le Breton, *Notícia histórica da vida e das obras de José Haydn* (Cotia, Ateliê, 2004), p. 22.

Sua condição de ex-discípulo de Haydn o tornava pessoa autorizada para tal tarefa.

O tradutor, provavelmente José da Silva Lisboa (1756-1835), o Visconde de Cairu, não é citado nos créditos da publicação, constando apenas ter sido "traduzida em portuguez por hum amador"[263]. O volume é dedicado a Sigismund Neukomm.

A última composição antes de sua partida para Paris foi uma peça para piano com o curioso título de *Les adieux de Neukomm à ses amis à Rio de Janeiro*, escrita em 7 de abril de 1821. Já embarcado para o retorno, escreveu ainda um trio para sopranos, em cuja folha de rosto se pode ler: *Addio. Baie de Rio de Janeiro, à bord du la Mathilde; 14 de Avril 1821 à 6 houres du soir*.

De volta ao Velho Mundo, Neukomm empreendeu uma série de viagens a outros países, como Itália em 1826, Inglaterra e Escócia em 1829, Alemanha em 1836, Holanda em 1837 e Suíça em 1840, passando até mesmo pelo norte da África, especialmente Argélia, em 1834. No catálogo de suas obras, iniciado em 1804, após o registro de sua última composição – um *L'Angelus* para coro, solo de soprano e contralto com acompanhamento de órgão –, há uma nota de Anton Neukomm, seu irmão, informando: "o autor faleceu em Paris a 3 de abril de 1858, às seis horas da tarde, à rua Notre Dame de Lorette, 18"[264].

Terminado o luto imposto à cidade pela morte de dona Maria I, d. João encontrava-se pronto para assumir o tro-

---
263. Ibidem, p. 25.
264. Mozart de Araújo, op. cit., 1994, p. 132.

no português após quase vinte anos como Príncipe Regente. As cerimônias da aclamação de d. João VI como soberano do Reino Unido de Portugal, Brasil e Algarves ocorreram nos dias 5 e 6 de fevereiro de 1818 e foram momentos de grande pompa para toda a cidade. Os artistas da Missão Francesa tiveram participação especial na criação e decoração de diversos arcos e pórticos que embelezaram as ruas. Uma enorme varanda foi construída à frente do Paço Real, onde o povo pôde reverenciar o seu rei e os recém-casados d. Pedro e dona Leopoldina, além dos demais membros da Família Real. O padre Perereca registrou a chegada de d. João VI ao palanque para saudar o povo, que, ao vê-lo, o recepcionou com

Vista do exterior da varanda da aclamação do rei d. João VI (1818).
Jean Batiste Debret, *Viagem pitoresca e histórica ao Brasil*, 1834.
Museu Castro Maya – Iphan/MinC.

"unânimes e repetidos vivas, ondeando por todas as partes os lenços":

> Ao entrar El-Rei Nosso Senhor na varanda tangeram os menestréis charamelas, trombetas e atabales, continuando sempre sem interrupção os vivas, e aplausos tanto do povo, como da tropa que fez as continências, tocando ao mesmo tempo as músicas dos regimentos.[265]

O evento, único na história das Américas, deu ensejo à criação de obras pelos compositores Marcos Portugal e Sigismund Neukomm. Não há registro de alguma composição do padre José Maurício escrita para a ocasião. A missa e o *Te Deum* para a cerimônia da aclamação realizada na Capela Real foram encomendados a Marcos Portugal.

O *Te Deum* de Marcos Portugal para a aclamação de d. João VI foi escrito no ano de 1817. A orquestração básica é similar à do *Requiem* do ano anterior, constituída por duas flautas, quatro clarinetas, dois fagotes, duas trompas, dois trompetes, um trombone e tímpanos. Um oboé e um corne-inglês aparecem no *Fiat Misericordia*. A obra é dividida em vários movimentos com seis números para diferentes solistas. O *Te Martyrum* é um solo de contralto que foi executado pelo castrado Pascoal Tani. O tenor João Mazziotti foi responsável pelo recitativo do *Tu Rex Gloria*. Ao baixo brasileiro João dos Reis coube a parte do *Judex Crederis*. O solo de soprano no *Salvum Fac* foi destinado ao castra-

---

265. Luis Gonçalves dos Santos (Padre Perereca), op. cit., v. II, p. 158.

Original do anno de 1817. Rio de Janeiro. Por ordem de S. M. F. Te Deum Laudamus com toda a orquestra e com bastante número de vozes p.a se cantar na Cappella Real do Rio de Janeiro no dia 6 de fevro anno de 1818 na ocasião da feliz aclamação de S. M. F. o Senhor d. João VI. Musica de Marcos Portugal. Acervo da Biblioteca Nacional de Portugal.

do Giovanni Fasciotti. Outro tenor, Antônio Pedro Gonçalves, defendeu a parte do *Dignare Domine*. O último trecho para solista, o recitativo *Miserere nobis* e a ária com coro em *Fiat Misericórdia*, ficou a cargo do castrado Antônio Cicconi. A obra termina com o coro cantando os versos finais no *In Te Domine*.

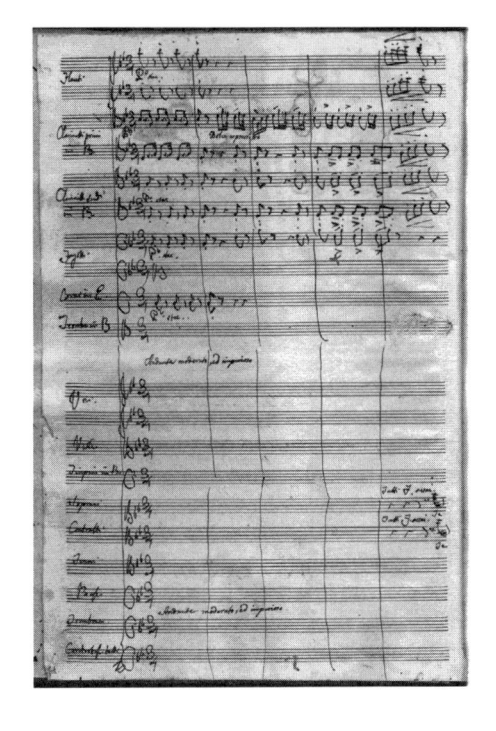

A *Missa Solemnis pro Die Acclamationis Joannis VI* é a mais importante composição de Sigismund Neukomm feita no Brasil. É uma obra de escrita sofisticada e de grandes proporções e dificuldades, que atestam a qualidade dos músicos e cantores da Capela Real, onde foi provavelmente executada. Destaca-se o virtuosismo instrumental, com a inclusão de solos, como o de violino no *Domine Deus* e o de violoncelo no *Quonian*. Vocalmente revela um estilo híbrido com a influência do operismo italiano presente nas árias com coloraturas em contraste com trechos de escrita mais austera, nos moldes mais tradicionais da música religiosa centro-européia, cujo maior exemplo é a fuga no *Cum Sancto Spiritu*[266].

O teatro São João entre 1817 e 1821

Em 1817, os divertimentos públicos reapareceram e, com eles, as temporadas de ópera. Após a reabertura do teatro São João, a primeira a ser apresentada foi *La vestale*, de Vincenzo Puccita (1778-1861), em 13 de maio, que marca a estréia do castrado Giovanni Fasciotti nos palcos cariocas. A segunda produção do ano comemorou a assinatura do contrato de casamento de d. Pedro com a arquiduquesa Leopoldina da Áustria, quando finalmente uma ópera de Marcos Portugal foi levada ao palco do teatro São João. Na verdade, o espetáculo produzido para o dia 23 de julho foi uma remontagem de *L'oro non compra amore*, já encenada em 1811 no Teatro Régio.

O ano de 1817 foi pródigo em títulos de Marcos Portugal. A razão pode estar na chegada do castrado Giovanni Fasciotti ao Rio de Janeiro. Após seis anos no Brasil, Marcos Portugal teria, afinal, um intérprete que consideraria à altura de suas obras. Outros dois títulos do maestro português puderam ser ouvidos pelo público carioca em 1817, um logo após o outro, ambos em homenagem ao casamento do jovem casal

---

266. Ricardo Bernardes, "Breves considerações sobre a obra", em *Música no Brasil, séculos XVIII e XIX*, v. IV, op. cit., p. xv.

real. Em 7 de novembro foi representada na Real Quinta da Boa Vista a serenata *Augurio di felicità, o sia il triunfo d'amore* e, no dia seguinte, encerrando a temporada lírica no teatro São João, a ópera *Mérope* em espetáculo de gala.

Reaparecem também no mesmo ano os espetáculos de balé, agora reforçados com a presença dos bailarinos Auguste Toussaint e de sua esposa, Josephine, que foram membros do teatro Porte Saint Martin de Paris e que chegaram em 18 de julho de 1815, vindos da Inglaterra[267]. A eles irão se juntar três irmãos de Louis Lacombe, todos bailarinos, dando ares de companhia ao conjunto pioneiramente reunido no teatro São João em 1811[268].

Foi ainda em 1817 que os administradores do teatro São João obtiveram de d. João a exclusividade dos espetáculos teatrais na cidade. Segundo o texto do decreto de 30 de agosto, ficava a eles assegurado por dez anos o poder de dar ao público essa qualidade de espetáculo. Ao mesmo tempo foi proibida a abertura de qualquer outro teatro na cidade "e suas vizinhanças nem ainda particular". Com tal medida ficava assegurado o monopólio desse ramo de atividade ao empresário Fernando José de Almeida[269].

O ano de 1818 marca duas estréias e uma remontagem, com os bailados sendo apresentados após as óperas. Em 13 de

---

267. *Registro de Estrangeiros 1808-1822*, op. cit., p. 298.
268. Theodor von Leithold e Ludwig von Rango, op. cit., p. 15.
269. Maria Beatriz Nizza da Silva, *Cultura e sociedade no Rio de Janeiro (1808-1821)* (São Paulo, Companhia Editora Nacional, 1978), 2. ed., p. 74.

maio vai à cena a ópera *Coriolano*, possivelmente na versão de Giuseppe Nicolini (1762-1842), complementada pelo balé *O prodígio da harmonia* ou *O triunfo do Brasil*, de Louis Lacombe. O autor da música se revela pela primeira vez. Trata-se do regente da orquestra do teatro São João, Pedro Teixeira de Seixas (?-1832), violoncelista da Real Câmara. O mesmo balé foi reapresentado em 24 de junho, junto com a remontagem de *La vestale*, de Puccita, mesma produção do ano anterior. Para comemorar o aniversário de d. Pedro e seu casamento, é apresentada pela primeira vez a ópera *Camilla*, de Ferdinand Päer, em 12 de outubro. O balé é coreografia de Auguste Toussaint, *Ulisses e Penélope*[270].

Para os comentários sobre a temporada de 1819 temos as curiosas observações de Theodor von Leithold. O viajante prussiano freqüentou o teatro São João e revela que ali eram realizadas "umas quatro ou cinco representações por semana", entre "comédias, dramas e tragédias em português, e óperas italianas acompanhadas de bailados".

O desempenho dos artistas também é abordado. Sobre uma das muitas récitas do *Tancredo*, de Rossini, diz que mal a reconheceu "de tão mutilada e estropiada por uma péssima orquestra". Duas solistas, Madame Sabini e Demoiselle Fasciotti, "cantam passavelmente, sobremodo ajudadas pelos seus dotes físicos". A primeira, descrita como "pequena, atraente e muito viva, de olhos ardentes", emocionou o prussiano por

---

270. Ayres de Andrade, op. cit., v. I, pp. 113-4.

seu desempenho "com tanto sentimento", no papel-título. A segunda era irmã do célebre castrado Giovanni Fasciotti. Segundo Leithold, Maria Teresa Fasciotti tinha "dezoito anos, bela presença e muitas condições para ser boa cantora", mas que, como atriz, faltava-lhe "ainda desenvoltura"[271]. O tenor, cujo nome o prussiano não sabe informar, "canta razoavelmente e tem boa aparência mas é de uma magreza como nunca vi em outro homem".

A mesma impressão sobre os solistas teve o sobrinho de Leithold, de nome Ludwig von Rango. As óperas italianas "são cantadas bem sofrivelmente". Nos solistas, identifica "um baixo bastante bom e um tenor razoável" que "acompanham a linda voz, não de todo desenvolvida, de uma Faschiotti de dezoito anos que os próprios estrangeiros admiram, pois os nativos nada entendem de arte"[272].

Para a orquestra, que a esta altura sabemos comandada por Pedro Teixeira de Seixas, Leithold reserva as mais duras críticas, embora alguns músicos sejam poupados:

> A orquestra é muito reduzida em número, numa palavra, miserável; apenas um flautista francês e um violoncelista chamaram-me a atenção. Os violinistas, então, são abaixo da crítica. O violoncelista executou uma ária do *Tancredo* e um adágio, sozinho, com tal emotividade e expressão que, sem exagero,

---

[271]. Sobre os irmãos cantores Giovanni e Maria Tereza Fasciotti, cf. Luís Antônio Giron, *Minoridade crítica: a ópera e o teatro nos folhetins da corte 1826-1861* (São Paulo/Rio de Janeiro, Edusp/Ediouro, 2004).

[272]. Theodor von Leithold e Ludwig von Rango, op. cit., p. 145.

acreditei estar ouvindo o maestro Romberg. Informando-me sobre este homem, vim a saber que é meio demente. Ouvi-o a seguir muitas vezes, e sua atuação inspirada pareceu-me, nas tristes circunstâncias, tanto mais comovente.[273]

Melhor avaliação tiveram os bailarinos. Leithold julga que os bailados "não são maus" e o público "sempre numeroso os aprecia entusiasticamente". Seu sobrinho Ludwig considera que "desta parte é que os portugueses mais gostam, visto que logo depois se retira a metade do público"[274]. Louis Lacombe e Auguste Toussaint "fariam honra aos mais exigentes palcos da Europa". Outros solistas são "um jovem espanhol e sua irmã", que "dançam satisfatoriamente", e uma mulata "a quem são às vezes entregues partes de solo graças às suas formas atraentes". Sobre seu desempenho, entretanto, Leithold diz que "agita-se como se fosse mordida por uma tarântula"[275].

A temporada de 1819, além da mencionada *Tancredo*, de Rossini, contou com *A caçada de Henrique IV*, de Pucitta, e *O califa de Bagdá*, do obscuro compositor Paulo Rosquellas[276].

---

273. Ibidem, p. 15. O violoncelista citado é Policarpo José de Faria Beltrão, músico também da Real Câmara. Em 1823, há notícia de "que por louco se acha recolhido na Santa Casa da Misericórdia desta Corte". Cf. Ayres de Andrade, op. cit., v. II, p. 147.
274. Theodor von Leithold e Ludwig von Rango, op. cit., p. 145.
275. Ibidem, pp. 15-6.
276. Ayres de Andrade diz que "nenhuma notícia existe a respeito da representação dessa ópera no Rio de Janeiro" (op. cit., v. I, p. 115). Ludwig von Rango, entretanto, confirma a apresentação: "*O califa de Bagdá* e outras óperas são exibidas, mas mutiladas e desfiguradas" (Theodor von Leithold e Ludwig von Rango, op. cit., p 145).

Entre os balés, há uma única referência: *Ulisses e Penélope*, de Auguste Toussaint. Com certeza mais espetáculos foram produzidos para dar conta de quatro ou cinco representações por semana, como afirmado por Leithold.

Na temporada de 1820, apenas dois títulos de óperas e igual número de bailados ficaram registrados. Em 25 de abril, mais uma vez *La vestale*, de Puccitta, sendo acompanhada pelo bailado *Acis e Galatéa*, em 25 de abril. Em 13 de maio, no aniversário de d. João VI, a primeira apresentação no Brasil de *Aureliano em Palmira*, de Rossini, junto com o bailado *Apeles e Campaspe*[277].

A última temporada de ópera no teatro São João antes do retorno de d. João VI para Portugal foi a de 1821. Essa, sim, foi uma temporada que poderia rivalizar na qualidade dos títulos programados e na quantidade de espetáculos com os grandes teatros da Europa. Gioachino Rossini tomou conta definitivamente do palco do teatro São João, consolidando-se como o compositor favorito do público carioca. Nada menos do que quatro de suas óperas foram levadas à cena: *La cenerentola*, em 26 de fevereiro, *Tancredo*, em 24 de junho, *O barbeiro de Sevilha*, em 21 de julho e finalmente *L'Italiana in Algeri*, em 3 de novembro.

Outra atração da temporada de 1821, que a qualifica como a melhor desde a inauguração do teatro São João, foi a estréia de Mozart nos palcos cariocas com o *Don Giovanni*, posto em

---

277. Ayres de Andrade, op. cit., v. I, p. 115.

cena no dia 20 de setembro. Completaram a excelente temporada as óperas *Pamella Nubile*, de Pietro Generalli (1773-1832), e *Il segreto*, de Johann Simon Mayr (1763-1845).

Na verdade, d. João VI pouco aproveitou dessa bela temporada. Pôde assistir à estréia da *Cenerentola* e nada mais. Em 25 de abril partiu para Lisboa e para seus últimos anos de vida.

D. Pedro: o príncipe compositor

O futuro Imperador do Brasil e Rei de Portugal nasceu em Lisboa no dia 12 de outubro de 1798. Era o segundo filho de d. João VI e de dona Carlota Joaquina e tornou-se herdeiro da Coroa portuguesa em virtude da morte do irmão mais velho, d. Antônio Pio (1795-1801). Veio para o Brasil com a Família Real quando contava apenas nove anos de idade.

Suas aptidões musicais se revelaram desde cedo e tornou-se músico e compositor de certo talento. Seu professor mais constante foi Marcos Portugal, mas teve aulas também com Sigismund Neukomm durante os anos em que o compositor austríaco permaneceu no Brasil. Neukomm se manifestou sobre a pouca assiduidade às aulas de seu ilustre discípulo em uma carta dirigida a uma amiga em Paris, dizendo não considerar d. Pedro como um de seus alunos, pois este se ocupava da música "como um Príncipe"[278]. Suas atribuições como

---

278. Luiz Heitor Correa de Azevedo, op. cit., 1960, p. 80.

herdeiro da Coroa assim como sua pouca disposição para atividades que exigissem concentração e disciplina roubaram o tempo necessário para o desenvolvimento de suas inegáveis aptidões musicais. Mesmo um professor da categoria de Sigismund Neukomm não seria capaz de retirá-lo da posição de músico diletante e compositor amador. Segundo o diplomata prussiano conde Von Flemming, que residiu no Rio de Janeiro entre 1817 e 1821, apesar de "uma educação extremamente desleixada", d. Pedro possuía um bom juízo a respeito da música e conhecia "a amplitude de todos os instrumentos e até algo da composição"[279].

O diletantismo de d. Pedro se reflete em sua produção, que é diminuta e composta basicamente de quatro obras sacras e dois hinos. Há referências sobre duas peças para piano, uma *Marcha fúnebre* e o *Souvenir filial*, publicadas pelo editor Pierre Laforge e que foram anunciadas para venda pelo *Jornal do Commercio* em 2 de maio de 1837. Das obras, "editadas por ordem do seu augusto filho, o sr. d. Pedro II", ao que tudo indica, não sobreviveu um só exemplar[280].

O responsório de São Pedro de Alcântara *Mortuus est* e a antífona de Nossa Senhora *Sub tuum praesidium* são obras sem maior interesse artístico e devem ter sido os primeiros ensaios do príncipe herdeiro no terreno da composição musical. Já o

---

279. "A corte de d. João VI no Rio de Janeiro segundo dois relatos do diplomata prussiano conde Von Flemming", *Revista do Instituto Histórico e Geográfico Brasileiro* (tradução de Carlos H. Oberacker Jr., Rio de Janeiro, v. 346, 1985), p. 261.
280. Lino de Almeida Cardoso, op. cit., p. 180.

Te Deum e o *Credo* da missa de Nossa Senhora do Carmo são obras de maior fôlego e podem eventualmente aparecer em algum concerto.

O *Te Deum* foi escrito por d. Pedro em dezembro de 1820 para celebrar o nascimento de seu filho, o príncipe João Carlos, e dedicado a seu pai, o rei d. João VI. Uma cópia da obra, na qual constava também uma abertura sinfônica, foi enviada por dona Leopoldina a seu pai, o imperador Francisco I, em Viena, conforme revela uma carta postada em 19 de fevereiro de 1821:

> Querido pai!
> [...] O meu marido é compositor também, e faz-vos presente de uma sinfonia e Te-Deum compostos por ele; na verdade são um tanto teatrais, o que é culpa do seu professor, mas o que vos posso assegurar é que ele próprio os compôs sem auxílio de ninguém [...].[281]

O veredicto de dona Leopoldina quanto ao estilo *teatral* das obras de d. Pedro não deixa de revelar um certo incômodo da futura imperatriz com relação ao gosto musical predominante no Rio de Janeiro do início do século XIX e à orientação artística dada ao seu marido por Marcos Portugal. Os alemães Spix e Martius comungavam da mesma opinião e diziam que a cultura musical do brasileiro "ainda não estava de todo madura" e que o público exigia que as missas tivessem "melodias

---

281. Luis Norton, op. cit., p. 316. Outras traduções em Manuel Ivo Cruz, op. cit., 1998, p. 546, e Dona Leopoldina, op. cit., pp. 374-5.

de andamento alegre". Essa teria sido, por exemplo, a razão do pouco sucesso das obras sacras de Sigismund Neukomm no Rio de Janeiro, "compostas inteiramente no estilo dos mais célebres mestres alemães"[282].

A "sinfonia" a que se refere dona Leopoldina é, na verdade, uma abertura para o *Te Deum*. O manuscrito autógrafo encontra-se no acervo musical do Cabido Metropolitano do Rio de Janeiro, mas não incluiu a abertura.[283] Outras partituras foram produzidas e tomaram diferentes destinos. Uma delas foi aquela enviada por dona Leopoldina a seu pai na Áustria. Uma outra se encontra atualmente em Portugal no arquivo da Casa Palmela, tendo ali chegado através de uma doação feita pela segunda esposa de d. Pedro I, a Imperatriz dona Amélia de Leuchtenberg, pouco antes de sua morte, 1873. Essa partitura contém a abertura, e o frontispício revela ter sido uma cópia produzida alguns anos depois de sua composição, após a independência, pois o compositor se apresenta como *D. Pedro Primus Brasilia Imperatore Constitutionale*. Nessa cópia, a obra é dedicada ao papa Leão XII. No Brasil, a única partitura existente da abertura do *Te Deum* de d. Pedro encontra-se na cidade de São João Del Rei, no arquivo da Orquestra Lira Sanjoanense[284].

A primeira audição do *Te Deum* foi realizada pelos conjuntos da Capela Real aos quais se juntaram os músicos da

---

282. Johann Baptist von Spix e Karl Friedrich Philipp von Martius, op. cit., v. I, p. 50.
283. Disponível em <http://www.acmerj.com.br/>.
284. Manuel Ivo Cruz, op. cit., 1998, p. 549. Cf. discografia.

Real Câmara, dirigidos por Marcos Portugal durante a cerimônia de imposição dos santos óleos ao príncipe d. João Carlos em 27 de março de 1821. Na ocasião, a *Gazeta do Rio de Janeiro* se manifestou em termos superlativos sobre o talento musical de d. Pedro:

> Depois entoou o mesmo Excellentíssimo Bispo o hymno *Te Deum*, que foi cantado pelos Músicos da Real Camara e Capella com música composta por hum Gênio transcendente, tão amado das Musas como dos Portugueses, dirigida pelo célebre Marcos Portugal, Mestre de S.S.A.A.R.R. Durante a Augusta Cerimônia se tocarão muitas agradáveis symphonias.[285]

Possivelmente uma das agradáveis sinfonias executadas foi a abertura escrita por d. Pedro. Tanto no Brasil quanto em Portugal, o *Te Deum* foi tocado freqüentemente, havendo registros sobre sua execução em Lisboa durante os batizados dos príncipes d. Pedro e d. João, filhos de dona Maria II, netos do compositor[286].

A abertura, por sua vez, foi apresentada em Paris. Após abdicar do trono brasileiro em favor de seu filho e antes de seguir para Portugal para se bater contra seu irmão d. Miguel, que havia assumido o trono português, d. Pedro fez uma estada de alguns meses em Paris para preparar sua campanha pela retomada da Coroa portuguesa para sua filha dona Maria da Glória. Na capital francesa, d. Pedro freqüentou o Théatre des

---

285. *Gazeta do Rio de Janeiro*, n. 26, 31 de março de 1821.
286. Manuel Ivo Cruz, op. cit., 1998, p. 549.

Italiens, onde conheceu Gioachino Rossini e ao qual ofertou uma partitura de sua abertura. A obra foi dirigida pelo célebre compositor italiano em concerto realizado em Paris no dia 30 de outubro de 1831[287].

O *Credo* da missa de Nossa Senhora do Carmo é sua melhor composição. Durante todo o século XIX foi freqüentemente executado, não só na Capela Imperial como em outras igrejas da cidade. A obra, também conhecida como "Credo do Imperador", possivelmente era programada como uma deferência a d. Pedro II, que por sua vez deveria incentivar a execução das peças compostas por seu pai. Com a proclamação da República, tanto o *Credo* como as demais composições de d. Pedro caíram no esquecimento. Em 1972, por ocasião do sesquicentenário da Independência, o *Credo* foi resgatado pelo governo militar brasileiro, que produziu sua primeira gravação com os conjuntos da rádio MEC[288].

Está escrito para solistas, coro e grande orquestra. É uma obra que também segue o estilo lírico italiano que dona Leopoldina havia definido como "teatral". O manuscrito pertence ao arquivo do Cabido Metropolitano do Rio de Janeiro. Não há referências sobre sua data de composição, mas hoje é sabido que foi executado na Capela Imperial em 5 de dezembro de 1829, durante a celebração do segundo casamento de d. Pedro com dona Amélia de Leuchtenberg, após o prematuro falecimento de dona Leopoldina em 1826.

---

287. Ibidem, p. 551.
288. Cf. discografia.

Imperador d. Pedro I executando, ao piano, o hino que teria composto em parceria com Evaristo da Veiga, retratado ao seu lado.
Augusto Bracet (1881-1960). Acervo do Museu Histórico Nacional.

Os dois hinos compostos por d. Pedro estão diretamente ligados a fatos políticos importantes, tanto para o Brasil como para Portugal. O *Hino da Carta Constitucional* foi escrito em 31 de março de 1821, segundo consta na publicação feita pela Imprensa Régia. A composição da obra teve como motivação o compromisso assumido por d. João VI de aceitar a nova constituição portuguesa e retornar em breve para Lisboa. O hino, cuja letra exaltava ao mesmo tempo a monarquia, a constituição e a religião, teve sua estréia no Brasil em 13 de maio de 1821, no teatro São João. Em Portugal, o *Hino da*

Carta foi ouvido pela primeira vez, segundo Ayres de Andrade, em 24 de agosto do mesmo ano[289]. A música de d. Pedro foi oficializada como hino nacional português em 1834, por decreto de dona Maria II, e como tal perdurou até 1911[290].

A obra de d. Pedro mais conhecida e constantemente executada está diretamente ligada à nossa emancipação política e é um dos hinos oficiais do Brasil. Até 1822, a música que servia aos brasileiros como hino nacional era de autoria de Marcos Portugal. Tal era, na verdade, a parte final da cantata *La speranza* ou *L'augurio felice*, composta em 1809, que ficou conhecida como *Hino do Príncipe* ou *Hino de d. João* e foi adotada como hino nacional português até 1834. Por ocasião da independência do Brasil, Marcos Portugal compôs um novo hino, com letra de Evaristo da Veiga (1799-1837), e que se intitulava *Hino Constitucional Brasiliense*. Este foi informalmente adotado como hino da nova nação até 1824. O *Hino da Independência* de d. Pedro I foi composto por ocasião de seu juramento à nova constituição do Império e foi cantado pela primeira vez provavelmente na noite de 8 de março de 1824 no teatro São João. A letra utilizada

---

289. Ayres de Andrade, op. cit., v. I, p. 143. Manuel Ivo Cruz afirma que, "composto em 1820, o *Hino da Carta* foi cantado pela primeira vez em Portugal no teatro de S. Carlos na noite de 27 de abril de 1821". Não apresenta, entretanto, as fontes nas quais baseou suas afirmações. A data proposta por Cruz não parece ser correta, pois o evento histórico que motivou a composição do hino ocorreu em 26 de fevereiro de 1821. O hino cantado no teatro São Carlos em 27 de abril deve ter sido outro que não o de d. Pedro. Tendo sido composto em 31 de março, é pouco provável, pelo tempo de viagem entre Brasil e Portugal, que a partitura tenha chegado a Lisboa em menos de trinta dias (Manuel Ivo Cruz, op. cit., 1998, p. 565).

290. Manuel Ivo Cruz, op. cit., 1998, p. 566. Cf. discografia.

por d. Pedro I é a mesma que serviu para o hino de Marcos Portugal, de autoria de Evaristo da Veiga.

A noite de estréia do hino de d. Pedro I marcou também o desaparecimento de um dos mais representativos símbolos culturais do período joanino no Rio de Janeiro. Na mesma data, após a representação do drama *A vida de santo Hermenegildo*, o teatro São João foi consumido por um devastador incêndio. O viajante alemão Ernst Ebel, presente ao espetáculo, narrou o acontecimento:

> Quando eu me dirigia, enfim, para casa, assustou-me de súbito o alarme de um incêndio. Indagando, apontaram-me o Largo do Teatro, para onde dirigi-me às pressas. Ainda distante, já via o imenso clarão e, ao aproximar-me, estava todo o teatro envolto em chamas. Exatamente às onze e meia, dez minutos depois da representação, os Imperadores mal se haviam retirado e saído os últimos expectadores, irrompeu o fogo e tão depressa que, em menos de meia hora, o edifício todo ardia. D. Pedro voltou ato contínuo e permaneceu no local até às cinco da madrugada, vendo que se salvassem os prédios contíguos, pois das chamas mesmas ninguém podia aproximar-se. Foi grandioso e terrível o espetáculo, as labaredas subindo até o céu, qual um vulcão. [...] O teatro queimou até o chão e, na manhã seguinte, só restavam de pé os muros maciços exteriores, por dentro continuando um braseiro.[291]

---

291. Ernst Ebel, op. cit., pp. 115-6.

Durante alguns anos, os hinos compostos por Marcos Portugal e d. Pedro I dividiram a preferência dos brasileiros como a melhor expressão dos ideais da independência. Nenhum dos dois, entretanto, foi oficializado. Durante o Primeiro Reinado, os acontecimentos políticos causaram o crescente desprestígio do jovem imperador diante de sua corte. Em 7 de abril de 1831, d. Pedro I abdicou do trono brasileiro em favor de seu filho – que viria a se tornar o imperador d. Pedro II –, para se lançar à aventura de reconquistar a Coroa portuguesa. Para comemorar a data, o compositor Francisco Manoel da Silva compôs um hino que ao longo do século XIX passaria a ser reconhecido como o hino nacional brasileiro.

4
O RETORNO DE D. JOÃO VI PARA PORTUGAL E SEU LEGADO AO BRASIL

Nos treze anos de sua permanência no Brasil, d. João VI adiou o quanto pôde seu retorno a Lisboa. Tendo tomado a decisão de transferir a corte para a capital do Vice-Reino em razão da invasão de Portugal pelo exército de Napoleão, d. João poderia ter retornado já em 1810 após a libertação do país com a derrota do marechal Masséna para as tropas comandadas por Wellington. Outra oportunidade teria sido em 1812, após a retirada das tropas francesas da Espanha. Em 1814, d. João chegou a manifestar por escrito seu desejo de retornar, condicionando tal decisão à derrota definitiva de Napoleão[1]. Entretanto, mesmo após o fim do Congresso de Viena, d. João permaneceu no Brasil. O retorno era constantemente adiado.

---
1. Luis Norton, op. cit., p. 120.

D. João VI aos 53 anos.
Jean Baptiste Debret.
Óleo sobre tela.

Podemos pensar que a resistência de d. João em voltar para Portugal era fruto de sua já tão propagandeada indecisão. Consagrou-se na historiografia brasileira e portuguesa a imagem de um rei bonachão, insaciável devorador de frangos assados, descuidado nos aspectos básicos da higiene pessoal, dominado por dona Carlota Joaquina e com enorme resistência em tomar decisões. À sua maneira, porém, d. João VI fez uma aliança com a Inglaterra no momento em que as casas reais européias estavam subjugadas pela força das armas e evitou um embate direto com as tropas francesas, transferindo a corte para a capital do Vice-Reino. Essa atitude contribuiu decisivamente para a derrota de Napoleão e garantiu a manutenção da monarquia em Portugal. Ao mesmo tempo, d. João frustrou as tramas conspiratórias de sua esposa e a manteve distante não só das decisões políticas mais importantes, mas também de sua própria pessoa, fazendo com que no Rio de Janeiro ela residisse em um palacete em Botafogo. D. João VI resistia ao retorno a Portugal, pois, certamente, apreciava a relativa tranqüilidade que gozava no Rio de Janeiro, onde contava com a admiração de seus súditos. No Brasil, d. João se sentia seguro e possivelmente aqui passou os melhores anos de sua vida.

As notícias vindas de Portugal, entretanto, davam conta da crescente insatisfação das cortes portuguesas com a demora do rei no Rio de Janeiro. O liberalismo avançava e se constituía em uma real ameaça ao absolutismo monárquico. Em 24 de agosto de 1820, uma revolta na cidade do Porto teve como conseqüência o avanço do constitucionalismo em Portugal. Já no início de 1821, algumas províncias no Brasil, entre elas a do Grão-Pará e a da Bahia, se pronunciaram a favor das idéias que norteariam a elaboração de uma nova constituição portuguesa. Em 26 de fevereiro de 1821, vendo as idéias liberais avançarem também no Brasil e sob pressão das tropas portuguesas nos quartéis do Rio de Janeiro que exigiam seu retorno a Portugal, d. João VI determinou que o Príncipe Real d. Pedro fosse ao encontro dos militares concentrados em frente ao teatro São João e assinasse em seu nome um decreto no qual se comprometia a aceitar a nova constituição ainda em elaboração.

Desejando claramente permanecer no Brasil, d. João VI decidiu enviar d. Pedro para Lisboa. Entretanto, o crescente prestígio do príncipe herdeiro entre os brasileiros e a possibilidade do retorno ao velho sistema colonial fizeram avançar os sentimentos de independência entre aqueles que não aceitariam perder o que havia sido conquistado durante os anos de permanência de d. João VI no Brasil. Diante do dilema de perder o

Juramento prévio, pelo Príncipe Real d. Pedro em nome de d. João VI, da Constituição que seria elaborada pelas cortes portuguesas. Sacada do teatro São João em 26 de fevereiro de 1821.
Félix Emile Taunay (1795-1881). Aquarela sobre papel. Acervo do Museu Histórico Nacional.

trono português ou provocar a independência do Brasil, d. João decidiu por seu regresso a Lisboa e pela permanência de d. Pedro no Rio de Janeiro na condição de Príncipe Regente.

Em 26 de abril de 1821, d. João VI partiu levando consigo dona Carlota Joaquina, sete de seus oito filhos ainda vivos e os despojos de dona Maria I e de seu sobrinho d. Pedro Carlos. Sua comitiva foi composta de vários navios e incluía cortesãos, serviçais e boa parte das reservas monetárias, retiradas dos cofres do Banco do Brasil. Não deixou de levar também algumas coisas que lhe eram muito caras, entre elas uma boa quantidade de partituras, especialmente de Marcos Portugal e algumas do padre José Maurício. D. João considerava tais obras propriedade sua, afinal haviam sido criadas por sua ordem para sua Capela Real ou para o teatro da corte. Uma das referências sobre o zelo de d. João VI para com as composições que encomendava nos informa que "ele vigiava no Brasil todas as músicas da Capela Real para que não fossem reproduzidas na Europa"[2]. Uma carta do tenor António Pedro Gonçalves, escrita no Rio de Janeiro em 30 de dezembro de 1819, ilustra bem os sentimentos que d. João nutria com relação às obras por ele encomendadas:

> El Rey tem huma soffreguidade na musica que se canta na Capella, que athé a não quer emprestar nem p.ª se cantar aqui em algumas Festas que se fazem por fora, não indo Elle assistir. [...] No anno em que morreo a Raynha e p. as Exéquias da mesma Snr.ª compôz Marcos huma Missa de Defuntos, constou aqui não sei se com motivo ou sem elle, que se tinha cantado em Lx.ª El-Rey soube-o foi pellos ares, e dizem-me que mandara Ordem ao Visconde de Santarém que indagasse se isto era verd.e e quem a tinha remetido d'aqui, protestando de mandar para Angola o q. a tivesse remetido: ao mesmo sucede agora com outra do mesmo Marcos chamada da Conceição que aqui se disse ter-se cantado no Porto. [...] [sobre o empréstimo de uma Ladainha] Marcos [...] falou a S. Mag.e que lhe respondéo [...] que a musica que elle mandava fazer p.ª sua Capella era unicamente p.ª as suas Funçoens, e que sendo de outro modo, nenhuma differença haveria das suas às dos outros.[3]

---

2. J. F. de Almeida Prado, op. cit., p. 11.
3. António Marques, op. cit.

Comportava-se d. João VI no Rio de Janeiro, com seus compositores e as obras por eles produzidas, como qualquer outro nobre ou monarca europeu de sua época que mantinha músicos entre seus empregados – a exemplo do já citado príncipe Esterhazy com relação ao compositor Joseph Haydn.

Ao retornar para Lisboa, d. João VI levou consigo pelo menos doze obras de Marcos Portugal, seu compositor favorito, compostas no Rio de Janeiro entre 1811 e 1817. Entre elas se destacam as *Matinas do Natal* de 1811, *Matinas da epifania* de 1812, *Matinas de Sexta-Feira maior* de 1813, uma *Missa* de 1814 e a *Missa a grande instrumental*, composta em 1817 "em acção de graças pela feliz chegada de S. A. S. a Princesa Real". Atualmente estão guardadas na Biblioteca da Ajuda[4]. Do padre José Maurício são encontradas em Portugal algumas obras profanas como o *Coro de 1808*, o *Triunfo da América* e *Ulisséa*, todas de propriedade da Biblioteca Ducal de Vila Viçosa.

D. João VI faleceu no Palácio da Bemposta em 10 de março de 1826. Durante muitos anos pensava-se que haveria sido em razão de problemas digestivos após um jantar em família. Há poucos anos uma equipe de legistas exumou os restos mortais do monarca e concluiu que a *causa mortis* foi, na verdade, envenenamento por arsênico[5]. O assassinato de d. João VI foi,

---

4. Biblioteca da Ajuda, op. cit., v. IV, p. 126, e v. V, pp. 9-21.
5. No Brasil a notícia foi veiculada pela revista *Isto É* (São Paulo, n. 1601), em 2 de junho de 2000:

> Envenenaram d. João VI – Após três anos de análises, pesquisadores portugueses confirmaram que o rei d. João VI (pai do Imperador do Brasil, Pedro I) foi envenenado com arsênico. O arqueólogo Fernando

com toda a certeza, motivado pela disputa pela sucessão ao trono português, que anos mais tarde colocaria em lados opostos d. Pedro I, imperador do Brasil, e seu irmão d. Miguel.

O padre José Maurício Nunes Garcia e Marcos Portugal — os dois mais importantes compositores diretamente ligados a d. João VI — sobreviveram alguns poucos anos ao monarca. Após a Independência, ambos continuaram servindo a d. Pedro I como mestres de sua Capela Imperial. Os problemas econômicos enfrentados pelo recém-criado governo abriram um período de crise que se refletiu nas atividades musicais.

Em seus últimos anos, José Maurício enfrentou um período de decadência física e econômica, a ponto de fechar o curso gratuito que durante anos mantivera em casa e que formara várias gerações de músicos. Seu salário como mestre-de-capela não era reajustado fazia muitos anos, ao que se somava o fim de sua atividade composicional para as irmandades do Rio de Janeiro e o sustento de sua extensa família. Ao final da vida, José Maurício não mais compunha. Sua última obra, a *Missa de Santa Cecília*, havia sido escrita em 1826 — a última encomenda que recebeu, da irmandade dedicada à santa padroei-

---

Rodrigues Ferreira revelou que fragmentos dos intestinos e do fígado do monarca continham de 400 a 800 miligramas da substância, mais que o suficiente para matar um homem.

Informações mais detalhadas podem ser obtidas na internet em: <http://herodoto4.blogspot.com/2005_09_01_archive.html>.

ra dos músicos. Pouco antes de seu fim, "em extrema miséria", José Maurício reconheceu em cartório José Maurício Nunes Garcia Júnior como seu filho e em seu benefício renunciou ao título da Ordem de Cristo que havia recebido de d. João. Faleceu no dia 18 de abril de 1830.

Dois meses antes da morte de José Maurício, a Capela Imperial perdeu outro mestre. Marcos Portugal faleceu em sua residência no dia 17 fevereiro de 1830[6]. Antes, porém, já havia sido vítima em duas ocasiões de "crises apopléticas" que deixaram parcialmente paralisado um de seus braços – a primeira delas, pouco depois de sua chegada ao Rio de Janeiro. Luiz dos Santos Marrocos escreveu em carta de 29 de outubro de 1811 que Marcos Portugal "aqui teve húa espécie de estupor de repente, de cujo ataque ficou leso de hum braço"[7]. A segunda aconteceu alguns anos depois, em 1817, e mereceu novo comentário de Santos Marrocos: "q. as das parlezias nesta terra são de esperar; e agora o Marcos já está em covalescença de segunda"[8].

---

6. Antônio Campos Monteiro Neto, "Marcos Portugal x Padre José Maurício: o embate que não houve" (<http://www.movimento.com>, 21 de setembro de 2005, acesso em 10 de outubro de 2005). O autor baseia sua informação no assento de óbito do compositor, na página 57v. do *Livro que se há de servir para nelle se lançarem os fallecimentos das pessoas ocupadas no serviço do Paço*, onde consta que o compositor faleceu em "casa de sua morada na rua do Lavradio". Essa informação contraria outras, que dizem ter o compositor falecido na casa da marquesa de Santo Amaro.

7. Luiz dos Santos Marrocos, op. cit., p. 42 (carta n. 8, de 29 de outubro de 1811).

8. Ibidem, p. 291 (carta n. 106, de 2 de fevereiro de 1817).

O compositor não retornou a Lisboa com d. João VI em 1821. Seus problemas de saúde e a idade podem tê-lo levado a depositar esperanças no novo governo de seu aluno, d. Pedro I. A situação financeira de Marcos Portugal era mais confortável que a de José Maurício pelo fato de exercer o cargo de professor de música das princesas imperiais, que lhe rendia anualmente 480 mil réis[9]. É surpreendente, entretanto, que um compositor que foi um dos mais executados de seu tempo, com óperas encenadas pelos teatros de toda a Europa e que contou com a proteção especial do rei, ocupando cargos importantes, tenha chegado ao fim da vida de forma relativamente obscura na capital de uma ex-colônia, distante dos palcos que o consagraram.

O destino da obra de José Maurício e Marcos Portugal, com o passar dos anos, inverteu a situação privilegiada que o compositor português tinha em relação ao brasileiro. Enquanto as obras de José Maurício foram constantemente recopiadas e executadas na Capela Imperial durante todo o século XIX e conheceram um verdadeiro renascer na segunda metade do século XX, as de Marcos Portugal caíram em desuso e ficaram praticamente esquecidas nas gavetas dos arquivos ou anunciadas para venda aos interessados. É o que nos informa o *Jornal do Commercio* de 26 de agosto de 1834:

---

9. Ayres de Andrade, op. cit., p. 217.

Se algum professor ou mesmo curioso quizer comprar os caixotes (não pequenos) de diversas composições de música, partituras, originais e de melhor gosto que neste gênero tem aparecido, sendo o seu autor o insigne e bem conhecido Marcos Antônio Portugal, cujas produções se deixaram patentear em alguns países estrangeiros, de que lhe resultou o melhor conceito pelo bom acolhimento e particular consideração a seu autor, pode dirigir-se à rua da Conceição nº 12, 1º andar.[10]

É completamente desconhecido o paradeiro do citado caixote, assim como seu possível comprador ou o título das obras nele contidas. As óperas de Marcos Portugal também saíram do repertório muito rapidamente. Dezessete anos após a morte do compositor, o crítico Martins Pena, em crônica de 26 de maio de 1847 no *Jornal do Commercio*, a ele se referiu nos seguintes termos:

> Lá se vão já alguns anos que uma companhia de canto, da qual fazia parte o Sr. Vaccani, congregava nesse mesmo Teatro de S. Pedro os dilettanti de então, que são hoje nossos pais. Para muitos é lembrado com saudades êsse tempo em que Marcos Portugal andava na berra da fama e Rossini era o profeta musical. As óperas de Marcos Portugal envelheceram com o correr dos anos; mas as de Rossini, que tinham feito escola, e eram marcadas com o cunho superior do gê-

---

10. *Jornal do Commercio*, Rio de Janeiro, 26 de agosto de 1834.

nio, viçosas e queridas ainda se conservam, e se conservarão por longo tempo.[11]

Nos dias de hoje multiplicam-se as gravações e edições das obras de José Maurício. As de Marcos Portugal, mesmo em seu país natal, são poucas. Por outro lado, a relativização da importância de Marcos Portugal para a história da música em nosso país é injusta, já que motivada por sentimentos de justiça em relação ao padre José Maurício e não por uma análise criteriosa da qualidade de sua música.

Durante muitos anos, séculos até, a historiografia musical brasileira deu mais importância aos fatos relacionados ao caráter de Marcos Portugal e sua posição de superioridade em relação ao padre José Maurício do que à sua música. O compositor carioca, por sua vez, desde os primeiros biógrafos do século XIX, é apresentado como aquele que sofreu resignadamente nas mãos de seu colega português, cuja música era avaliada mais como o fruto da fama que havia obtido com a encenação de suas óperas na Europa do que propriamente por seus méritos como compositor. Com a tendência nacionalista iniciada logo após a Independência em 1822 e reforçada um século depois pelos modernistas nas primeiras décadas do século XX, a figura do padre José Maurício foi utilizada

---

11. Luiz Carlos Martins Pena, *Folhetins "A semana lírica"* (Rio de Janeiro, Ministério da Educação e Cultura/Instituto Nacional do Livro, 1965), p. 245.

para forjar uma personagem que servisse aos propósitos políticos de afirmação da nacionalidade brasileira. O fato de José Maurício ser mulato contribuía para reforçar uma imagem que pudesse ser contraposta ao do colonizador branco, cuja personificação, no caso da música, coube a Marcos Portugal. Como disse Renato Almeida, em 1942, era "quase falta de patriotismo não falar mal de Marcos Portugal"[12].

Por outro lado, houve uma tentativa de anistiar o compositor português como se a qualidade de sua música estivesse diretamente ligada à qualidade de seu caráter. Autores como Veiga Júnior, Maria Luiza Queiroz Santos e Manuel Ivo Cruz procuraram, em diferentes épocas, contrapor argumentos aos que fizeram críticas à postura profissional de Marcos Portugal. A estratégia não era a apresentação de provas que contestassem as afirmações pouco lisonjeiras de seus contemporâneos, especialmente as do bibliotecário Luiz dos Santos Marrocos, mas a desqualificação pura e simples de seus argumentos. Essa estratégia se mostrou ineficaz, pois a música de Marcos Portugal não foi reabilitada.

É inútil continuar tentando provar que Marcos Portugal não foi o famigerado compositor que tanto prejudicou seus colegas. Sua música nada ganha com isso. Para que ela possa ressurgir e voltar ao repertório, é desnecessário provar que seu autor foi um homem de caráter como se houvesse existido entre seus contemporâneos um complô generalizado para aviltar seu bom nome.

---

12. Renato Almeida, op. cit., p. 305.

O caráter do homem Marcos Portugal jamais poderá ser reabilitado. Podemos, entretanto, reabilitar sua música. Para isso basta que ela seja editada, tocada e estudada.

Por outro lado, a historiografia musical brasileira não necessita mais reforçar a imagem que cunhou no padre José Maurício como o compositor perseguido e injustiçado. Sua música não necessita mais de nosso ufanismo para assumir seu lugar de importância no patrimônio cultural brasileiro, assim como a de Marcos Portugal dispensa nosso preconceito.

As iniciativas de d. João VI no campo da música no Brasil deixaram marcas profundas. A Capela Real foi transformada em Imperial após a Independência e perdurou até o final do Segundo Império, quando a proclamação da república pôs fim ao regime monárquico, em 1889. A construção do teatro São João iniciou uma tradição lírica que se consolidou durante o século XIX e que chegou aos nossos dias. As práticas musicais européias mais modernas daquela época foram introduzidas no Brasil através da chegada de uma enorme quantidade de músicos que aqui se estabeleceram após a transferência da Família Real. O repertório foi atualizado. A música militar foi reorganizada e padronizada a partir do modelo da Banda da Real Brigada. O estilo de vida cortesão enriqueceu a vida musical carioca com o incremento das atividades de entretenimento, em que a música era elemento fundamental. Proporcionou também, ainda que de forma incipiente, o desenvolvimento de gêneros até então pouco praticados, como o de câmara e o sinfônico. A criação da Imprensa Régia possibilitou o surgimento das primeiras edições e o desenvolvimento da literatura musical.

Esse foi o legado de um homem que, contra sua vontade, se transformou em soberano de um reino extenso, d'aquém e d'além-mar. Mesmo que o objetivo fosse apenas a melhoria das condições materiais que permitisse a si próprio, aos demais membros da Família Real e aos nobres portugueses um maior conforto durante o período de permanência no Rio de Janeiro, suas iniciativas lançaram as bases de um processo civilizatório que culminou em nossa independência política em 1822. A transferência da corte portuguesa para o Brasil representou o mais extraordinário evento histórico dos pouco mais de trezentos anos do período em que estivemos subordinados a Portugal e foi determinante para a superação do estágio de simples colônia, preparando e estimulando nossa caminhada rumo à condição de Nação.

Referências bibliográficas

ABREU, Martha. "Histórias da 'música popular brasileira': uma análise da produção sobre o período colonial". Em JANCSÓ, István e KANTOR, Íris (orgs.). *Festa: cultura e sociabilidade na América portuguesa*. São Paulo, Hucitec/Edusp/Fapesp/Imprensa Oficial, 2001, v. I, pp. 683-701 (Coleção Estante USP – Brasil 500 anos).

ALMEIDA, Renato. *História da música brasileira*. 2. ed. Rio de Janeiro, Brighiet, 1942.

ALMEIDA PRADO, J. F. de. *D. João VI e o início da classe dirigente do Brasil 1815-1889*. São Paulo, Companhia Editora Nacional, 1968 (Série Brasiliana, v. 345).

ANDRADE, Ayres de. *Francisco Manoel da Silva e seu tempo (1808-1865) – uma fase do passado musical do Rio de Janeiro à luz de novos documentos*. Rio de Janeiro, Tempo Brasileiro, 1967, 2 v.

ANDRADE, Mário de. "Candido Inácio da Silva e o lundu". *Revista Brasileira de Música*. Rio de Janeiro, Escola Nacional de Música, 1944, v. 10, pp. 17-39.

_____. *Modinhas imperiais*. Belo Horizonte, Itatiaia, 1980.

APDG. *Sketches of Portuguese life, manners, costume, and character*. Londres, Geo. B. Whittaker, 1826.

ARAÚJO, Mozart de. *Rapsódia Brasileira – textos reunidos de um militante do nacionalismo musical*. Seleção, prefácio e notas de Vicente Salles. Fortaleza, Universidade Estadual do Ceará, 1994.

_____. *A modinha e o lundu no século XVIII*. São Paulo, Ricordi, 1963.

AZEVEDO, Luiz Heitor Correa de. "José Mauricio Nunes Garcia". Em *Música e músicos do Brasil*. Rio de Janeiro, Livraria-Editora da Casa do Estudante do Brasil, 1950, pp. 101-5.

_____. "José Mauricio e o meio em que viveu". Em *Música e músicos do Brasil*. Rio de Janeiro, Livraria-Editora da Casa do Estudante do Brasil, 1950, pp. 106-26.

_____. "O espírito religioso na obra de José Mauricio". Em *Música e músicos do Brasil*. Rio de Janeiro, Livraria-Editora da Casa do Estudante do Brasil, 1950, pp. 127-35.

_____. *150 anos de música no Brasil*. Rio de Janeiro, José Olympio, 1956.

_____. *A música na corte portuguesa do Rio de Janeiro*. Paris, Arquivos do Centro Cultural Português (Fundação Calouste Gulbenkian), 1969.

_____. "Esplendor da vida musical fluminense no tempo de d. João VI. Sigismundo Neukomm no Rio de Janeiro". *Actas do III Colóquio Internacional de Estudos Luso-Brasileiros* (1957). Lisboa, 1960, v. II, pp. 77-88.

BARBIER, Patrick. *História dos castrati*. Tradução de Raquel Ramalhete. Rio de Janeiro, Nova Fronteira, 1993.

BERNARDES, Ricardo. "Introdução à história da música no Brasil". Em *Música no Brasil, séculos XVIII e XIX* (v. II: *Real Capela do Rio de Janeiro 1808-1821 – Obras sacras de José Maurício Nunes Garcia, Sigismund Ritter von Neukomm e Marcos Portugal*). Edição crítica de Ricardo Bernardes. Rio de Janeiro, Funarte, 2002.

_____. "Breves considerações sobre a obra". Em *Música no Brasil, séculos XVIII e XIX* (v. IV: *Real Capela do Rio de Janeiro 1808-1821 – Sigismund Ritter von Neukomm – Missa Solemnis pro Die Acclamationis Joannis VI*). Pesquisa e transcrição de José Maria Neves, revisão e edição de Ricardo Bernardes. Rio de Janeiro, Funarte, 2002.

_____. "José Maurício Nunes Garcia e a Real Capela de d. João VI no Rio de Janeiro". *Textos do Brasil*. Brasília, Departamento Cultural do Ministério das Relações Exteriores, 2006, n. 12 (Música Erudita Brasileira), pp. 40-5.

BIBLIOTECA DA AJUDA. *Catálogo de música manuscrita*. Direção de Mariana Amélia Machado Santos. Lisboa, 1958/1967, v. I-IX.

BINDER, Fernando. "Novas fontes para o estudo das bandas de música brasileiras". *Anais do V Encontro de Musicologia Histórica* (Juiz de Fora, 19 a 21 de julho de 2002). Organização de Paulo Castagna. Juiz de Fora, Centro Cultural Pró-Música, 2004.

_____. "Bandas de música no Brasil: revisão de conceitos a partir de formações instrumentais entre 1793-1826". *Anais do VI Encontro de Musicologia Histórica* (Juiz de Fora, 22 a 25 de julho de 2004). Organização de Paulo Castagna. Juiz de Fora, Centro Cultural Pró-Música, 2006.

_____. *Bandas militares no Brasil: difusão e organização entre 1808 e 1889*. São Paulo, Unesp, 2006. (Dissertação de mestrado.)

_____. "O dossiê Neuparth". *Rotunda*. Campinas, abril de 2006, n. 4.

BINDER, Fernando & CASTAGNA, Paulo. "Teoria musical no Brasil: 1734-1854". *Revista Eletrônica de Musicologia*. Curitiba, Departamento de Artes da Universidade Federal do Paraná, 2 de dezembro de 1996, v. 1. Disponível em: <http://www.rem.ufpr.br>.

BLAKE, Augusto Vitorino Alves Sacramento. *Dicionário bibliográfico brasileiro*. Rio de Janeiro, Typographia Nacional, 1883.

BLANCO, Pablo Sotuyo. "'Novena para o Snr. Bom Jezuz dos Navegantes': mais uma obra de Barbosa de Araújo". *Revista Eletrônica de Musicologia*. Curitiba, Departamento de Artes da Universidade Federal do Paraná, dezembro de 2002, v. VII. Disponível em: <http://www.rem.ufpr.br>.

_____. "A 'Missa Rival' de Damião Barbosa de Araújo". *Ictus*. Salvador, Programa de Pós-Graduação em Música da UFBA, dezembro de 2002, v. 4, pp. 57-68.

_____. "Situação da pesquisa biográfica de Damião Barbosa de Araújo". *Anais do XIV Congresso da Anppom*. Porto Alegre, UFRGS, 2003.

_____. "Damião Barbosa de Araújo: de músico militar a mestre-de-capela". *Anais do XV Congresso da Anppom*. Rio de Janeiro, Escola de Música da UFRJ, 2005, pp. 268-75.

BOCCANERA, Silio. *O theatro na Bahia, da Colônia à República (1800-1923)*. Salvador, Imprensa Oficial do Estado, 1924.

BRANCO, João de Freitas. *História da Música Portuguesa*. 2. ed. revista e aumentada. Lisboa, Publicações Europa-América, 1995.

BRASIL, Hebe Machado. *A música na cidade do Salvador 1549-1900*. Complemento da história das artes na cidade do Salvador. Salvador, Prefeitura Municipal, 1969.

BRION, Marcel. *Viena no tempo de Mozart e de Schubert*. São Paulo, Companhia das Letras, 1991.

BRITO, Manuel Carlos de. *Estudos de história da música em Portugal*. Lisboa, Estampa, 1989.

_____. "Breve panorâmica da ópera em Portugal no século XVIII". *Anais do I Encontro de Musicologia Histórica*. Juiz de Fora, Centro Cultural Pró-Música, 1994.

_____. "As relações musicais entre Portugal e Itália no século XVIII". *Portugal e o mundo: o encontro de culturas na música*. VI Colóquio do Conselho Internacional de Música Tradicional. Lisboa, Publicações Don Quixote, 1997.

BUDASZ, Rogério. "Perspectivas para o estudo da ópera e teatro musical no Brasil do período colonial ao primeiro reinado". *Anais do VI Encontro de Musicologia Histórica* (Juiz de Fora, 22 a 25 de julho de 2004). Organização de Paulo Castagna. Juiz de Fora, Centro Cultural Pró-Música, 2006, pp. 22-37.

_____. "Música e sociedade no Brasil colonial". *Textos do Brasil*. Brasília, Departamento Cultural do Ministério das Relações Exteriores, 2006, n. 12 (Música Erudita Brasileira), pp. 14-21.

CALMON, Pedro. *O Rei do Brasil: vida de d. João VI*. 2. ed. São Paulo, Companhia Editora Nacional, 1943.

CARDOSO, André. *8ª lição para as matinas de Quarta-Feira Santa: uma atribuição de autoria entre José Joaquim Emerico Lobo de Mesquita e Jerônimo de Souza Lobo e edição crítica*. Rio de Janeiro, Unirio, 1996. (Dissertação de mestrado.)

_____. "Jerônimo de Souza Lobo no panorama da música mineira do século XVIII". *Anais do II Simpósio Latino-Americano de Musicologia* (Curitiba, 21 a 25 de janeiro de 1998). Organização de Elisabeth Prosser & Paulo Castagna, Curitiba, Fundação Cultural de Curitiba, 1999.

_____. "A música na Catedral do Rio de Janeiro nos séculos XVII e XVIII". *Revista Brasileira de Música*. Rio de Janeiro, Escola de Música da UFRJ, 2002, v. 22, pp. 7-23.

_____. "O arquivo musical e o repertório da Capela Real e Imperial do Rio de Janeiro: 1808-1889". *Anais do V Encontro de Musicologia Histórica* (Juiz de Fora, 19 a 21 de julho de 2002). Juiz de Fora, Centro Cultural Pró-Música, 2004, pp. 40-54.

_____. *A música na Capela Real e Imperial do Rio de Janeiro 1808-1889*. Rio de Janeiro, Academia Brasileira de Música, 2005.

CARDOSO, Lino de Almeida. *O som e o soberano: uma história da depressão musical carioca pós-Abdicação (1831-1843) e seus antecedentes*. São Paulo, Programa de Pós-Graduação em História Social da Universidade de São Paulo, 2006. (Tese de doutorado.)

CARVALHO, Vinícius Mariano de. "História e tradição da música militar". Juiz de Fora, Centro de Pesquisas Estratégicas Paulino Soares de Souza

da Universidade Federal de Juiz de Fora. Disponível em <http://www.defesa.ufjf.br/fts/MUSICAMILITAR.pdf>.
CASTAGNA, Paulo. "Gabriel Fernandes da Trindade: os duetos concertantes". *Anais do II Encontro de Musicologia Histórica* (Juiz de Fora, julho de 1996). Juiz de Fora, Centro Cultural Pró-Música, 1996, pp. 64-111.

_____. "Uma análise paleoarquivística da relação de obras do arquivo musical de Florêncio José Ferreira Coutinho". *Anais do VI Encontro de Musicologia Histórica* (Juiz de Fora, 22 de junho a 2 de julho de 2004). Juiz de Fora, Centro Cultural Pró-Música, 2006, pp. 38-84.

CASTAGNA, Paulo & TRINDADE, Jaelson. "Música pré-barroca luso-americana: o grupo de Mogi das Cruzes". *Revista Eletrônica de Musicologia*. Curitiba, Departamento de Artes da Universidade Federal do Paraná, 2 de dezembro de 1996, v. 1. Disponível em: <http://www.rem.ufpr.br>.

CAVALCANTI, Nireu. *O Rio de Janeiro Setecentista: a vida e a construção da cidade da invasão francesa até a chegada da corte*. Rio de Janeiro, Jorge Zahar, 2004.

CERNICCHIARO, Vicenzo. *Storia della musica nel Brasile - dai tempi coloniali sino ai nostri giorni*. Milão, Fratelli Riccioni, 1926.

CHAMBERLAIN, Henry. *Vistas e costumes da cidade e arredores do Rio de Janeiro em 1819 e 1820*. Tradução e prefácio de Rubens Borba de Moraes. São Paulo, Kosmos, 1943 [*Views and costumes of the city and neighbourhood of Rio de Janeiro, Brazil from drawings taken by lieutenant Chamberlain, Royal Artillery, during the years 1819 and 1820, with descriptive explanation*. Londres, Thomas M'Lean, 1822].

CLARO, Samuel. "La música lusoamericana en tiempos de João VI de Braganza". *Revista Musical Chilena*. Santiago, Faculdade de Artes da Universidade do Chile, janeiro/março de 1974, ano XXVIII, n. 125, pp. 5-20.

Collecção das leis do Brazil de 1808. Rio de Janeiro, Imprensa Nacional, 1891.

CROWL, Harry. "A música no Brasil colonial anterior à chegada da Corte de d. João VI". *Textos do Brasil*. Brasília, Departamento Cultural do Ministério das Relações Exteriores, 2006, n. 12 (Música Erudita Brasileira), pp. 22-31.

CRUZ, Manuel Ivo. "Marcos Portugal: bibliografia, discografia". *Arte Unesp*. São Paulo, 1990, v. VI.

_____. "D. Pedro d'Alcântara de Bragança: Rei, Imperador e músico". *Anais do Congresso Internacional D. Pedro, Imperador do Brasil, Rei de Portugal: do Absolutismo ao Liberalismo*. Porto, novembro de 1998, pp. 545-67.

CUNHA, Alcingstone de Oliveira. *The portuguese royal court and the patronage of sacred music in Rio de Janeiro, 1808-1821*. Comitê de Estudos Avançados da Escola de Música Sacra do Southwestern Baptist Theological Seminary, Fort Worth (Texas), 1998. (Tese de doutorado.)

DEBRET, Jean Baptiste. *Viagem pitoresca e histórica ao Brasil*. Tradução e notas de Sérgio Milliet. Belo Horizonte/São Paulo, Itatiaia/Edusp, 1978, 2 v.

DEL PRIORE, Mary. *Festas e utopias no Brasil colonial*. São Paulo, Brasiliense, 1994.

DENIS, Ferdinand. *Brasil*. Tradução de João Etienne Filho e Malta Lima. Belo Horizonte/São Paulo, Itatiaia/Edusp, 1980.

DIAS, Sérgio. "José Maurício Nunes Garcia: do coro à ribalta". *Anais do V Encontro de Musicologia Histórica* (Juiz de Fora, 19 a 21 de julho de 2002). Juiz de Fora, Centro Cultural Pró-Música, 2004, pp. 117-26.

DINIZ, Jaime Cavalcanti. *Damião Barbosa de Araújo. Memento Baiano para Coro e Orquestra*. Salvador, UFBA, 1970 (Estudos Baianos, n. 2).

_____. *Organistas da Bahia, 1750-1850*. Rio de Janeiro/Salvador, Tempo Brasileiro/Fundação Cultural do Estado da Bahia, 1986.

_____. *Mestres de Capela da Misericórdia da Bahia (1647-1810)*. Salvador, Centro Editorial e Didático da UFBA, 1993, p. 99.

DONA LEOPOLDINA. *Cartas de uma Imperatriz*. Pesquisa e seleção de cartas de Bettina Rann e Patrícia S. Lima. São Paulo, Estação Liberdade, 2006.

DUPRAT, Régis. "A música na Bahia colonial". *Revista de História*. São Paulo, 1965, n. 61.

_____. "Música brasileira do século XVIII e a definição de seu estilo". *Revista da Escola de Música e Artes Cênicas da UFBA*. Salvador, UFBA, 1981.

_____. *Garimpo musical*. São Paulo, Novas Metas, 1985.

_____. *Música na sé de São Paulo colonial*. São Paulo, Paulus, 1995.

DUPRAT, Régis e BALTAZAR, Carlos Alberto. *Acervo de manuscritos musicais: coleção Francisco Curt Lange – compositores mineiros dos séculos XVIII e XIX*. Belo Horizonte, UFMG, 1991.

_____. *Acervo de manuscritos musicais: coleção Francisco Curt Lange – compositores não-mineiros dos séculos XVIII e XIX*. Belo Horizonte, UFMG, 1991.

EBEL, Ernst. *O Rio de Janeiro e seus arredores em 1824*. Tradução e notas de Joaquim de Souza Leão Filho. São Paulo, Companhia Editora Nacional, 1972 (Série Brasiliana, v. 351).

EDMUNDO, Luiz. *A corte de d. João no Rio de Janeiro (1808-1821)*. 2. ed. Rio de Janeiro, Conquista, 1957. 3 v.

ELIAS, Norbert. *Mozart, sociologia de um gênio*. Organização de Michael Schröter. Tradução de Sérgio Góes de Paula. Rio de Janeiro, Jorge Zahar, 1995.

Enciclopédia da música brasileira. 2. ed. São Paulo, Art, 1998.

Estatutos da Santa Igreja Catedral do Rio de Janeiro. Rio de Janeiro, Imprensa Régia, 1811. [Reimpressões: Rio de Janeiro, Typographia Phylantropo, 1852; Rio de Janeiro, Typographia do Apostolo, 1870.]

ESTEVES, Cláudio Antônio. *A obra vocal "de capella" de Padre José Maurício Nunes Garcia: seis edições e seus elementos de escrita*. Campinas, Unicamp, 2000. (Dissertação de mestrado.)

FERREZ, Gilberto. *O velho Rio de Janeiro através das gravuras de Thomas Ender*. São Paulo, Melhoramentos, s/d.

FERREZ, Gilberto e SMITH, Robert Chester. *Franz Fruhbeck's Brazilian journey; a study of some paintings and drawings made in the years 1817 and 1818 and now in the possession of the Hispanic Society of America*. Filadélfia, University of Pennsylvania Press, 1960.

FRANÇA, Jean Marcel Carvalho. *Visões do Rio de Janeiro Colonial: antologia de textos (1531-1800)*. 2. ed. Rio de Janeiro, José Olympio, 2000.

_____. *Outras visões do Rio de Janeiro Colonial: antologia de textos (1582-1808)*. Rio de Janeiro, José Olympio, 2000.

FREIREYSS, Georg Wilhelm. "Viagem ao interior do Brazil nos annos de 1814-1815". Tradução de Alberto Löfgren. *Revista do Instituto Histórico e Geográfico de São Paulo*. São Paulo, Instituto Histórico e Geográfico de São Paulo, 1906, v. XI, pp. 158-228.

GAMA, Mauro. *José Maurício, o padre compositor*. Rio de Janeiro, Funarte/INM/Pro-Memus, 1983.

GIRON, Luís Antônio. *Minoridade crítica: a ópera e o teatro nos folhetins da corte 1826-1861*. São Paulo/Rio de Janeiro, Edusp/Ediouro, 2004.

GRAHAM, Maria. *Diário de uma viagem ao Brasil*. Tradução de Américo Jacobina Lacombe. Belo Horizonte/São Paulo, Itatiaia/Edusp, 1990 (Coleção Reconquista do Brasil, 2ª série, v. 157).

HAZAN, Marcelo Campos. *The sacred works of Francisco Manoel da Silva (1795-1865)*. Washington, The Catholic University of America, 1999. (Tese de doutorado.)

_____. "A seção musical do arquivo do Cabido Metropolitano do Rio de Janeiro: uma abordagem com ênfase em obras de compositores portugueses pertencentes ao acervo". *Anais do IV Encontro de Musicologia Histórica* (Juiz de Fora, 21 a 23 de julho de 2000). Juiz de Fora/Rio de Janeiro, Centro Cultural Pró-Música/Biblioteca Nacional, 2002, pp. 96-114.

_____. "Gabriel Fernandes da Trindade: vida e morte de um músico mineiro no Rio de Janeiro". *Revista Brasileira de Música*. Rio de Janeiro, Escola de Música da UFRJ, 2002, v. 22, pp. 24-39.

_____. "Música e morte, diferença e poder no Rio de Janeiro oitocentista: o inventário *post-mortem* de José Batista Brasileiro". *Anais do VI Encontro de Musicologia Histórica* (Juiz de Fora, 22 a 25 de julho de 2004). Organização de Paulo Castagna. Juiz de Fora, Centro Cultural Pró-Música, 2006, pp. 173-202.

INSTITUTO HISTÓRICO E GEOGRÁFICO BRASILEIRO. "A corte de d. João VI no Rio de Janeiro segundo dois relatos do diplomata prussiano Conde Von Flemming". Tradução de Carlos H. Oberacker Jr. *Revista do Instituto Histórico e Geográfico Brasileiro*. Rio de Janeiro, IHGB, 1985, v. 346.

_____. "Almanaque da cidade do Rio de Janeiro para o ano de 1811". *Revista do Instituto Histórico e Geográfico Brasileiro*. Rio de Janeiro, IHGB, 1969, v. 282, pp. 97-236.

_____. "Almanaque da cidade do Rio de Janeiro para o ano de 1816". *Revista do Instituto Histórico e Geográfico Brasileiro*. Rio de Janeiro, IHGB, 1965, v. 268, pp. 179-330.

_____. "Almanaque da cidade do Rio de Janeiro para o ano de 1817". *Revista do Instituto Histórico e Geográfico Brasileiro*. Rio de Janeiro, IHGB, 1966, v. 270, pp. 211-370.

_____. "Almanaque da cidade do Rio de Janeiro para o ano de 1824". *Revista do Instituto Histórico e Geográfico Brasileiro*. Rio de Janeiro, IHGB, 1968, v. 278, pp. 197-360.

_____. "Almanaque da cidade do Rio de Janeiro para o ano de 1827". *Revista do Instituto Histórico e Geográfico Brasileiro*. Rio de Janeiro, IHGB, 1973, v. 300, pp. 138-260.

KIEFER, Bruno. *A modinha e o lundu: duas raízes da música popular brasileira.* Porto Alegre, Movimento, 1977.

KÜHL, Paulo Mugayar. "Haydn no Brasil". Em LE BRETON, J. *Notícia histórica da vida e das obras de José Haydn.* Cotia, Ateliê, 2004, pp. 21-36.

_____. *Cronologia da ópera no Brasil – século XIX (Rio de Janeiro).* Campinas, Unicamp/Instituto de Artes/CEPAB, 2003. Disponível em: <http://www.iar.unicamp.br/cepab/opera/cronologia.pdf>.

LANDON, H. D. Robbins. *1791, o último ano de Mozart – o esplendor da vida cultural da Europa ao final do século XVIII.* Rio de Janeiro, Nova Fronteira, 1990.

_____. *Haydn: sinfonias.* Guias musicais BBC. Rio de Janeiro, Zahar, 1984.

LANGE, Francisco Curt. "La ópera y las casas de ópera en el Brasil colonial". *Boletín Interamericano de Música.* Washington, OEA, novembro de 1964, n. 44.

_____. "A organização musical durante o período colonial brasileiro". *Actas do V Colóquio Internacional de Estudos Luso-Brasileiros.* Coimbra, 1966, v. 4.

_____. "Pesquisas esporádicas de musicologia no Rio de Janeiro (A Irmandade do Santíssimo Sacramento da Igreja da Candelária)". *Revista do Instituto de Estudos Brasileiros.* São Paulo, USP, 1968, n. 4.

_____. "A música erudita na Regência e no Império". *História Geral da Civilização Brasileira.* Direção de Sérgio Buarque de Holanda. 5. ed. São Paulo, Difel, 1969, tomo II, v. 3, pp. 369-408.

_____. *História da música nas Irmandades de Vila Rica* (v. I: *Freguesia de Nossa Senhora do Pilar do Ouro Preto*). Belo Horizonte, Arquivo Público Mineiro, 1979.

_____. "A música no Brasil durante o século XIX". *Die Musikulturen Lateinamerikas in 19 Jahrhundert.* Regensburg, Robert Günther, 1982, pp. 121-59.

_____. "A atividade musical na Igreja de São José do Rio de Janeiro". *Latin American Music Review.* Austin, University of Texas Press, 1985, v. 6, n. 2.

LEITHOLD, Theodor von e RANGO, Ludwig von. *O Rio de Janeiro visto por dois prussianos em 1819.* Tradução e notas de Joaquim de Souza Leão Filho. São Paulo, Companhia Editora Nacional, 1966 (Série Brasiliana, v. 328).

LIMA, Edilson. "A modinha e o lundu no Brasil – As primeiras manifestações da música popular urbana no Brasil". *Textos do Brasil.* Brasília, Departamento Cultural do Ministério das Relações Exteriores, 2006, n. 12 (Música Erudita Brasileira), pp. 46-53.

LIMA, Oliveira. *Dom João VI no Brasil.* 3. ed. Rio de Janeiro, Topbooks, 1996.

LINDLEY, Thomas. *Narrativa de uma viagem ao Brasil.* Tradução de Thomaz Newlands Neto. Notas e revisão de Américo Jacobina Lacombe. São Paulo, Companhia Editora Nacional, 1969.

LUCCOCK, John. *Notas sobre o Rio de Janeiro e partes meridionais do Brasil.* Tradução de Milton da Silva Rodrigues. Apresentação de Mário Guimarães Ferri. Belo Horizonte/São Paulo, Itatiaia/Edusp, 1975 (Coleção Reconquista do Brasil, v. 21).

MACEDO, Joaquim Manuel de. *Um passeio pela cidade do Rio de Janeiro.* Rio de Janeiro, Garnier, 1991, 4. ed. [v. I: Rio de Janeiro, Typ. Imparcial, 1862; v. II: Rio de Janeiro, Typ. Candido Augusto de Mello, 1863].

MACHADO FILHO, Aires da Mata. *O enigma do Aleijadinho e outros estudos mineiros.* Rio de Janeiro, José Olympio, 1975.

MALERBA, Jurandir. *A corte no exílio: civilização e poder no Brasil às vésperas da Independência (1808-1821)*. São Paulo, Companhia das Letras, 2000.

MAMMI, Lorenzo. "Teatro em música no Brasil monárquico". *Festa: cultura e sociabilidade na América portuguesa*. Organização de István Jancsó e Íris Kantor. São Paulo, Hucitec/Edusp/Fapesp/Imprensa Oficial, 2001, v. I, pp. 37-52 (Coleção Estante USP – Brasil 500 anos).

MARIZ, Vasco. *História da música no Brasil*. 6. ed. Rio de Janeiro, Nova Fronteira, 2005.

MARQUES, António Jorge. "Marcos Portugal (1762-1830) e o Brasil". Em *Sonoridades luso-afro-brasileiras*. Lisboa, Instituto de Ciências Sociais da Universidade de Lisboa, 2004.

_____. "D. João VI and Marcos Portugal: the Brazilian period". *Anais do LILAS Conference Proceedings Archive*, 6 a 8 de março de 2005. Music and Culture in the Imperial Court of João VI in Rio de Janeiro. Disponível em: <http://lanic.utexas.edu/project/etext/llilas/cpa/spring05/missa/>.

MARROCOS, Luiz dos Santos. "Cartas". *Annaes da Biblioteca Nacional* – v. LVI, 1934. Rio de Janeiro, Ministério da Educação, 1939.

MARSTON, Nicholas. "Mecenato e posição do artista na sociedade". Em *Beethoven: um compêndio*. Rio de Janeiro, Jorge Zahar, 1996, pp. 76-9.

MARTINS PENA, Luiz Carlos. *Folhetins "A semana lírica"*. Rio de Janeiro, Ministério da Educação e Cultura/Instituto Nacional do Livro, 1965.

MASSIM, Jean e MASSIM, Brigitte. *História da música ocidental*. Rio de Janeiro, Nova Fronteira, 1997.

MATTOS, Cleofe Person de. *Catálogo temático de obras do Padre José Maurício Nunes Garcia*. Rio de Janeiro, Conselho Federal de Cultura/MEC, 1970.

_____. "A obra *a capella* do Padre José Maurício Nunes Garcia". Em GARCIA, José Maurício Nunes. *Obras corais*. Rio de Janeiro, Associação de Canto Coral, 1976, pp. 9-15.

_____. "Matinas do Natal". Em GARCIA, José Maurício Nunes. *Matinas do Natal*. Rio de Janeiro, Funarte/INM/MEC/Associação de Canto Coral, 1978, pp. VII-XI.

_____. "Pesquisa e texto". Em GARCIA, José Maurício Nunes. *Gradual Dies Santificatus*. Rio de Janeiro, Funarte/INM/Pro-Memus, 1981, pp. 5-30.

_____. "Pesquisa e texto". Em GARCIA, José Maurício Nunes. *Gradual de São Sebastião*. Rio de Janeiro, Funarte/INM/Pro-Memus, 1981, pp. 5-31.

_____. "Pesquisa e texto". Em GARCIA, José Maurício Nunes. *Salmos Laudate Dominum Omnes Gentes e Laudate Pueri Dominum*. Rio de Janeiro, Funarte/INM/Pro-Memus, 1981, pp. 5-22.

_____. "Pesquisa e texto". Em GARCIA, José Maurício Nunes. *Aberturas*. Rio de Janeiro, Funarte/INM/Pro-Memus, 1982, pp. 7-21.
_____. "Pesquisa e texto". Em GARCIA, José Maurício Nunes. *Ofício 1816*. Rio de Janeiro, Funarte/INM/Pro-Memus, 1982, pp. 7-38
_____. "Pesquisa e texto". Em GARCIA, José Maurício Nunes. *Missa Pastoril para Noite de Natal 1811. Para solistas, coro e orquestra*. Rio de Janeiro, Funarte/INM/Pro-Memus, 1982, pp. 7-16.
_____. "Pesquisa e texto". Em GARCIA, José Maurício Nunes. *Tota Pulchra es Maria, 1783; para flauta, coro e cordas*. Rio de Janeiro, Funarte/INM/Pro-Memus, 1983, pp. 9-12.
_____. "Pesquisa e texto". Em GARCIA, José Maurício Nunes. *Missa de Santa Cecília, 1826; para solistas, coro e grande orquestra*. Rio de Janeiro, Funarte/INM/Pro-Memus, 1984, pp. 7-29.
_____. *José Maurício Nunes Garcia – biografia*. Rio de Janeiro, Biblioteca Nacional, 1997.
MELLO MORAES, Alexandre José de. *História da trasladação da corte portugueza para o Brasil em 1807-1808*. Rio de Janeiro, E. Dupont, 1872.
_____. *História do Brasil-Reino e do Brasil-Império*. Belo Horizonte/São Paulo, Itatiaia/Edusp, 1982. 2 v.
MELO, Guilherme de. *A música do Brasil*. 2. ed. Rio de Janeiro, Imprensa Nacional, 1947.
MENDONÇA, Belkis S. Carneiro de. "Considerações sobre a música em cidades goianas". *Anais do II Simpósio Latino-Americano de Musicologia* (Curitiba, 21 a 25 de janeiro de 1998). Organização de Elisabeth Prosser e Paulo Castagna. Curitiba, Fundação Cultural de Curitiba, 1999, pp. 167-74.
MEYER, Adriano de Castro. "Sigismund Neukomm: sua presença no Brasil". *Anais do II Simpósio Latino-Americano de Musicologia* (Curitiba, 21 a 25 de janeiro de 1998). Organização de Elisabeth Prosser e Paulo Castagna. Curitiba, Fundação Cultural de Curitiba, 1999, pp. 381-9.
_____. "O catálogo temático de Neukomm e as obras compostas no Brasil". *Revista Eletrônica de Musicologia*. Curitiba, Departamento de Artes da Universidade Federal do Paraná, junho de 2000, v. v, n. 1. Disponível em: <http://www.rem.ufpr.br>.
MONTEIRO, Maurício. "A confraria de Santa Cecília no século XIX". *Anais do II Encontro de Musicologia Histórica*. Juiz de Fora, Centro Cultural Pró-Música, 1996.
_____. "A construção do gosto: um estudo sobre as práticas musicais na corte de d. João VI". *Anais do II Simpósio Latino-Americano de Musi-*

cologia (Curitiba, 21 a 25 de janeiro de 1998). Organização de Elisabeth Prosser e Paulo Castagna. Curitiba, Fundação Cultural de Curitiba, 1999, pp. 365-72.

_____. "O fim da festa. Música, gosto e sociedade no tempo de d. João VI". *Festa: cultura e sociabilidade na América portuguesa*. Organização de István Jancsó e Íris Kantor. São Paulo, Hucitec/Edusp/Fapesp/Imprensa Oficial, 2001, v. II, pp. 569-84 (Coleção Estante USP – Brasil 500 anos).

_____. "O gosto e a música na corte de d. João VI". Em *Real Capela do Rio de Janeiro – 1808-1821*. Obras sacras de José Maurício Nunes Garcia, Sigismund Ritter von Neukomm, Marcos Portugal. Organização e edição de Ricardo Bernardes. Rio de Janeiro, Funarte, 2002, pp. XXXII-V (Coleção Música no Brasil – Séculos XVIII e XIX, v. II).

_____. "Música na corte do Brasil: Entre Apolo e Dionísio 1808-1821". *Textos do Brasil*. Brasília, Departamento Cultural do Ministério das Relações Exteriores, 2006, n. 12 (Música Erudita Brasileira), pp. 32-9.

MOREIRA, Ariadna Gonçalves. *The influence of the portuguese Royal Court on the development of opera, the Opera Nova, and the Real Teatro São João in Rio de Janeiro from 1808 to 1824*. Miami, University of Miami, 1998. (Tese de doutorado.)

MURICY, José Cândido de Andrade (org.). *Estudos mauricianos*. Rio de Janeiro, Funarte, 1983.

Música no Brasil, séculos XVIII e XIX. v. I: *Real Capela do Rio de Janeiro 1808-1821 – José Maurício Nunes Garcia – Missa de Nossa Senhora da Conceição (1810)*. Edição crítica de Ricardo Bernardes. Rio de Janeiro, Funarte, 2002.

Música no Brasil, séculos XVIII e XIX. v. II: *Real Capela do Rio de Janeiro 1808-1821 – Obras sacras de José Maurício Nunes Garcia, Sigismund Ritter von Neukomm e Marcos Portugal*. Organização e edição de Ricardo Bernardes. Rio de Janeiro, Funarte, 2002.

Música no Brasil, séculos XVIII e XIX. v. III: *Corte de d. João VI – Obras profanas de José Maurício Nunes Garcia, Sigismund Ritter Von Neukomm e Marcos Portugal*. Organização e edição de Ricardo Bernardes. Rio de Janeiro, Funarte, 2002.

Música no Brasil, séculos XVIII e XIX. v. IV: *Real Capela do Rio de Janeiro 1808-1821 – Sigismund Ritter von Neukomm – Missa Solemnis pro Die Acclamationis Joannis VI*. Pesquisa e transcrição de José Maria Neves. Revisão e edição de Ricardo Bernardes. Rio de Janeiro, Funarte, 2002.

NERY, Rui Vieira e CASTRO, Paulo Ferreira de. *História da música. Sínteses da cultura portuguesa*. Lisboa, Imprensa Nacional/Casa da Moeda, 1991.

NEVES, José Maria. "José Maurício e os compositores setecentistas mineiros". *Estudos mauricianos*. Rio de Janeiro, Funarte, 1983.

_____. *Música sacra mineira: catálogo de obras*. Rio de Janeiro, Funarte, 1997.

_____. "Sigismund Neukomm na Biblioteca Nacional da França: revisão crítica do catálogo de obras". *A música no Brasil Colonial*. I Colóquio Internacional, Lisboa, 9 a 11 de outubro de 2000. Coordenação de Rui Vieira Nery. Lisboa, Fundação Calouste Gulbenkian, 2001, pp. 99-111.

NOGUEIRA, Lenita Waldige Mendes. *Museu Carlos Gomes: catálogo de manuscritos musicais*. São Paulo, Arte e Ciência, 1997.

NORTON, Luis. *A corte de Portugal no Brasil*. 2. ed. São Paulo, Brasília, Companhia Editora Nacional/INL/MEC, 1979 (Série Brasiliana, v. 124).

NUNES, Antonietta d'Aguiar. "A educação na Bahia durante os governos de d. Maria I e de d. João, seu filho (1777-1821)". *Revista do Mestrado em Educação*. Alagoas, Universidade Federal de Sergipe, julho a dezembro de 2003, v. 7, pp. 37-50.

PARANHOS, Ulisses. *História da Música*. v. I: *Música brasileira*. São Paulo, Mangione, 1940.

PEQUENO, Mercedes Reis. "A música no Nordeste até os oitocentos". Em VALADARES, Clarivaldo do Prado. *Nordeste histórico e monumental*. Salvador, Construtora Odebrecht, 1982, v. II, pp. 12-27.

PEREIRA, Paulo Roberto. "A música e a marionete na comédia de Antônio José, o Judeu". *Revista Convergência Lusíada*. Rio de Janeiro, Real Gabinete Português de Leitura/Centro de Estudos/Pólo de Pesquisa sobre Relações Luso-Brasileiras, 2006, n. 22, pp. 49-61.

POHL, Johann Emanuel. *Viagem ao interior do Brasil*. Tradução de Milton Amado e Eugênio Amado. Apresentação e notas de Mário Guimarães Ferri. Belo Horizonte/São Paulo, Itatiaia/Edusp, 1976 (Série Reconquista do Brasil, v. 14).

PORTO-ALEGRE, Manuel de Araújo. "Idéias sobre a música". Em DEBRET, Jean Baptiste. *Viagem pitoresca e histórica ao Brasil*. Tradução e notas de Sérgio Milliet. São Paulo, Martins/Edusp, 1972, 3 v. (extraído da *Revista Brasiliense de Ciência, Letras e Artes (Niteroy)*, Paris, 1837, t. I, n. 1).

_____. "Resumo da história da literatura, das ciências e das artes do Brasil". Em DEBRET, Jean Baptiste. *Viagem pitoresca e histórica ao Brasil*. São Paulo, Martins, 1940, pp. 440-5.

_____. "Apontamentos sobre a vida e obras do Padre José Maurício Nunes Garcia". *Estudos mauricianos*. Direção de José Cândido de Andrade Muricy. Rio de Janeiro, Funarte, 1983, pp. 23-9 (extraído da *Revista do Instituto Histórico e Geográfico Brasileiro*. Rio de Janeiro, 1856, t. XIX, 3. trim., pp. 354-69).

RAYNOR, Henry. *História social da música: da Idade Média a Beethoven*. Rio de Janeiro, Zahar, 1981.

Registro de estrangeiros 1808-1822. Rio de Janeiro, Ministério da Justiça e Negócios Interiores/Arquivo Nacional, 1960.

RIEDL-DORN, Christa. *Johann Natterer e a Missão austríaca para o Brasil*. Tradução de Mário Lodders & Maria Faro. Petrópolis, Index, 1999.

ROBATTO, Lucas. "Missa Pastoril para a noite de Natal (1811) de José Maurício Nunes Garcia: o confronto da corte e da colônia no idílio pastoral". *Anais do IV Encontro de Musicologia Histórica* (Juiz de Fora, 21 a 23 de julho de 2000). Juiz de Fora, Centro Cultural Pró-Música, 2001, pp. 204-20.

_____. "Estéticas, estilos e escolhas: as aberturas do Padre José Maurício". *Anais do V Encontro de Musicologia Histórica* (Juiz de Fora, 19 a 21 de julho de 2002). Juiz de Fora, Centro Cultural Pró-Música, 2004, pp. 155-87.

RUGENDAS, Johan Moritz. *Viagem pitoresca através do Brasil*. 8. ed. Tradução de Sérgio Milliet. Belo Horizonte/São Paulo, Itatiaia/Edusp, 1979.

RUY, Affonso. *História do teatro na Bahia*. Salvador, Progresso, 1959 (Coleção de Estudos Brasileiros. Série Cruzeiro, v. 16).

SANTOS, Antonio Carlos dos. "O timbre feminino e negro da música antiga brasileira (século XIX)". *Anais do V Encontro de Musicologia Histórica* (Juiz de Fora, 19 a 21 de julho de 2002). Juiz de Fora, Centro Cultural Pró-Música, 2004, pp. 342-52.

SANTOS, Luis Gonçalves dos (Padre Perereca). *Memórias para servir à história do Reino do Brasil*. Belo Horizonte/São Paulo, Itatiaia/Edusp, 1981. 2 v. [Lisboa, Impressão Régia, 1825].

SANTOS, Maria Luiza Queiroz. *Origem e evolução da música em Portugal e sua influência no Brasil*. Rio de Janeiro, Imprensa Nacional, 1942.

SARRAUTE, Jean Paul. *Marcos Portugal: ensaios*. Lisboa, Fundação Calouste Gulbenkian, 1979.

SCHERPEREEL, Joseph. *A orquestra e os instrumentistas da Real Câmara de Lisboa de 1764 a 1834*. Lisboa, Fundação Calouste Gulbenkian/Serviço de Música, 1985.

SCHLICHTHORST, C. *O Rio de Janeiro como é: 1824-1826 (Huma vez e nunca mais)*. Rio de Janeiro, Zélio Valverde, 1943.

SILVA, Janaína Girotto da. *"O florão mais belo do Brasil": O Imperial Conservatório de Música do Rio de Janeiro / 1841-1865*. Rio de Janeiro. UFRJ/IFCS/Programa de Pós-Graduação em História Social, 2007. (Dissertação de mestrado.)

SILVA, Lafayete. *História do teatro brasileiro*. Rio de Janeiro, Ministério da Educação e Saúde, 1938.

SILVA, Maria Beatriz Nizza da. *Cultura e sociedade no Rio de Janeiro (1808-1821)*. 2. ed. São Paulo, Companhia Editora Nacional, 1978 (Série Brasiliana, v. 363).

_____ (coord.). "O império luso-brasileiro 1750-1822". Em *Nova história da expansão portuguesa*. Direção de Joel Serrão e A. H. Oliveira Marques. Lisboa, Estampa, 1986, v. VIII.

SPIX, Johann Baptist von e MARTIUS, Karl Friedrich Philipp von. *Viagem pelo Brasil 1817-1820*. 3. ed. São Paulo/Brasília, Melhoramentos/INL/MEC, 1976, 3 v.

STEPTOE, Andrew. "Mecenato e posição do artista na sociedade". Em *Mozart: um compêndio*. Rio de Janeiro, Jorge Zahar, 1996, pp. 83-5.

TACUCHIAN, Ricardo. "O réquiem mozartiano de José Maurício". *Revista Brasileira de Música*. Rio de Janeiro, Escola de Música da UFRJ, 1991, v. 19, pp. 33-51.

TALAMONE, Rosemeire. "Mais luzes sobre o barroco mineiro". *Jornal da USP*. São Paulo, 25 de novembro a 1º de dezembro de 2002, ano XVIII, n. 623.

TAUNAY, Afonso E. *Na Bahia de dom João VI*. Bahia, Imprensa Oficial do Estado, 1928.

TAUNAY, Visconde de. "Esboceto biográfico". *Estudos mauricianos*. Direção de José Cândido de Andrade Muricy. Rio de Janeiro, Funarte, 1983, pp. 11-3. (Extraído de TAUNAY, Visconde de. "Introdução". Em GARCIA, José Maurício Nunes. *Missa de Requiem (1816)*. Rio de Janeiro/São Paulo, Bevilacqua, 1897.)

_____. *Uma grande glória brasileira: José Maurício Nunes Garcia*. São Paulo, Melhoramentos, 1930.

_____. *Dous artistas máximos: José Maurício e Carlos Gomes*. São Paulo, Melhoramentos, 1930.

_____. *Memórias do Visconde de Taunay*. Rio de Janeiro, Biblioteca do Exército, 1960.

TINHORÃO, José Ramos. *História social da música popular brasileira*. São Paulo, Editora 34, 1998.

_____. *Os sons que vêm da rua*. 2. ed. São Paulo, Editora 34, 2005.

_____. *Domingos Caldas Barbosa: o poeta da viola, da modinha e do lundu (1740-1800)*. São Paulo, Editora 34, 2004.

TOSTES, Vera Lúcia Bottrel (ed.). *Anais do Seminário Internacional d. João VI: um rei aclamado na América*. Rio de Janeiro, Museu Histórico Nacional, 2000.

VASCONCELLOS, Joachim de. *Os músicos portugueses*. Porto, Imprensa Portuguesa, 1870, 2 v.

VEIGA JÚNIOR. "Marcos Portugal". *Revista da Semana*. Rio de Janeiro, 5 de abril de 1930, ano XXXI, n. 16.

VIEIRA, Ernesto. *Dicionário musical*. Lisboa, Typ. Lallemant, 1899.

_____. *Dicionário biográfico de músicos portugueses*. Lisboa, Matos Moreira e Pinheiro, 1900, 2 v.

VILLA-LOBOS, Bárbara. "Visões e perspectivas de investigação da música e personalidade de Marcos Portugal (1762-1830)". *Anais do Congresso Brasil-Europa 500 anos: Música e Visões*. Colônia, 3 a 7 de setembro de 1999. Disponível em: <http://www.revista.akademie-brasil-europa.org/CM66-04.htm>.

VOLPE, Maria Alice. "Compositores românticos brasileiros: estudos na Europa". *Revista Brasileira de Música*. Rio de Janeiro, Escola de Música da UFRJ, 1994/1995, v. 21, p. 51.

WILCKEN, Patrick. *Império à deriva: a Corte portuguesa no Rio de Janeiro, 1808-1821*. Tradução de Vera Ribeiro. Rio de Janeiro, Objetiva, 2005.

Discografia

A discografia aqui apresentada não tem a pretensão de listar todos os registros fonográficos de obras brasileiras do período colonial ou, mais especificamente, do período joanino. Trata-se na verdade de uma sugestão para aqueles interessados em conhecer obras de alguns dos compositores mencionados neste trabalho.

Estão incluídos compositores cuja atividade profissional tenha abrangido o período de 1808 a 1821. Algumas obras que ultrapassam o limite temporal estabelecido ou cuja data de composição seja ignorada foram indicadas por serem as únicas gravações existentes para um determinado compositor.

Foram privilegiadas gravações recentes e, dentro do possível, disponíveis no mercado. Algumas gravações, entretanto, por estarem esgotadas e fora de catálogo no formato LP, foram indicadas como simples referência pela importância da obra e por inexistirem no formato CD. Os interessados nessas gravações podem buscá-las em fonotecas públicas. Incluem-se, nesse grupo, algumas obras de José Maurício Nunes Garcia, Marcos Portugal, Bernardo José de Souza Queiroz e Sigismund Neukomm. No caso do compositor Marcos Portugal, as gravações indicadas são de óperas compostas antes de sua transferência para o Brasil, pois simplesmente inexistem gravações de sua música sacra.

Em alguns casos, mais de uma gravação foi indicada para facilitar o acesso e a escolha aos interessados.

ARAÚJO, Damião Barbosa (Itaparica, 1778-Salvador, 1856)
  "Memento baiano"
  Coro e Orquestra Armônico Tributo sob a direção de Edmundo Hora (CD *América Portuguesa*, AT-001.01)

BRAGANÇA, Dom Pedro de Orleans e (d. Pedro I) (1798-1834)
  "Credo"
  (1) Coro da Rádio MEC e Orquestra Sinfônica Nacional da Rádio MEC sob a regência de Henrique Morelenbaum (LP Philips 6349044 – fora de catálogo)
  (2) CD do VIII Festival Internacional de Música Colonial Brasileira e Música Antiga com o Coro e Orquestra de Câmara Pró-Música de Juiz de Fora, sob a regência de Nelson Nilo Hack (PMCD06-1997)

  Hino da Carta Constitucional
  Abertura "Independência" (Abertura do *Te Deum* de 1820)
  Associação de Canto Coral e Orquestra Sinfônica Nacional da Rádio MEC sob a regência de Alceo Bocchino (LP *Música na Corte Brasileira – Na Corte de d. Pedro I*, Angel 3CBX412 – fora de catálogo)

CÂMARA, Joaquim Manoel da (?)
20 modinhas
1. "Nunca fui falso ao meu bem"; 2. "Se queres saber a causa"; 3. "Nestes bosques, nesta sombra"; 4. "Marfiza adorada"; 5. "Brando Zéfiro suave"; 6. "Quando de pejo"; 7. "Foi o momento de ver-te"; 8. "Se pedaço, se suspiro"; 9. "Desde o dia em que nasci"; 10. "Triste cousa é de amar só"; 11. "Ó! inquieta pombinha"; 12. "Ouvi, montes, arvoredos"; 13. "Vem cá, minha companheira"; 14. "Se me desses um suspiro"; 15. "Triste salgueiro"; 16. "Roxa saudade"; 17. "Estas lágrimas"; 18. "Teus acalantos"; 19. "Ó! minhas ternas saudades"; 20. "Por que me dizes chorando?
Luiza Sawaya (soprano) e Pedro Persone (fortepiano) (Independente IS9802-2006)

Modinhas cariocas
Luciana Costa e Silva (mezzo), Marcelo Coutinho (barítono), Paulo da Mata (flauta), Marcus Ferrer (viola de arame) e Marcelo Fagerlande (direção musical e cravo) (Prefeitura da Cidade do Rio de Janeiro; distribuição Biscoito Fino, 2008)

CASTRO LOBO, João de Deus (Mariana, 1794-Vila Rica, 1832)
"Abertura em ré" (s. d.)
Orquestra Barroca do XVII Festival de Música Colonial Brasileira e Música Antiga de Juiz de Fora sob a direção de Luiz Otávio de Souza Santos (CD produzido pelo Centro Cultural Pró-Música de Juiz de Fora, 2006)

Missa e credo a 8 vozes (s. d.)
Lúcia Valadão (soprano), Lúcia Dittert (mezzo), Mário Tolla (tenor), Maurílio Costa (baixo), Associação de Canto Coral, Camerata Rio de Janeiro, Regência de Henrique Morelenbaun (CD *Arcobaleno*, AAOC-94032-1996)

Stabat Mater (s. d.)
Brasilessentia Grupo Vocal e Orquestra sob a regência de Vítor Gabriel de Araújo (CD *Música do Brasil Colonial – Compositores Mineiros*, Paulus 11562-2-1997)

Missa em ré
"Credo em fá"
Ruth Staerk (soprano), Anna Maria Kiefer (mezzo), Pedro Couri Netto (tenor), Inácio de Nonno (barítono), Coro e Orquestra do IV Festival In-

ternacional de Música Colonial Brasileira, sob a regência de Sérgio Dias (CD produzido pelo Centro Cultural Pró-Música de Juiz de Fora, 1993)

Matinas do Espírito Santo
Coral de Câmara da Escola de Música da UFMG e orquestra, sob a regência de Afrânio Lacerda (Fundação Cultural e Educacional da Arquidiocese de Mariana – MMM I, 2001) (CD *Restauração e Difusão de Partituras – Pentecostes*)

Novena de São Francisco de Assis
"Plorans ploravit"
Grupo Árcade da UFMG e músicos convidados, sob a regência de Rafael Grimaldi (Fundação Cultural e Educacional da Arquidiocese de Mariana – MMM VII, 2003) (CD *Restauração e Difusão de Partituras – Devocionário Popular aos Santos*)

Seis responsórios fúnebres
Conjunto Calíope e Orquestra Santa Teresa, sob a regência de Julio Moretzsohn (Fundação Cultural e Educacional da Arquidiocese de Mariana – MMM IX, 2003) (CD *Restauração e Difusão de Partituras – Música Fúnebre*)

Matinas de Natal
Elenis Guimarães (soprano), Márcia Borges da Fonseca (mezzo), Marcos Liesenberg (tenor), Coral Porto Alegre e Orquestra, sob a regência de Ernani Aguiar (CD independente)

COUTINHO, Florêncio José Ferreira (Vila Rica, c. 1750-1819)
Novena do Espírito Santo
Coral de Câmara da Escola de Música da UFMG, sob a regência de Afrânio Lacerda (CD)

Encomendação para anjinhos
Conjunto Calíope e Orquestra Santa Teresa, sob a regência de Julio Moretzsohn (Fundação Cultural e Educacional da Arquidiocese de Mariana – MMM IX, 2003) (CD *Restauração e Difusão de Partituras – Música Fúnebre*)

Laudate Pueri Domino
Orquestra Barroca do XV Festival Internacional de Música Colonial Brasileira e Música Antiga de Juiz de Fora, sob a direção de Luiz Otá-

vio Santos (DVD produzido pelo Centro Cultural Pró-Música de Juiz de Fora – 2004)

CUNHA, Antônio dos Santos (1786-1822)
Responsórios para o officio da Sexta-Feira Santa
Ensemble Turicum, sob a direção de Luiz Alves da Silva e Mathias Weibel (Selo K617 na série "Les Chemins du Baroque – Brésil", K617168-2005)

GARCIA, José Maurício Nunes (Rio de Janeiro, 1767-1830)
Modinha "Beijo a mão que me condena" (s. d.)
Pedro Couri Neto (contratenor) e Maria Beatriz Ferreira Leite (pianoforte) (CD *História da Música Brasileira – Período Colonial II*) (Gravadora Eldorado – 946138)

"Abertura em ré" (s. d.)
Orquestra Vox Brasiliensis, sob a regência de Ricardo Kanji (CD *História da Música Brasileira – Período Colonial II*) (Gravadora Eldorado – 946138). Reeditado na França pelo selo K617 na série "Les Chemins du Baroque – Brésil" (K617096)

O triunfo da América (1809)
Ulisséia (drama heróico) (1809)
Coral e Orquestra do X Festival de Música Colonial Brasileira e Música Antiga de Juiz de Fora, sob a regência de Sérgio Dias (CCPM 108.899-1999)

Credo em si bemol (1808)
Missa São Pedro de Alcântara (1809)
Carol McDavit (soprano), Kátia Kazaz (mezzo), José Paulo Bernardes (tenor), Inácio de Nonno (barítono), Coral de Câmara Pró-Arte, sob a regência de Carlos Alberto Figueiredo (Seminários de Música Pro-Arte – PRO002)

Missa em mi bemol (1811)
Coral de Câmara de São Paulo e Orquestra Engenho Barroco, sob a regência de Naomi Munakata (Fundação Cultural e Educacional da Arquidiocese de Mariana – MMM II, 2001) (CD *Restauração e Difusão de Partituras – Missa*)

Missa de Nossa Senhora do Carmo (1818)
Lúcia Valadão (soprano), Lúcia Dittert (mezzo), Reginaldo Pinheiro (tenor), Maurílio Costa (baixo), Camerata Rio de Janeiro, sob a regência de Henrique Morelenbaun (CD Jade 75453-2)

Missa pastoril para a noite de Natal (1811)
Salmo 112, "Laudate Pueri" (1813)
Salmo 116, "Laudate Dominum" (1813)
Ensemble Turicum, sob a direção de Luiz Alves da Silva (Selo K617 na série "Les Chemins du Baroque – Brésil", K617072)

Ofício de defuntos (1816)
Camerata Novo Horizonte de São Paulo, sob a direção de Paul Griffiths (CD Paulus 000682-1998)

Missa de réquiem (1816)
(1) Margarida Maia (soprano), Carmem Pimentel (mezzo), Isauro Camino (tenor), Jorge Baily (baixo), Associação de Canto Coral, Orquestra Sinfônica Brasileira, sob a regência de Edoardo de Guarnieri (LP *Festa* – fora de catálogo)
(2) Verushka Mainhard (soprano), Carolina Faria (mezzo), Geilson Santos (tenor), Maurício Luz (baixo), Coro Sinfônico da UFRJ (direção de Maria José Chevitarese, Sérgio Pires e Valéria Matos), Orquestra Sinfônica da UFRJ, sob a regência de Ernani Aguiar (Prefeitura da Cidade do Rio de Janeiro; distribuição Biscoito Fino, 2008)

Novena do Apóstolo São Pedro (1814)
Novena de Nossa Senhora do Carmo (1818)
Ana Luisa Vargas (soprano), Márcia Borges da Fonseca (mezzo), Marcos Liesenberg (tenor), Pedro Spohr (baixo), Coral Porto Alegre e Orquestra, sob a regência de Ernani Aguiar (CD independente – 1999)

Novena de Santa Bárbara (1810)
1º Responsório das Matinas de São Pedro (1809)
Te Deum das Matinas de São Pedro (1809)
(1) Cláudia Azevedo (soprano), Silvia Zanatta (contralto), Marcos Liesenberg (tenor), Daniel Germano (baixo), Carlos Morejano (órgão), Coral Porto Alegre, sob a regência de Ernani Aguiar (CD *José Maurício Nunes Garcia – Obras de Capella*) (ABM Digital 78912300601-3)

(2) Verushka Mainhard (soprano), Carolina Faria (mezzo), Geilson Santos (tenor), Maurício Luz (baixo), Coro Sinfônico da UFRJ (direção de Maria José Chevitarese, Sérgio Pires e Valéria Matos), Orquestra Sinfônica da UFRJ, sob a regência de Ernani Aguiar (Prefeitura da Cidade do Rio de Janeiro; distribuição Biscoito Fino, 2008)

Moteto "Judas Mercator Pessimus" para coro a capella (1809)
Coral de Câmara da Pró-Arte, sob a regência de Carlos Alberto Figueiredo (Seminários de Música Pró-Arte, PRO-001-1994)
Ensemble Turicum, sob a direção de Luiz Alves da Silva (Claves Records 50-9521-1995)

Método de pianoforte (1821)
Ruth Serrão (piano), gravação integral (Uni-Rio)

"Fantasia nº 2" e lições nº 11 e 12 (para cravo)
Marcelo Faberlande (cravo) (Museu Imperial de Petrópolis/Brascan, 1994) (CD *Música Portuguesa e Brasileira do Século XVIII para Cravo*)

GOMES, André da Silva (Lisboa, 1752-São Paulo, 1844)
    Hino "Crudelis Herodes" (1810)
    Antífona "Pueri Hebraeorum" (1810)
    Missa em dó (Kyrie/Glória – 1810)
    Elisa Freixo (órgão), Brasilessentia Grupo Vocal, sob a regência de Vítor Gabriel de Araújo (CD Paulus 7715-1-1994)

Ofertório "Scapulis Suis" da *Missa do 1º Domingo da Quaresma* (1810)
Ofertório "Confortamini" da *Missa de Quarta-Feira das Têmporas do Advento* (1810)
Ofertório "Ad te Levavi" da *Missa do 1º Domingo do Advento* (1810)
Elisa Freixo (órgão), Brasilessentia Grupo Vocal, sob a regência de Vítor Gabriel de Araújo (CD Paulus 7715-1-1994)
Madrigal UMESP, sob a regência de Fábio Henrique Silva (CD *Ofertórios de André da Silva Gomes* – Rainbow Records RR-RB 007/01-2001)

Ofertório "Confitebor tibi Domine" (Salmo 110) da *Missa do Domingo da Paixão*
Ofertório "Deus tu covertens" da *Missa do 2º Domingo do Advento* (1810)

Ofertório "Benedixiste Domine" da *Missa do 3º Domingo do Advento* (1810)
Ofertório "Laetentur caeli" da *Missa de Natal* (1810)
Ofertório "Exaltabo te Domine" da *Missa de Quarta-Feira de Cinzas* (1810)
Ofertório "Meditabor" da *Missa do 2º Domingo da Quaresma* (1810)
Ofertório "Justitiae Domini" da *Missa do 3º Domingo da Quaresma* (1810)
Ofertório "Laudate Dominum" da *Missa do 4º Domingo da Quaresma* (1810)
Ofertório "Ascendit Deus" da *Missa da Ascensão do Senhor* (1811)
Ofertório "Mihi autem nimis" da *Missa da Conversão de São Paulo Apóstolo* (1811)
Madrigal UMESP, sob a regência de Fábio Henrique Silva (CD *Ofertórios de André da Silva Gomes* – Rainbow Records RR-RB 007/01-2001)

NEGRÃO, José Joaquim de Souza (Salvador, ?-1832)
Cantata *A Estrela do Brasil* (1816)
CD do VII Festival Internacional de Música Colonial Brasileira e Música Antiga com o Coral e Orquestra de Câmara Pró-Música de Juiz de Fora, sob a regência de Nelson Nilo Hack (CDA-960606)

NETO, Marcos Coelho (Vila Rica, 1763-1823)
"Maria Mater Gratiae" (1787) para coro e orquestra
Ensemble Turicum, sob a regência de Luiz Alves da Silva (CD)
Coral Ars Nova e Orquestra, sob a regência de Carlos Alberto Pinto Fonseca (CD)
Coro e Orquestra Armonico Tributo, sob a regência de Edmundo Hora (CD)
Antífona "Salve Regina" (1796), Brasilessentia Grupo Vocal e Orquestra, sob a regência de Vítor Gabriel (CD)
Antífona "Crucem tuam" (s. d.), Brasilessentia Grupo Vocal e Orquestra, sob a regência de Vítor Gabriel (CD)

NEUKOMM, Sigismund Ritter von (1778-1858)
"Libera me"
Brasilessentia Grupo Vocal e Orquestra de Câmara da Unesp, sob a regência de Vítor Gabriel (CD *Música na Catedral de São Paulo*) (CD Paulus 004383-1999)

Hjordis Thebault (soprano), Gemma Coma-Alabert (mezzo), Simon Edwards (tenor), Alain Buet (baixo-barítono), Kantorie Saarlouis, La Grande Ecurie et La Chambre du Roy/Jean-Claude Malgoire (CD TELERAMA K617180-2005)

Abertura "O herói"
Orquestra Sinfônica Nacional da Rádio MEC, sob a regência de Alceo Bocchino (LP *Música na Corte Brasileira* – v. 3: *Na Corte de d. Pedro i*) (Angel 3CBX412, fora de catálogo)

OLIVEIRA, Manoel Dias de (São João Del Rei, c. 1735-1813)
Magnifcat
    Gradual "Fuga do Egito"
    Te Deum
    Tractus para a *Missa dos Pré-Santificados*
    Encomendação das Almas (Alerta mortaes, Padre Nosso, Ave Maria e Senhor Deus)
    Motetos dos Passos ("Popule Meus" e "Bajulans")
    Motetos para Adoração ("Tantum Ergo")
    Ofertório "Justus ut palma"
    "Pange Lingua"
    "Domine Jesu"
    Ensemble Turicum, sob a direção de Luiz Alves da Silva (CD *Manoel Dias de Oliveira: Sacred Music from 18th Century Brazil*, v. II) (Claves Records 50-9610-1995)

Missa abreviada em ré
Missa de oitavo tom
Coral de Câmara de São Paulo e Orquestra Engenho Barroco, sob a regência de Naomi Munakata (Fundação Cultural e Educacional da Arquidiocese de Mariana – MMM II, 2001) (CD *Restauração e Difusão de Partituras – Missa*)

Matinas para a Assunção de Nossa Senhora
Coro e Orquestra do IX Festival de Música Colonial Brasileira e Música Antiga de Juiz de Fora, sob a regência de Sérgio Dias (Centro Cultural Pró-Música de Juiz de Fora, 1998)

PINTO, Francisco da Luz (Rio de Janeiro, final do século XVIII-1865)
Te Deum (s. d.)
Brasilessentia e Orquestra de Câmara Engenho Barroco, sob a regência de Vítor Gabriel (Fundação Cultural e Educacional da Arquidiocese de Mariana – MMM V, 2002) (CD *Restauração e Difusão de Partituras – Natal*)

PORTUGAL, Marcos (Lisboa, 1762-Rio de Janeiro, 1830)
"Le donne cambiate" – Farsa musical em um ato
City of London Sinfonia e regência de Álvaro Cassuto (CD Marco Polo 8225154)

Lo spazzacamino (*O basculho*) – Ópera completa (1800)
Ilaria Torciani (soprano), Sérgio Spina (tenor), Andréa Porta (baixo), Orquestra da Câmera Milano Clássica, sob a regência de Álvaro Cassuto (CD Dynamic CDS 385/1-2)

Abertura de *La morte di Semiramide* (1798)
Orquestra Clássica do Porto, sob a regência de Meir Minsky (CD Koch-Schwann 315112 - 1994)

Abertura de *Il Duca di Foix* (1805)
Orquestra Algarve, sob a regência de Álvaro Cassuto (CD *Spanish and Portuguese Orchestral Music*) (CD Naxos 8557207)

"Abertura nº 16"
Orquestra Sinfônica Nacional da Rádio MEC, sob a regência de Alceo Bocchino (LP *Música na Corte Brasileira – Na Corte de d. João VI*) (EMI sc10120, fora de catálogo)

Hino para a aclamação de d. João VI
Associação de Canto Coral e Orquestra Sinfônica Nacional da Rádio MEC, sob a regência de Alceo Bocchino (LP *Música na Corte Brasileira – Na Corte de d. João VI*) (EMI sc10120, fora de catálogo)

"Você trata o amor em brinco" (modinha)
Pedro Couri Neto (contratenor) e Maria Beatriz Ferreira Leite (pianoforte) (CD)

"Ah! Marília, que tormento" (modinha)
Camilla de Falleiro (soprano) e Guilherme de Camargo (violão) (CD *História da Música Brasileira – Período Colonial II*) (Gravadora Eldorado – 946138)

QUEIROZ, Bernardo José de Souza (?)
"Abertura em si bemol" (1814)
Orquestra Sinfônica Nacional da Rádio MEC, sob a regência de Alceo Bocchino (LP *Música na Corte Brasileira – Na Corte de d. Pedro I*) (Angel 3CBX412, fora de catálogo)

"Os doidos fingidos por amor" – Abertura e ária de Cacilda
Maria Helena Buzelin (soprano), Orquestra Sinfônica Nacional da Rádio MEC, sob a regência de Alceo Bocchino (LP *Música na Corte Brasileira – A Ópera no Antigo Teatro Imperial*) (Angel 3CBX414, fora de catálogo)

RODRIGUES, Francisco de Melo (Minas Gerais e Rio de Janeiro, 1786-1844)
Ladainha em lá menor
Coral de Câmara de São Paulo e Orquestra Engenho Barroco, sob a regência de Naomi Munakata (Fundação Cultural e Educacional da Arquidiocese de Mariana – MMM VIII, 2003) (CD *Restauração e Difusão de Partituras – Ladainha de Nossa Senhora*)

SILVA, Francisco Manoel da (Rio de Janeiro, 1795-1865)
Ladainha em sol
Coral Ars Nova e Orquestra, sob a regência de Carlos Alberto Pinto Fonseca (Fundação Cultural e Educacional da Arquidiocese de Mariana – MMM IV, 2002) (CD *Restauração e Difusão de Partituras – Conceição e Assunção de Nossa Senhora*)

Te Deum em sol
Coral de Câmara da Escola de Música da UFMG e orquestra, sob a regência de Afrânio Lacerda (Fundação Cultural e Educacional da Arquidiocese de Mariana – MMM I, 2001) (CD *Restauração e Difusão de Partituras – Pentecostes*)

SOUZA, Joaquim de Paula (Prados, c. 1780-1842)
Missa pequena em dó
Coral de Câmara de São Paulo e Orquestra Engenho Barroco, sob a re-

gência de Naomi Munakata (Fundação Cultural e Educacional da Arquidiocese de Mariana – MMM II, 2001) (CD *Restauração e Difusão de Partituras – Missa*)

SOUZA, Teodoro Cyro de (Caldas da Rainha [Portugal], 1766-Salvador, ?)
Motetos para os passos da procissão do Senhor
Coro e Orquestra do VII Festival Internacional de Música Colonial Brasileira e Música Antiga, sob a regência de Sérgio Dias (Centro Cultural Pró-Música de Juiz de Fora) (CDA-960606)

TRINDADE, Gabriel Fernandes da (Vila Rica, 1800-Rio de Janeiro, 1854)
Duetos concertantes para violinos
Maria Ester Brandão e Koiti Watanabe (violinos) (CD Paulus 111007)

VÁRIOS
CD *Música de Salão do Tempo de d. Maria I – Modinhas, Cançonetas e Instrumentais*
23 canções de autores portugueses e brasileiros do final do século XVIII e início do século XIX. Segréis de Lisboa, sob a direção de Manuel Morais (Movieplay CD 3-11034-1994)

Capella Brasilica – Modinhas. Música brasileira e portuguesa de salão dos séculos XVIII e XIX
Direção de Rodrigo Teodoro; arranjos de Guilherme de Camargo e Edilson de Lima
1) "Vilão do 7º tom" (anônimo, século XVIII); 2) "Chula ponteada/ Os me deixas" (anônimo, século XVIII); 3) "Estas lágrimas sentidas" (anônimo, século XVIII); 4) "Uma mulata bonita" (colhida em Minas e Goiás por Spix e Martius, século XIX); 5) "Ausente, saudoso e triste" (anônimo, século XVIII); 6) "A paixão que sinto em mim" (Joze Mauricio, M. de Capela de Coimbra); 7) "Você se esquiva em mim" (anônimo, século XVIII); 8) "O país da Arcádia" (Cecília Meireles, *Romanceiro da Inconfidência*); 9) "Marisópolis do 4º tom" (anônimo, século XVIII); 10) "Acasos são estes" (colhida em São Paulo por Spix e Martius; texto de Tomaz Antônio Gonzaga); 11) "Nasce o sol" (moda brasileira com acompanhamento de P. A. Marchal); 12) "Vejo Ma-

rília" (texto de *Marília de Dirceu*, de Tomaz Antônio Gonzaga; 13) "Já gozei da liberdade" (moda de improviso, José Rodrigues de Jesus); 14) "Escuta formosa Márcia" (colhida em São Paulo por Spix e Martius); 15) "Ora a Deus, Senhora Ulina – Duo del signor Antônio Joze do Rego, acompanhamento del signor P. A. Marchal" (texto de Domingos Caldas Barbosa); 16) "Belo encanto da minha alma" (Antônio Joze do Rego); 17) "Lundum" (colhido por Spix e Martius; *Xula carioca*, de Antônio da Silva Leite).

Quadro Cervantes Brasil 500 anos – Século XIX – Modinhas e Lundus Brasileiros (Selo Delira, ISB 150484-2006)

1) "Amor concedeu-me um prêmio; 2) "Estas lagrimas; 3) "Iárá, você quer morrer?; 4) "Sinto-me aflita; 5) "Lundu; 6) "Ausente, saudoso e triste; 7) "Hei de amar-te até morrer; 8) "Lá no Largo da Sé".

Modinhas cariocas
Luciana Costa e Silva (mezzo), Marcelo Coutinho (barítono), Paulo da Mata (flauta), Marcus Ferrer (viola de arame) e Marcelo Fagerlande (direção musical e cravo) (Prefeitura da Cidade do Rio de Janeiro; distribuição Biscoito Fino, 2008)

História da Música Brasileira – Período Colonial II (Lundu e canções recolhidas no Brasil por C. P. F. von Martius entre 1817 e 1820) (Gravadora Eldorado – 946138)

1) "Lundu" (anônimo); 2) "Acaso são estes" (São Paulo); 3) "Perdi o rafeiro" (São Paulo); 4) "Escuta formosa Márcia" (São Paulo); 5) "Foise Josino e deixou-me" (Bahia); 6) "Prazer igual ao que sinto" (Minas Gerais).

Agradecimentos

Ao embaixador Vasco Mariz, decano de nossa historiografia musical e membro da Academia Brasileira de Música, pela confiança em meu trabalho. Ao professor Paulo Roberto Pereira, da Universidade Federal Fluminense, pelo incentivo e pela orientação. Ao professor e musicólogo Pablo Sotuyo Blanco, da Universidade Federal da Bahia, pelas sugestões bibliográficas sobre o compositor Damião Barbosa de Araújo. Ao compositor e maestro Ernani Aguiar pelo apoio. Ao musicólogo António Jorge Marques pelas informações diversas sobre Marcos Portugal. Ao compositor Sérgio Di Sabbato pelos exemplos musicais. Ao flautista Eduardo Monteiro pelos auxílios diversos.

1ª edição Abril de 2008 | **Diagramação** Megaart Design
Fonte Adobe Caslon | **Papel** Ofsete Alta Alvura
Impressão e acabamento Cromosete Gráfica e Editora